汽车底盘结构与拆装

（学习评价）

主　编　许子阳
副主编　刘媛媛　付　舒
主　审　王福忠

北京理工大学出版社
BEIJING INSTITUTE OF TECHNOLOGY PRESS

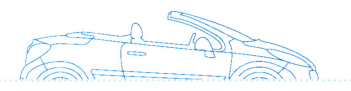 

目录

一、离合器结构与拆装学习评价 ·········· 001
　（一）理论考核 ·········· 001
　（二）技能考核 ·········· 003
　　项目　离合器的拆装 ·········· 003

二、手动变速器结构与拆装学习评价 ·········· 004
　（一）理论考核 ·········· 004
　（二）技能考核 ·········· 007
　　项目（一）　在台架上进行大众02T两轴式手动变速器的拆装 ·········· 007
　　项目（二）　在实车上进行大众02T两轴式手动变速器外部换挡拉索的调整 ·········· 008

三、自动变速器结构与拆装学习评价 ·········· 009
　（一）理论考核 ·········· 009
　（二）技能考核 ·········· 011
　　项目1　在台架上进行大众0AM双离合器的更换 ·········· 011
　　项目2　大众0AM双离合自动变速器机电装置的电子控制单元的更换 ·········· 012

四、万向传动装置结构与拆装学习评价 ·········· 014
　（一）理论考核 ·········· 014
　（二）技能考核 ·········· 017
　　项目（一）　宝马三系轿车传动轴的就车拆装 ·········· 017
　　项目（二）　宝马三系轿车传动轴中间支承轴承的更换 ·········· 018

五、驱动桥结构与拆装学习评价 ·········· 019
　（一）理论考核 ·········· 019

　　（二）技能考核 …………………………………………………… 021
　　　　项目（一）　东风雪铁龙爱丽舍轿车减速器与差速器的拆装 …… 021
　　　　项目（二）　东风雪铁龙爱丽舍轿车差速器油封的拆装 ……… 022

六、转向系统的结构与拆装学习评价 ………………………………… 023

　　（一）理论考核 …………………………………………………… 023
　　（二）技能考核 …………………………………………………… 025
　　　　项目（一）　转向器的拆装 ………………………………… 025
　　　　项目（二）　转向角传感器 G85 零位设定 ………………… 026

七、行驶系统结构与拆装学习评价 …………………………………… 027

　　（一）理论考核 …………………………………………………… 027
　　（二）技能考核 …………………………………………………… 030
　　　　项目（一）　前减震器支柱的拆装（以上汽大众新桑塔纳
　　　　　　　　　　轿车为例）………………………………………… 030
　　　　项目（二）　后减震器的拆装（以上汽大众新桑塔纳轿车
　　　　　　　　　　为例）……………………………………………… 031
　　　　项目（三）　车轮定位参数的检测（以上汽大众途安轿车
　　　　　　　　　　为例）……………………………………………… 032

八、制动系统结构与拆装学习评价 …………………………………… 033

　　（一）理论考核 …………………………………………………… 033
　　（二）技能考核 …………………………………………………… 035
　　　　项目（一）　盘式车轮制动器的拆装 ……………………… 035
　　　　项目（二）　后轮鼓式车轮制动器的拆装 ………………… 036
　　　　项目（三）　电子驻车制动系统电机的拆装 ……………… 037

一、离合器结构与拆装学习评价

(一) 理论考核

1. 判断题

(1) 汽车上必须装配离合器。( )

(2) 离合器能传递的转矩越大越好。( )

(3) 离合器在拆卸时应做标记,以保证装配后符合动平衡要求。( )

(4) 离合器压盘在分解时无须做标记。( )

(5) 离合器装配时用定心轴只是为了防止从动盘不掉下来。( )

(6) 膜片弹簧离合器的分离指不平,只能更换。( )

(7) 离合器从动部分的转动惯量应尽可能大。( )

2. 选择题

(1) 离合器的主动部分包括( )。

A. 飞轮　　　　　B. 离合器盖　　　　　C. 压盘　　　　　D. 摩擦片

(2) 离合器的从动部分包括( )。

A. 离合器盖　　　B. 压盘　　　　　　　C. 从动盘　　　　D. 压紧弹簧

(3) 离合器分离轴承与分离杠杆之间的间隙是为了( )。

A. 实现离合器踏板的自由行程　　　　B. 减轻从动盘磨损

C. 防止热膨胀失效　　　　　　　　　D. 保证摩擦片正常磨损后离合器不失效

(4) 膜片弹簧离合器的膜片弹簧起到( )的作用。

A. 压紧弹簧　　　　　　　　　　　　B. 分离杠杆

C. 从动盘　　　　　　　　　　　　　D. 主动盘

(5) 离合器的从动盘主要由( )构成。

A. 从动盘本体　　B. 从动盘毂　　　　　C. 压盘　　　　　D. 摩擦片

(6) 关于离合器功用下列说法错误的是( )。

A. 使发动机与传动系统逐渐接合,保证汽车平稳起步

B. 暂时切断发动机的动力传递,保证变速器换挡平顺

C. 限制所传递的转矩,防止传动系统过载

D. 降速增扭

(7) 关于离合器打滑的原因错误的说法是( )。

A. 离合器踏板没有自由行程,使分离轴承压在分离杠杆上

B. 离合器踏板自由行程过大

C. 从动盘摩擦片、压盘或飞轮工作面磨损严重，离合器盖与飞轮的连接松动

D. 从动盘摩擦片油污、烧蚀、表面硬化、铆钉外露、表面不平，使摩擦系数下降

3. 简答题

（1）什么叫离合器踏板的自由行程？其过大或过小对离合器的性能有什么影响？

（2）标注出右图中对应序号所指部件的名称。

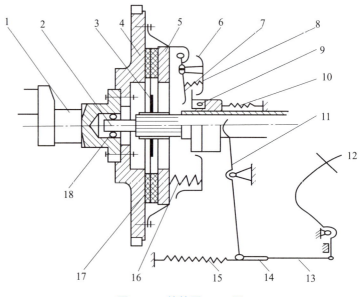

图1-1 简答题（2）图

（3）离合器拆装中应注意哪些事项？

（二）技能考核

项目　离合器的拆装

基本信息	姓名		学号		班级		组别	
	规定时间	20 min	完成时间		考核日期		总评成绩	

	序号	步骤	评分标准	标准分	得分
任务工单	1	考核准备	1. 台架安全检查2分；2. 工具准备清洁2分；3. 专用工具设备准备1分，少一样扣1分	5	
	2	离合器的拆卸	1. 安装定心轴5分，不做不得分，并在最后的安全项目里扣2分； 2. 用记号笔做记号并观察有无平衡配重10分，少一项扣5分； 3. 按对角分次拧松离合器紧固螺栓10分，没对角扣5分，没分多次扣5分； 4. 拿下定心轴，取下离合器总成及从动盘总成5分，出现零件落地，扣除所有分值； 5. 离合器部件目视检查每项3分，共9分，漏检不得分，检查不到位每项扣1分	39	
	3	离合器的安装	1. 用纱布打磨从动盘、压盘及飞轮表面并清洁，每个部件清洁和打磨各占2分，共12分； 2. 润滑从动轴导向轴承5分，润滑脂过多或涂抹在外面等不到位的情扣2分，不做不得分； 3. 安装定心轴5分，不做不得分； 4. 按照标记安装离合器总成5分，没按标记装配不得分； 5. 按对角分次拧紧离合器紧固螺栓至规定力矩15分，没对角扣5分，没分多次扣5分，没有用扭矩扳手紧固到规定力矩扣5分	42	
	4	清洁及整理	1. 取下定心轴2分； 2. 台架及离合器表面清洁2分； 3. 工量具清洁归位2分； 4. 场地清洁整理2分	8	
安全			1. 着工装2分，衣服和工作鞋各占1分； 2. 工具落地每次扣1分，扣完为止； 3. 操作过程中出现人身伤害或工具损坏扣5分	6	

二、手动变速器结构与拆装学习评价

(一) 理论考核

1. 填空题

(1) 变速器由（   ）、（   ）和（   ）组成。
(2) 惯性式同步器与常压式同步器一样，都是依靠（   ）作用实现同步的。
(3) 大众02T两轴式手动变速器的内部换挡模块包括（   ）、（   ）和（   ）。
(4) 大众02T两轴式手动变速器的离合器分离杆包括（   ）、（   ）和（   ）。
(5) 目前所采用的同步器几乎都是摩擦式惯性同步器，由（   ）、（   ）、（   ）和（   ）组成。

2. 选择题

(1) （   ）的传动比可在一定的数值范围内实现无限多级变化。
　A. 手动变速器　　　　　　　　　　B. 无级式变速器
　C. 自动变速器　　　　　　　　　　D. 手自一体变速器
(2) 两轴式变速器的特点是输入轴与输出轴（   ），且无中间轴。
　A. 重合　　　　B. 垂直　　　　C. 平行　　　　D. 斜交
(3) 对于五挡变速器而言，传动比最大的前进挡是（   ）。
　A. 一挡　　　　B. 二挡　　　　C. 四挡　　　　D. 五挡
(4) 下面A、B、C、D是某三挡变速器的各挡传动比，则最有可能是倒挡传动比的是（   ）。
　A. $i=2.4$　　　B. $i=1$　　　C. $i=1.8$　　　D. $i=3.6$
(5) 两轴式变速器适用于（   ）的布置型式。
　A. 发动机前置前驱动　　　　　　　B. 发动机前置全轮驱动
　C. 发动机后置后驱动　　　　　　　D. 发动机前置后轮驱动
(6) 锁环式惯性同步器加速同步过程的主要原因是（   ）。
　A. 作用在锁环上的推力　　　　　　B. 惯性力
　C. 摩擦力　　　　　　　　　　　　D. 以上各因素综合
(7) 变速器保证工作齿轮在全齿宽上啮合的是（   ）。
　A. 自锁装置　　B. 互锁装置　　C. 倒挡锁　　　D. 差速锁
(8) 防止无意挂入倒挡的安全装置是（   ）。
　A. 自锁装置　　　　　　　　　　　B. 互锁装置
　C. 倒挡锁　　　　　　　　　　　　D. 差速锁

（9）下列哪个齿轮传动比表示超速传动？（　　）
A. 2.15:1　　　　　　　　　　　　B. 1:1
C. 0.85:1　　　　　　　　　　　　D. 以上都不表示
（10）哪种齿轮高速有噪声？（　　）
A. 直齿轮　　　　B. 斜齿轮　　　　C. A和B
（11）惰轮位于主动齿轮和从动齿轮之间，从动齿轮（　　）。
A. 转动方向与主动齿轮相同　　　　B. 转动方向与主动齿轮相反
C. 保持静止　　　　　　　　　　　D. 转动加快
（12）用来确保将主轴和变速齿轮锁在一起同速转动的部件称为（　　）。
A. 同步器　　　　B. 换挡杆系　　　C. 换挡拨叉　　　D. 分动器
（13）技师甲说从动齿轮齿数除以主动齿轮齿数可以确定传动比；技师乙说从动齿轮转速除以主动齿轮转速可以确定传动比。谁的说法是正确的？（　　）
A. 甲正确　　　　　　　　　　　　B. 乙正确
C. 两人均正确　　　　　　　　　　D. 两人均不正确

3. 判断改错题

（1）变速器的挡位越低，传动比越小，汽车的行驶速度越低。（　　）
（2）无同步器的变速器，在换挡时，无论从高速挡换到低速挡，还是从低速挡换到高速挡，其换挡过程完全一致。（　　）
（3）采用移动齿轮或接合套换挡时，待啮合一对齿轮圆周速度必须相等。（　　）
（4）同步器能够保证：变速器换挡时，待啮合齿轮圆周速度迅速达到一致，以减少冲击和磨损。（　　）
（5）超速挡主要用于汽车在良好路面上轻载或空载运行，以提高汽车的燃料经济性。（　　）
（6）换挡时，一般用两根拨叉轴同时工作。（　　）
（7）输入轴为减少重量，有一个很深的孔。（　　）
（8）采用镁合金壳体的重量比铝合金减轻，由于镁的密度较低，因此强度也低，必须通过厚的加强筋及增加壁厚进行补偿。（　　）
（9）变速器在换挡时，为避免同时挂入两挡，必须装设自锁装置。（　　）
（10）互锁装置的作用是当驾驶员用变速杆推动某一拨叉轴时，自动锁上其他所有拨叉轴。（　　）

4. 问答题

（1）变速器的功用是什么？

（2）根据右图，计算图示齿轮机构传动比。

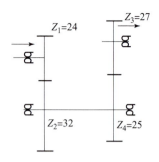

图 2-1　简答题（2）图

（3）根据下图，回答问题。

①在表 2-1 中填写各代号零件名称。

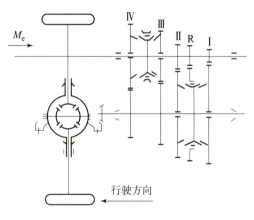

图 2-2　简答题（3）图

表 2-1　各代号零件名称

序号	代号	名称
1		
2		
3		
4		
5		

②写出 2 挡、3 挡和倒挡的传动路线。

2 挡：_____

3 挡：_____

倒挡：_____

（二）技能考核

项目 1　在台架上进行大众 02T 两轴式手动变速器的拆装

基本信息	姓名		学号		班级		组别	
	规定时间		完成时间		考核日期		总评成绩	

	序号	步骤	完成情况		标准分	评分
			完成	未完成		
任务工单	1	考核准备： 材料： 工具： 设备：			5	
	2	变速器解体			15	
	3	输入轴拆装			15	
	4	输出轴拆装			15	
	5	变速器装配			15	
	6	清洁及整理			10	
安全					5	
5S					5	
团队协作					5	
沟通表达					5	
工单填写					5	

项目 2　在实车上进行大众 02T 两轴式手动变速器外部换挡拉索的调整

基本信息	姓名		学号		班级		组别	
	规定时间		完成时间		考核日期		总评成绩	

	序号	步骤	完成情况		标准分	评分
			完成	未完成		
任务工单	1	考核准备： 材料： 工具： 设备：			5	
	2	拆掉蓄电池及外壳，依次松开换挡软轴和选挡软轴上的锁止机构			10	
	3	向下压换挡轴至1、2挡之间的空挡位置，插入锁销，旋转锁销约90°			10	
	4	拆下换挡杆上的防尘罩，将换挡杆置于1、2挡之间的空挡位置，将定位销插入锁销孔中			10	
	5	依次将换挡软轴和选挡软轴上的锁止机构慢慢锁上			10	
	6	旋转换挡轴锁销，并将锁销退回初始位置以解除对换挡轴的锁止			10	
	7	把换挡杆锁止从锁销孔中拔出			10	
	8	挂入1挡，然后将换挡杆向左压到底并松开			5	
	9	试车			5	
安全					5	
5S					5	
团队协作					5	
沟通表达					5	
工单填写					5	

三、自动变速器结构与拆装学习评价

（一）理论考核

1. 填空题

（1）液力自动变速器由（　　）、（　　）、（　　）及（　　）组成。
（2）双离合自动变速器机械传动机构主要由（　　）、（　　）、（　　）及（　　）等组成。
（3）液力变矩器的工作轮包括（　　）、（　　）和（　　）。
（4）单排行星齿轮机构的三个基本元件是（　　）、（　　）及（　　）。
（5）行星齿轮变速器的换挡执行元件包括（　　）、（　　）及（　　）。
（6）双离合器自动变速器主要是由（　　）、（　　）、（　　）及（　　）等部分组成。

2. 判断题

（1）单向离合器可实现导轮的单向锁止，使得液力变矩器在低速区实现耦合传动。（　　）
（2）液力变矩器在一定范围内，能自动地、无级地改变传动比和转矩比。（　　）
（3）对于同一台液力耦合器来说，发动机的转速越高，则作用于蜗轮上的力矩也越大。（　　）
（4）太阳轮为主动件，齿圈为从动件，行星架固定，可实现升速传动。（　　）
（5）带有扭转减震器的双质量飞轮，可以有效控制汽车动力传动系统的扭转振动及噪声，提高整车舒适性。（　　）
（6）换挡执行元件的离合器可实现分离与结合。（　　）
（7）当车辆运行时，两个离合器中只有一个处于闭合状态。（　　）
（8）大众0AM双离合自动变速器机电控制单元中，电子控制单元和电子液压式控制单元是两个独立部件。（　　）

3. 简答题

（1）液力变矩器的功用是什么？

(2) 片式离合器与制动器的区别是什么？

(3) 指出图 3-1 中序号对应的零件名称并分析出单排行星齿轮机构可以完成的挡位，完成表 3-1 的填写。

图 3-1　简答题（3）图

表 3-1　单排行星齿轮机构挡位及运动分析表

状态	挡位	固定部件	输入部件	输出部件	旋转方向
1					
2					
3					
4					
5					
6					
7					
8					

(4) 简述双离合自动变速器的基本工作原理。

（二）技能考核

项目1　在台架上进行大众0AM双离合器的更换

基本信息	姓名		学号		班级		组别	
	规定时间		完成时间		考核日期		总评成绩	

	序号	步骤	完成情况		标准分	评分
			完成	未完成		
任务工单	1	考核准备： 材料： 工具： 设备：			5	
	2	拆下毂盘的卡环、毂盘			5	
	3	拆下输入轴卡环			5	
	4	安装拉具并用工具顺时针旋转到止位，拧紧拉具上的丝杆，将双离合器向上拉出			10	
	5	将小分离轴承和调整垫片一起拆下，再拆下大分离杠杆			5	
	6	旋出螺栓，拆下小分离杠杆和固定卡子，拆下分离杠杆的塑料定位件			5	
	7	安装分离杠杆的塑料定位件，安装小分离杠杆和固定卡子，固定新螺栓			5	
	8	安装大分离杠杆，检查两个杠杆是否安装到位			5	
	9	安装小分离轴承及测量后选择的调整垫片K_2，转动检查小分离轴承是否安装到位			5	
	10	用拉具将双离合安装到变速器内			5	
	11	安装支撑架和装配工具，用工具拧紧丝杠到合适位置			10	
	12	安装输入轴卡环，按标记装入毂盘及卡环，使卡环的开口朝向毂盘较大的标记齿			5	
	13	旋转双离合器，应转动自如			5	
安全					5	
5S					5	
团队协作					5	
沟通表达					5	
工单填写					5	

项目 2 大众 0AM 双离合自动变速器机电装置的电子控制单元的更换

基本信息	姓名		学号		班级		组别	
	规定时间		完成时间		考核日期		总评成绩	

	序号	步骤	完成情况		标准分	评分
			完成	未完成		
任务工单	1	考核准备： 材料： 工具： 设备：			5	
	2	将换挡杆置于位置"P"，用诊断仪将所有换挡活塞移动至"空挡"位置			5	
	3	拆卸空气滤清器壳体总成、蓄电池及其支架，拔出变速器的通气塞，并用合适的堵头进行密封			5	
	4	松开机电控制单元的连接插头			5	
	5	举升汽车，拆卸车辆底部护板			5	
	6	排空齿轮油，然后安装放油螺栓，拧紧力矩 30 Nm			5	
	7	从机电控制单元下部线束固定支架上脱开氧传感器插头			5	
	8	机电控制单元右侧插入分离杆，逆时针旋转分离杆，使分离杠杆与活塞杆分离			5	
	9	用对角的方式旋出机电控制单元固定螺栓，其他螺栓不准动，拆下机电控制单元			5	
	10	确保所有换挡拨叉都处于"空挡位置"，清洁机电控制单元上的密封接触面，所有换挡活塞都凸出 25 mm			5	
	11	安装机电控制单元，对角交替拧紧机电控制单元的固定螺栓，拧紧力矩 10 Nm			5	
	12	顺时针方向旋转并取下分离杆			5	
	13	安装变速器输入转速传感器，装上机电控制单元的连接插头，安装机电控制单元前部的线束固定支架，拧紧螺栓，拧紧力矩 6 Nm			5	

续表

基本信息	姓名		学号		班级		组别	
	规定时间		完成时间		考核日期		总评成绩	
任务工单	序号	步骤		完成情况		标准分	评分
				完成	未完成		
	14	连接插头，并装到线束固定支架上。安装空气滤清器壳体总成，连接蓄电池，安装车辆底部隔音板				5	
	15	使用诊断仪进行"执行基础设定"				5	
安全						5	
5S						5	
团队协作						5	
沟通表达						5	
工单填写						5	

四、万向传动装置结构与拆装学习评价

（一）理论考核

1. 填空题

（1）万向传动装置一般由（　　）和（　　）组成，有时还加装（　　）。

（2）万向传动装置用来传递输入输出轴轴线（　　）且相对位置（　　）的转轴之间的动力。

（3）万向传动装置除用于汽车的传动系统外，还可用于转向机构的（　　）和（　　）之间。

（4）目前，汽车传动系统中广泛应用的是（　　）万向节。

（5）如果双十字轴式万向节要实现等速传动，则第一万向节的（　　）必须与第二万向节的（　　）在同一平面内。

（6）等速万向节的基本原理是从结构上保证万向节在工作过程中（　　）。

（7）由于离心力的作用，传动轴在高速旋转时将产生剧烈振动，因此，当传动轴与万向节装配后，必须满足（　　）要求。

（8）为了避免运动干涉，传动轴中设有由（　　）和（　　）组成的滑动花键连接。

2. 判断题

（1）刚性万向节是靠零件的铰链式连接来传递动力的，而挠性万向节则是靠弹性零件来传递动力的。（　　）

（2）对于十字轴式万向节来说，主、从动轴的交角越大，则传动效率越高。（　　）

（3）对于十字轴式万向节来说，主、从动轴之间只要存在交角，就存在摩擦损失。（　　）

（4）只有驱动轮采用独立悬架时，才有实现第一万向节两轴间的夹角等于第二万向节两轴间的夹角的可能。（　　）

（5）双联式万向节实际上是传动轴长度缩减至最小的双万向节等速传动装置。（　　）

（6）球叉式万向节的传力钢球数比球笼式万向节多，所以承载能力强、使用寿命长。（　　）

（7）挠性万向节一般用于主、从动轴间夹角较大的万向传动的场合。（　　）

（8）传动轴两端的万向节叉，安装时应在同一平面内。（　　）

（9）汽车行驶过程中，传动轴的长度可以自由变化。（　　）

（10）单个十字轴万向节在有夹角时传动的不等速性是指主、从动轴的平均转速不相等。（　　）

3. 选择题

（1）十字轴式刚性万向节的十字轴轴颈一般都是（　　）。
A. 中空的　　　　　　　　　　　　B. 实心的
C. 无所谓　　　　　　　　　　　　D. A、B、C 均不正确

（2）十字轴式万向节的损坏是以（　　）的磨损为标志的。
A. 十字轴轴颈　　　　　　　　　　B. 滚针轴承
C. 油封　　　　　　　　　　　　　D. 万向节叉

（3）十字轴式不等速万向节，当主动轴转过一周时，从动轴转过（　　）。
A. 一周　　　　　　　　　　　　　B. 小于一周
C. 大于一周　　　　　　　　　　　D. 不一定

（4）双十字轴式万向节实现准等速传动的前提条件之一是（　　）。（设 α_1 为第一万向节两轴间夹角，α_2 为第二万向节两轴间的夹角）
A. $\alpha_1 = \alpha_2$　　　　　　　　　　　　B. $\alpha_1 > \alpha_2$
C. $\alpha_1 < \alpha_2$　　　　　　　　　　　　D. α_1 与 α_2 无关

（5）下面万向节中属于等速万向节的是（　　）。
A. 球笼式　　　　　　　　　　　　B. 双联式
C. 球叉式　　　　　　　　　　　　D. 三销轴式

（6）为了提高传动轴的强度和刚度，传动轴一般都做成（　　）。
A. 空心的　　　　　　　　　　　　B. 实心的
C. 半空、半实的　　　　　　　　　D. 无所谓

（7）主、从动轴具有最大交角的万向节是（　　）。
A. 球笼式　　　　　　　　　　　　B. 球叉式
C. 双联式　　　　　　　　　　　　D. 三销轴式

4. 简答题

（1）什么是单个刚性十字轴万向节的不等速性？

（2）什么是等速万向节？试举出两种等速万向节。

（3）为什么传动轴采用滑动花键连接？

（4）为什么有些传动轴要做成分段式的？

（5）汽车传动系统为什么要采用万向传动装置？

（二）技能考核

项目1　宝马三系轿车传动轴的就车拆装

基本信息	姓名		学号		班级		组别	
	规定时间		完成时间		考核日期		总评成绩	

	序号	步骤	完成情况		标准分	评分
			完成	未完成		
任务工单	1	考核准备： 材料： 工具： 设备：			10	
	2	车辆的举升、防护			5	
	3	拆卸车辆下护板			5	
	4	拆卸排气管			5	
	5	拆卸隔热板			5	
	6	拆卸变速箱横梁			5	
	7	拆卸传动轴前部固定螺栓			5	
	8	拆卸传动轴后部嵌入式螺母			10	
	9	拆卸中间支承			5	
	10	装复并检查			20	
安全					5	
5S					5	
团队协作					5	
沟通表达					5	
工单填写					5	

项目 2　宝马三系轿车传动轴中间支承轴承的更换

基本信息	姓名		学号		班级		组别	
	规定时间		完成时间		考核日期		总评成绩	

任务工单	序号	步骤	完成情况		标准分	评分
			完成	未完成		
	1	考核准备： 材料： 工具： 设备：			10	
	2	安全、防护			5	
	3	传动轴的标记			5	
	4	拆卸防尘罩			5	
	5	分解传动轴			5	
	6	安装轴承提取器			5	
	7	压出中间轴承			5	
	8	安装新的中间轴承			10	
	9	装复检验			15	
	10	清洁及整理			5	
安全					5	
5S					10	
团队协作					5	
沟通表达					5	
工单填写					5	

五、驱动桥结构与拆装学习评价

（一）理论考核

1. 填空题

（1）驱动桥由（　　）、（　　）、（　　）和（　　）等组成。

（2）半轴的支承型式有（　　）和（　　）两种。

（3）半轴是在（　　）与（　　）之间传递动力的实心轴。

（4）两侧的输出转矩相等的差速器，称为（　　），也称（　　）。

（5）对称式差速器用作（　　）差速器或由平衡悬架联系的两驱动桥之间的（　　）差速器。

2. 选择题

（1）行星齿轮差速器起作用的时刻为（　　）。

A. 汽车转弯　　　　　　　　　　　　B. 直线行驶

C. A、B 情况下都起作用　　　　　　　D. A、B 情况下都不起作用

（2）设对称式锥齿轮差速器壳的转速为 n_0，左、右两侧半轴齿轮的转速分别为 n_1 和 n_2，则有（　　）。

A. $n_1 + n_2 = n_0$　　　　　　　　　　B. $n_1 + n_2 = 2n_0$

C. $n_1 + n_2 = 1/2 n_0$　　　　　　　　D. $n_1 = n_2 = n_0$

（3）设对称式锥齿轮差速器壳所得到转矩为 M_0，左右两半轴的转矩分别为 M_1、M_2，则有（　　）。

A. $M_1 = M_2 = M_0$　　　　　　　　　B. $M_1 = M_2 = 2M_0$

C. $M_1 = M_2 = 1/2 M_0$　　　　　　　D. $M_1 + M_2 = 2M_0$

（4）全浮半轴承受（　　）的作用。

A. 转矩　　　　B. 弯矩　　　　C. 反力　　　　D. A、B、C

3. 判断题

（1）双速主减速器就是具有两对齿轮传动副的主减速器。　　　　　　　　　（　　）

（2）当汽车在一般条件下行驶时，应选用双速主减速器中的高速挡，而在行驶条件较差时，则采用低速挡。　　　　　　　　　（　　）

（3）对于对称式锥齿轮差速器而言，当两侧驱动轮的转速不等时，行星齿轮仅自转不公转。　　　　　　　　　（　　）

（4）对称式锥齿轮差速器当行星齿轮没有自转时，总是将转矩平均分配给左、右两半轴齿轮。　　　　　　　　　（　　）

(5) 当采用半浮式半轴支承时，半轴与桥壳没有直接联系。（ ）
(6) 半浮式支承的半轴易于拆装，不需拆卸车轮就可将半轴拆下。（ ）
(7) 解放 CA1091 和东风 EQ1090 汽车均采用全浮式支承的半轴，这种半轴除承受转矩外，还承受弯矩的作用。（ ）

4. 简答题

（1）驱动桥的功用是什么？每个功用主要由驱动桥的哪个部分实现和承担？

（2）为什么主减速器中的锥齿轮多采用螺旋锥齿轮而不用直齿锥齿轮？

（3）试述对称式锥齿轮差速器的结构和差速原理。

（4）试用对称式锥齿轮差速器平均分配扭矩特性分析：采用此种差速器的汽车当一侧车轮陷到泥坑里或在冰雪路面上时出现的车子无法起步现象。

（5）半浮式半轴与桥壳之间通常只安装一个轴承，那么侧向力是如何承受和平衡的？

（二）技能考核

项目 1　东风雪铁龙爱丽舍轿车减速器与差速器的拆装

基本信息	姓名		学号		班级		组别	
	规定时间		完成时间		考核日期		总评成绩	

	序号	步骤	完成情况		标准分	评分
			完成	未完成		
任务工单	1	考核准备： 材料： 工具： 设备：			10	
	2	变速器安装到拆装架			5	
	3	放油			5	
	4	拆卸变速器			5	
	5	分解减速器、差速器			10	
	6	拆卸差速器壳体支承轴承			10	
	7	组装减速器、差速器			10	
	8	压装轴承			5	
	9	组装变速器			10	
	10	加注自动变速器油			5	
安全					5	
5S					5	
团队协作					5	
沟通表达					5	
工单填写					5	

项目 2 东风雪铁龙爱丽舍轿车差速器油封的拆装

基本信息	姓名		学号		班级		组别	
	规定时间		完成时间		考核日期		总评成绩	

	序号	步骤	完成情况		标准分	评分
			完成	未完成		
任务工单	1	考核准备： 材料： 工具： 设备：			10	
	2	变速器安装到拆装架			5	
	3	正确选用工具			5	
	4	拆卸右油封			5	
	5	拆卸左油封			5	
	6	润滑新油封			5	
	7	选用油封安装工具			10	
	8	安装右新油封			10	
	9	安装左新油封			10	
	10	清洁及整理			5	
安全					5	
5S					10	
团队协作					5	
沟通表达					5	
工单填写					5	

六、转向系统的结构与拆装学习评价

(一) 理论考核

1. 判断题

(1) 汽车转向时,内转向轮的偏转角应当小于外转向轮的偏转角。（ ）
(2) 汽车的转弯半径越小,则汽车的转向机动性能越好。（ ）
(3) 采用动力转向系统的汽车,当转向加力装置失效时,汽车也就无法转向了。（ ）
(4) 循环球式转向器中的转向螺母是第一级传动副的主动件。（ ）
(5) 与独立悬架和与非独立悬架相配用的转向传动机构是一样的。（ ）
(6) 转向盘自由行程影响转向的灵敏性,在设计时尽量避免。（ ）
(7) 具有不足转向特性的汽车在急转时容易发生侧翻或侧滑。（ ）
(8) 安全式转向柱是在转向柱上设置能量吸收装置,当汽车紧急制动或发生撞车事故时吸收冲击能量,减轻或防止对驾驶员的伤害。（ ）
(9) 为避免在汽车转向时加大对车轮的磨损,希望汽车转向时每个车轮都做纯滚动。
（ ）

2. 选择题

(1) 转向梯形理想表达式中的 B 是指（   ）。
A. 轮距　　　　　　　　　　　　B. 两侧主销轴线与地面相交点间的距离
C. 转向横拉杆的长度　　　　　　D. 轴距
(2) 采用齿轮、齿条式转向器时,不需（   ）,所以结构简单。
A. 转向节臂　　　B. 转向摇臂　　　C. 转向梯形臂　　　D. 转向横拉杆
(3) 对于最高车速超过 100 km/h 的车辆,转向盘向左、向右的自由行程不超过
（   ）。
A. 10°　　　　　　B. 15°　　　　　　C. 8°　　　　　　　D. 20°
(4) 下列哪项不属于转向传动部分?（   ）
A. 梯形臂　　　　B. 转向横拉杆　　C. 转向柱　　　　　D. 转向节臂
(5) 转向盘出现"打手"现象主要是因为（   ）。
A. 转向盘的自由行程太小　　　　B. 转向盘的自由行程太大
C. 车速太高　　　　　　　　　　D. 车速太低
(6) 下列关于车辆转向特性说法正确的是（   ）。
A. 一般车辆应具有动态转向特性　　B. 一般车辆应具有中性转向特性
C. 一般车辆应具有过度转向特性　　D. 一般车辆应具有不足转向特性

3. 问答题

（1）转向系统的作用是什么？

（2）转向系统有哪几种类型？各由几部分组成？

（3）读图分析：

图6-1为机械转向系统示意图，回答如下问题：

①转向系统由哪几部分构成？

②写出主要（标号1、5、6、7、8、9、10、11）机件名称。

③写出动力传递路线。

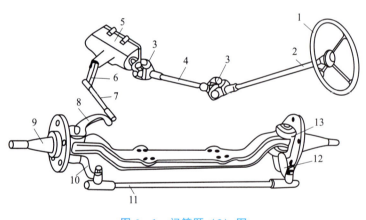

图6-1 问答题（3）图

（4）评价自己对本任务学习的掌握情况。

（二）技能考核

项目1 转向器的拆装

基本信息	姓名		学号		班级		组别	
	规定时间		完成时间		考核日期		总评成绩	

	序号	步骤	完成情况		标准分	评分
			完成	未完成		
任务工单	1	考核准备： 材料： 工具： 设备：			10	
	2	车辆的举升、防护及发动机的固定			5	
	3	拆卸前轮			5	
	4	拆卸左右横拉杆球销螺母及球销			10	
	5	拆卸卡子，脱开万向节			5	
	6	拆卸前托架连接螺栓，降下前托架			10	
	7	拆卸隔热板			10	
	8	拆转向器固定螺栓，取下转向器			10	
	9	按与拆装相反顺序安装			5	
	10	清洁及整理			5	
安全					5	
5S					5	
团队协作					5	
沟通表达					5	
工单填写					5	

项目 2 转向角传感器 G85 零位设定

<table>
<tr><td rowspan="2">基本信息</td><td>姓名</td><td></td><td>学号</td><td></td><td>班级</td><td></td><td>组别</td><td></td></tr>
<tr><td>规定时间</td><td></td><td>完成时间</td><td></td><td>考核日期</td><td></td><td>总评成绩</td><td></td></tr>
</table>

	序号	步骤	完成情况		标准分	评分
			完成	未完成		
任务工单	1	考核准备： 材料： 工具： 设备：			10	
	2	连接蓝牙			10	
	3	进入 ODIS 诊断程序			5	
	4	选择制动电子装置			5	
	5	选择引导型功能			5	
	6	选择转向角传感器 G85 基本设置			5	
	7	按照程序要求操作			20	
	8	清洁及整理			10	
安全					5	
5S					10	
团队协作					5	
沟通表达					5	
工单填写					5	

七、行驶系统结构与拆装学习评价

（一）理论考核

1. 填空题

（1）以车轮直接与地面接触的行驶系统，称为（　　）行驶系统，这样的汽车称为（　　）汽车。

（2）轮式汽车行驶系统一般由（　　）、（　　）、（　　）和（　　）组成。

（3）车架是整个汽车的（　　），汽车的绝大多数部件和总成都是通过（　　）来固定其位置的。

（4）悬架一般由（　　）、（　　）和（　　）三部分组成。

（5）汽车悬架可分为（　　）和（　　）两大类。

（6）轮胎 205/55 R 16 91 V 中 205 表示（　　）、R 表示（　　）、16 表示（　　）。

（7）车轮定位的主要参数有（　　）、（　　）、（　　）、（　　）。

2. 选择题

（1）下面（　　）本身的刚度是可变的。

A. 钢板弹簧　　　　　　　　　　B. 油气弹簧

C. 扭杆弹簧　　　　　　　　　　D. 气体弹簧

（2）安装（　　）可使悬架的刚度成为可变的。

A. 渐变刚度的钢板弹簧　　　　　B. 等螺距的螺旋弹簧

C. 变螺距的螺旋弹簧　　　　　　D. 扭杆弹簧

（3）下列（　　）悬架是车轮沿主销移动的悬架。

A. 双横臂式　　　　　　　　　　B. 双纵臂式

C. 烛式　　　　　　　　　　　　D. 麦弗逊式

（4）轿车通常采用（　　）悬架。

A. 独立　　　　　　　　　　　　B. 非独立

C. 平衡　　　　　　　　　　　　D. 非平衡

（5）独立悬架与（　　）车桥配合。

A. 断开式　　　　　　　　　　　B. 整体式

C. A，B 均可　　　　　　　　　 D. A，B 均不可

3. 判断题

（1）当悬架刚度一定时，簧载质量越大，则悬架的垂直变形越大，固有频率越高。

（　　）

（2）在悬架所受的垂直载荷一定时，悬架刚度越小，则悬架的垂直变形越小，汽车的固有频率越低。（　　）

（3）扭杆弹簧本身的扭转刚度是可变的，所以采用扭杆弹簧的悬架的刚度也是可变的。（　　）

（4）减震器与弹性元件是串联安装的。（　　）

（5）减震器在伸张行程时，阻力应尽可能小，以充分发挥弹性元件的缓冲作用。（　　）

4. 问答题

（1）汽车行驶系统的功用是什么？

（2）车架的功用是什么？对其有何要求？

（3）悬架的功用是什么？

(4) 读图分析。

图 7-1 为双向作用筒式减震器示意图,回答如下问题:

①减震器的作用是什么?

②写出主要(标号 4、5、6、8、11)机件名称。

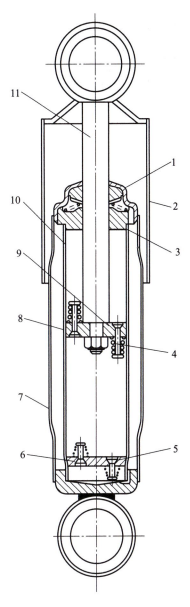

图 7-1 问答题(4)图

（二）技能考核

项目 1　前减震器支柱的拆装（以上汽大众新桑塔纳轿车为例）

基本信息	姓名		学号		班级		组别	
	规定时间		完成时间		考核日期		总评成绩	

任务工单	序号	步骤	完成情况		标准分	评分
			完成	未完成		
	1	考核准备： 材料： 工具： 设备：			10	
	2	车辆的举升、防护及发动机的固定			5	
	3	拆卸车轮			5	
	4	使用专用工具拆下前悬架下方			10	
	5	拆卸前减震器支柱上方			5	
	6	安装前减震器支柱总成			20	
	7	最后检查试车			10	
	8	清洁及整理			10	
安全					5	
5S					5	
团队协作					5	
沟通表达					5	
工单填写					5	

项目 2　后减震器的拆装（以上汽大众新桑塔纳轿车为例）

基本信息	姓名		学号		班级		组别	
	规定时间		完成时间		考核日期		总评成绩	

	序号	步骤	完成情况		标准分	评分
			完成	未完成		
任务工单	1	考核准备： 材料： 工具： 设备：			10	
	2	车辆的举升、防护固定			5	
	3	拆卸车轮			5	
	4	拆卸后减震器上方			10	
	5	拆卸后减震器下部			10	
	6	模拟无负载重量位置			15	
	7	安装后减震器			10	
	8	检查调试			5	
	9	清洁及整理			5	
安全					5	
5S					5	
团队协作					5	
沟通表达					5	
工单填写					5	

项目3 车轮定位参数的检测（以上汽大众途安轿车为例）

基本信息	姓名		学号		班级		组别	
	规定时间		完成时间		考核日期		总评成绩	

	序号	步骤	完成情况		标准分	评分
			完成	未完成		
任务工单	1	考核准备： 材料： 工具： 设备：			10	
	2	定位前的检查工作			15	
	3	安装目标盘			5	
	4	进行偏位补偿			10	
	5	根据提示左右打方向			15	
	6	检测结果打印			15	
	7	清洁及整理			5	
安全					5	
5S					5	
团队协作					5	
沟通表达					5	
工单填写					5	

八、制动系统结构与拆装学习评价

（一）理论考核

1. 填空题

（1）任何制动系统都由_____、_____、_____和_____四个基本部分组成。

（2）车轮制动器由_____、_____、_____和_____四部分组成。

（3）制动器的领蹄具有_____作用，从蹄具有_____作用。

（4）汽车电子控制制动防抱死系统简称_____，它的作用是_____。

（5）汽车电子控制制动防抱死系统一般由_____、_____、_____和 ABS 警示装置四部分组成。

（6）ABS 的工作过程可分为_____、_____、_____和_____阶段。

2. 选择题

（1）在汽车制动过程中，如果只是前轮制动抱死滑移而后轮还在滚动，则汽车可能（　　）。

A. 失去转向性能　　　　　　　　　　B. 甩尾

C. 正常转向　　　　　　　　　　　　D. 调头

（2）汽车后轮上的车速传感器一般固定在后车轴支架上，转子安装于（　　）。

A. 车架　　　　　　　　　　　　　　B. 轮毂

C. 驱动轴　　　　　　　　　　　　　D. 车轮转向架

（3）下列叙述不正确的是（　　）。

A. 制动时，转动转向盘，会感到转向盘有轻微的振动。

B. 制动时，制动踏板会有轻微下沉。

C. 制动时，ABS 继电器不断动作，这也是 ABS 正常起作用的正常现象。

D. 装有 ABS 的汽车，在制动后期，不会出现车轮抱死现象。

（4）当滑移率为 100% 时，横向附着系数降为（　　）。

A. 100%　　　　　　　　　　　　　　B. 50%

C. 0　　　　　　　　　　　　　　　　D. 都不正确

（5）在汽车制动过程中，当车轮抱死滑移时，路面对车轮的侧向力（　　）。

A. 大于零　　　　　　　　　　　　　B. 小于零

C. 等于零　　　　　　　　　　　　　D. 不一定

（6）领从蹄式制动器一定是（　　）。
A. 等促动力制动器 B. 不等促动力制动器
C. 非平衡式制动器 D. 以上三个都不对。

3. 判断题

（1）每套制动装置都由制动器和制动传动装置组成。（　　）
（2）按结构不同，制动器可分为鼓式制动器和盘式制动器。（　　）
（3）按结构不同，制动器可分为车轮制动器和中央制动器。（　　）
（4）鼓式车轮制动器的旋转元件是制动鼓，其工作表面为制动鼓的内圆柱面。（　　）
（5）盘式车轮制动器的旋转元件是制动盘，其工作表面是制动盘的两端面。（　　）
（6）一般轿车上前轮采用盘式车轮制动器而后轮采用鼓式制动器。（　　）
（7）一般轿车上前轮采用鼓式制动器而后轮采用盘式制动器。（　　）

4. 简答题

（1）汽车制动系统的功能是什么？对制动系统有哪些要求？

（2）如图 8-1 所示，指出图中 1、4、6、8、9、10 名称，并分析制动系统的工作过程。

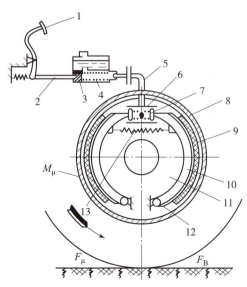

图 8-1　简答题（2）图

（3）ABS 按控制通道和传感器如何进行分类？

（二）技能考核

项目 1　盘式车轮制动器的拆装

基本信息	姓名		学号		班级		组别	
	规定时间		完成时间		考核日期		总评成绩	

	序号	步骤	完成情况		标准分	评分
			完成	未完成		
任务工单	1	考核准备： 设备、工具的准备			5	
	2	工具清洁、使用			5	
	3	车轮制动器外观清洁			5	
	4	按正确顺序分解、组装制动器			10	
	5	零件摆放整齐			5	
	6	正确说出所拆制动器的型式			5	
	7	正确说出制动器的组成零部件			10	
	8	正确指出制动器的间隙调整装置			5	
	9	正确组装制动器总成			10	
	10	整理工具，清理现场			5	
安全					5	
5S					5	
沟通表达					5	
工单填写					10	
结论填写					10	

项目2　后轮鼓式车轮制动器的拆装

基本信息	姓名		学号		班级		组别	
	规定时间		完成时间		考核日期		总评成绩	

	序号	步骤	完成情况		标准分	评分
			完成	未完成		
任务工单	1	考核准备：设备、工具的准备			5	
	2	工具清洁、使用			5	
	3	车轮制动器外观清洁			5	
	4	按正确顺序分解、组装制动器			10	
	5	零件摆放整齐			5	
	6	正确说出所拆制动器的型式			5	
	7	正确说出制动器的组成零部件			10	
	8	正确指出制动器的间隙调整装置			5	
	9	正确组装制动器总成			10	
	10	整理工具，清理现场			5	
安全					5	
5S					5	
沟通表达					5	
工单填写					10	
结论填写					10	

项目3 电子驻车制动系统电机的拆装

基本信息	姓名		学号		班级		组别	
	规定时间		完成时间		考核日期		总评成绩	
任务工单	序号	步骤	完成情况		标准分	评分		
			完成	未完成				
	1	考核准备：设备、工具的准备			5			
	2	工具清洁、使用			5			
	3	用诊断仪将活塞退回极限位置			10			
	4	拆卸电机插接器			5			
	5	拆卸电机固定螺栓			5			
	6	取下电机总成			5			
	7	清洁并用制动液浸润电机密封圈			10			
	8	安装EPB电机			5			
	9	用诊断仪将活塞回位			10			
	10	整理工具，清理现场			5			
安全					5			
5S					5			
沟通表达					5			
工单填写					10			
结论填写					10			

"十四五"职业教育国家规划教材

汽车底盘结构与拆装

主　编　许子阳
副主编　刘媛媛　付　舒
主　审　王福忠

北京理工大学出版社
BEIJING INSTITUTE OF TECHNOLOGY PRESS

版权专有 侵权必究

图书在版编目（CIP）数据

汽车底盘结构与拆装/许子阳主编. —北京：北京理工大学出版社，2019.7（2023.8 重印）

ISBN 978 – 7 – 5682 – 7303 – 9

Ⅰ.①汽… Ⅱ.①许… Ⅲ.①汽车 – 底盘 – 结构 – 高等学校 – 教材②汽车 – 底盘 – 装配（机械） – 高等学校 – 教材 Ⅳ.①U463.1

中国版本图书馆 CIP 数据核字（2019）第 151643 号

出版发行 / 北京理工大学出版社有限责任公司
社　　址 / 北京市海淀区中关村南大街 5 号
邮　　编 / 100081
电　　话 / （010）68914775（总编室）
　　　　　（010）82562903（教材售后服务热线）
　　　　　（010）68944723（其他图书服务热线）
网　　址 / http：//www.bitpress.com.cn
经　　销 / 全国各地新华书店
印　　刷 / 三河市天利华印刷装订有限公司
开　　本 / 787 毫米 × 1092 毫米　1/16
印　　张 / 19.5　　　　　　　　　　　　　　责任编辑 / 封　雪
字　　数 / 470 千字　　　　　　　　　　　　文案编辑 / 毛慧佳
版　　次 / 2019 年 7 月第 1 版　2023 年 8 月第 5 次印刷　责任校对 / 周瑞红
定　　价 / 55.00 元　　　　　　　　　　　　责任印制 / 李志强

图书出现印装质量问题，请拨打售后服务热线，本社负责调换

前言

PREFACE

随着我国经济的快速发展,对高素质人才的需求已上升到了国家高度。近几年国务院和教育部接连推出了一系列强有力的政策措施,给职业教育的发展带来了前所未有的机遇。基于当前经济社会对高素质技术技能人才的需求,根据国家人才强国战略要求,为贯彻落实党的二十大精神,落实立德树人根本任务,通过认真学习中央和教育部关于大力发展职业教育,积极推进职业教育改革,全面实施"职业教育和培训创新工程"等文件精神,山东交通职业学院教师在院领导的带领下围绕如何更好地适应形势发展,如何培养出企业需要的高技能人才,如何提高学生的学习积极性,如何增强教师授课的吸引力以及如何组织授课内容等问题展开了全院大讨论。组织了一批双师型教师同企业技术骨干一起,针对每门课的授课内容及授课方式进行了深入探讨,共同开发了一系列省级精品课程。《汽车底盘结构与拆装》这本教材就是在这样的背景下由参与校企合作的骨干教师和企业技术人员共同编写的。

本教材的内容编写遵循了知识掌握的规律,即"知识是行动的知识,是实践的知识,是不断变化和进步中的知识"这一论断。教材在传授汽车底盘基本结构与原理知识的基础上,结合汽车维修企业生产任务实际,从其日常维修拆装作业项目中提炼出了出现频率较高的几个项目进行学习训练,以求达到用人单位零距离上岗的要求。另外也对汽车的一些新结构进行了拓展介绍,以达到拓宽学生视野、引领学生博学善思的目的和导向要求。

本教材围绕汽车维修实际,设置了8个教学任务及工作情境,每个任务以"工匠精神"为主题的课程思政内容为引导,让学生明确任务蕴含的道理或应遵循的原则。在相关的准备知识学习完后,进入任务实施阶段,本阶段要求学生按照教材图示及要求,能独立或小组配合完成具体的拆装作业项目,通过实施步骤的查阅整理,养成正确使用维修手册的习惯和能力。每一项目结束后要填写拆装作业记录单并由教师对其实践能力进行考核。在学习评价中设置了理论评价和技能考核两部分,通过考核使学生进一步巩固理论知识和实践技能并找出自身的不足。最后通过拓展知识及相关知识扫码链接,进一步加深学生对所学知识的理解,拓宽学生的视野。

本教材由山东交通职业学院许子阳担任主编,孙静霞、戴仲谋、刘媛媛、付舒担任副主编,王福忠教授担任主审,并对教材内容的规划、编写提出了许多建设性的意见。教材编写分工如下:任务1由许子阳编写;任务2~3由孙静霞编写;任务4~5由付舒编写;任务6由刘媛媛编写；任务 7~8 由戴仲谋编写。烟台工程职业技术学院王国修和烟台工程职业技术学院张瑞虹也参与了本教材的编写，并对全教材进行了审阅。教材在组织编写过程中，参考了一些其他相关教材以及大众、宝马、雪铁龙轿车维修手册、维修案例等大量资料，在此向相关作者表示衷心的感谢。

由于教材改革力度大，加上编者水平有限，教材中难免有不妥和错误之处，恳请专家、读者批评指正。

编　者

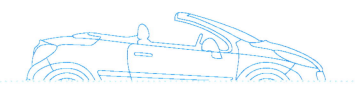

目 录
CONTENTS

学习任务 1　离合器结构与拆装 ………………………………………………… 001

一、知识准备 …………………………………………………………………… 001
　　（一）底盘概述 …………………………………………………………… 001
　　（二）传动系统 …………………………………………………………… 002
　　（三）离合器 ……………………………………………………………… 003

二、任务实施 …………………………………………………………………… 014
　　项目（一）汽车底盘认识 ………………………………………………… 014
　　项目（二）离合器的拆装 ………………………………………………… 016

三、拓展学习 …………………………………………………………………… 018
　　（一）组成 ………………………………………………………………… 018
　　（二）控制原理 …………………………………………………………… 019
　　（三）优点 ………………………………………………………………… 020

学习任务 2　手动变速器结构与拆装 …………………………………………… 021

一、知识准备 …………………………………………………………………… 021
　　（一）变速器的功用 ……………………………………………………… 021
　　（二）变速器的类型 ……………………………………………………… 022
　　（三）普通齿轮传动的基本原理 ………………………………………… 023
　　（四）两轴式手动变速器 ………………………………………………… 024

二、任务实施 …………………………………………………………………… 033
　　项目（一）在台架上进行大众 02T 两轴式手动变速器的拆装 ……… 033
　　项目（二）在实车上进行大众 02T 两轴式手动变速器外部换挡
　　　　　　　拉索的调整 …………………………………………………… 040

三、拓展学习 …………………………………………………………………… 043

学习任务 3 自动变速器结构与拆装 ⋯⋯⋯⋯⋯⋯⋯⋯⋯⋯⋯⋯⋯ 044

一、知识准备 ⋯⋯⋯⋯⋯⋯⋯⋯⋯⋯⋯⋯⋯⋯⋯⋯⋯⋯⋯⋯⋯⋯⋯⋯ 044
（一）自动变速器的分类 ⋯⋯⋯⋯⋯⋯⋯⋯⋯⋯⋯⋯⋯⋯⋯ 044
（二）自动变速器的基本组成和工作原理 ⋯⋯⋯⋯⋯⋯⋯ 044
（三）液力变矩器 ⋯⋯⋯⋯⋯⋯⋯⋯⋯⋯⋯⋯⋯⋯⋯⋯⋯ 046
（四）单排行星齿轮机构 ⋯⋯⋯⋯⋯⋯⋯⋯⋯⋯⋯⋯⋯⋯ 051
（五）辛普森式行星齿轮变速器 ⋯⋯⋯⋯⋯⋯⋯⋯⋯⋯⋯ 053
（六）拉维娜式行星齿轮变速器 ⋯⋯⋯⋯⋯⋯⋯⋯⋯⋯⋯ 055
（七）双离合自动变速器 ⋯⋯⋯⋯⋯⋯⋯⋯⋯⋯⋯⋯⋯⋯ 056

二、任务实施 ⋯⋯⋯⋯⋯⋯⋯⋯⋯⋯⋯⋯⋯⋯⋯⋯⋯⋯⋯⋯⋯⋯⋯⋯ 063
项目（一）在台架上进行大众0AM双离合器的更换 ⋯⋯⋯⋯ 063
项目（二）大众0AM双离合自动变速器机电装置的电子控制
　　　　　单元的更换 ⋯⋯⋯⋯⋯⋯⋯⋯⋯⋯⋯⋯⋯⋯⋯ 067

三、拓展学习 ⋯⋯⋯⋯⋯⋯⋯⋯⋯⋯⋯⋯⋯⋯⋯⋯⋯⋯⋯⋯⋯⋯⋯⋯ 071
（一）无级变速器概述 ⋯⋯⋯⋯⋯⋯⋯⋯⋯⋯⋯⋯⋯⋯⋯ 071
（二）无级变速器组成和工作原理 ⋯⋯⋯⋯⋯⋯⋯⋯⋯⋯ 072

学习任务 4 万向传动装置结构与拆装 ⋯⋯⋯⋯⋯⋯⋯⋯⋯⋯⋯⋯⋯ 074

一、知识准备 ⋯⋯⋯⋯⋯⋯⋯⋯⋯⋯⋯⋯⋯⋯⋯⋯⋯⋯⋯⋯⋯⋯⋯⋯ 074
（一）万向传动装置的组成及应用 ⋯⋯⋯⋯⋯⋯⋯⋯⋯⋯ 074
（二）万向节 ⋯⋯⋯⋯⋯⋯⋯⋯⋯⋯⋯⋯⋯⋯⋯⋯⋯⋯⋯ 076
（三）传动轴和中间支承 ⋯⋯⋯⋯⋯⋯⋯⋯⋯⋯⋯⋯⋯⋯ 080
（四）宝马三系轿车传动轴结构特点 ⋯⋯⋯⋯⋯⋯⋯⋯⋯ 081

二、任务实施 ⋯⋯⋯⋯⋯⋯⋯⋯⋯⋯⋯⋯⋯⋯⋯⋯⋯⋯⋯⋯⋯⋯⋯⋯ 081
项目（一）宝马三系轿车传动轴的就车拆装 ⋯⋯⋯⋯⋯⋯ 081
项目（二）宝马三系轿车传动轴中间支承轴承的更换 ⋯⋯ 085

三、拓展学习 ⋯⋯⋯⋯⋯⋯⋯⋯⋯⋯⋯⋯⋯⋯⋯⋯⋯⋯⋯⋯⋯⋯⋯⋯ 088
（一）万向节的分解 ⋯⋯⋯⋯⋯⋯⋯⋯⋯⋯⋯⋯⋯⋯⋯⋯ 088
（二）万向节的装配 ⋯⋯⋯⋯⋯⋯⋯⋯⋯⋯⋯⋯⋯⋯⋯⋯ 089

学习任务 5 驱动桥结构与拆装 ⋯⋯⋯⋯⋯⋯⋯⋯⋯⋯⋯⋯⋯⋯⋯⋯ 091

一、知识准备 ⋯⋯⋯⋯⋯⋯⋯⋯⋯⋯⋯⋯⋯⋯⋯⋯⋯⋯⋯⋯⋯⋯⋯⋯ 091
（一）主减速器 ⋯⋯⋯⋯⋯⋯⋯⋯⋯⋯⋯⋯⋯⋯⋯⋯⋯⋯ 092
（二）差速器 ⋯⋯⋯⋯⋯⋯⋯⋯⋯⋯⋯⋯⋯⋯⋯⋯⋯⋯⋯ 097
（三）半轴与桥壳 ⋯⋯⋯⋯⋯⋯⋯⋯⋯⋯⋯⋯⋯⋯⋯⋯⋯ 101

二、任务实施 ·· 105
　　　　项目（一）东风雪铁龙爱丽舍轿车减速器及差速器的拆装 ······ 105
　　　　项目（二）东风雪铁龙爱丽舍轿车差速器油封的拆装 ············ 108
　　三、拓展学习
　　　　（一）减速器 ·· 111
　　　　（二）差速器 ·· 113

学习任务 6　转向系统结构与拆装 ·································· 118

　　一、知识准备 ·· 118
　　　　（一）转向系统概述 ·· 118
　　　　（二）机械转向系统 ·· 119
　　　　（三）动力转向系统 ·· 122
　　二、任务实施 ·· 129
　　　　项目（一）转向器的拆装 ···································· 129
　　　　项目（二）转向角传感器 G85 零位设定 ······················ 133
　　三、拓展学习 ·· 137
　　　　（一）电动助力转向系统的组成及工作原理 ···················· 137
　　　　（二）电动助力转向系统主要部件结构原理介绍 ················ 142

学习任务 7　行驶系统结构与拆装 ·································· 147

　　一、知识准备 ·· 147
　　　　（一）车架 ·· 147
　　　　（二）悬架概述 ·· 150
　　　　（三）弹性元件 ·· 151
　　　　（四）减震器 ·· 154
　　　　（五）传统悬架系统介绍 ···································· 155
　　　　（六）车轮和轮胎 ·· 164
　　　　（七）车桥 ·· 174
　　二、任务实施 ·· 182
　　　　项目（一）前减震器支柱的拆装（以上汽大众新桑塔纳
　　　　　　　　　轿车为例） ······································ 182
　　　　项目（二）后减震器的拆装（以上汽大众新桑塔纳轿车
　　　　　　　　　为例） ·· 187
　　　　项目（三）车轮定位参数的检测（以上汽大众途安轿车
　　　　　　　　　为例） ·· 190
　　三、拓展学习 ·· 195

　　（一）动态底盘控制系统（DCC） ··· 195
　　（二）电控空气悬架系统 ··· 200

学习任务 8　制动系统结构与拆装 ··· 207
　一、知识准备 ··· 207
　　（一）制动系统概述 ··· 207
　　（二）盘式车轮制动器 ··· 209
　　（三）鼓式车轮制动器 ··· 211
　　（四）驻车制动器 ··· 215
　　（五）制动传动装置 ··· 221
　　（六）电子控制制动防抱死系统（ABS） ·································· 232
　二、任务实施 ··· 237
　　项目（一）盘式车轮制动器的拆装 ··· 237
　　项目（二）后轮鼓式车轮制动器的拆装 ···································· 240
　　项目（三）电子驻车制动系统电机的拆装 ·································· 243
　三、拓展学习 ··· 247
　　（一）制动时车轮的受力分析 ··· 247
　　（二）滑移率 ··· 249
　　（三）驱动防滑系统（ASR） ·· 250
　　（四）电子制动力分配系统 ·· 252
　　（五）电子稳定程序（ESP） ·· 254

参考文献 ·· 257

学习任务 1
离合器结构与拆装

 **工作情境描述**

一辆汽车行驶 65 000 km 后,驾驶员反映车辆在行驶过程中出现上坡困难、加速无力现象。车主已将车开到 4S 店,请分析故障原因并排除本车故障。

 学习目标

1. 能够描述离合器的结构原理,理解对它的工作要求;
2. 根据维修手册,正确选用维修工具和专用设备,在 100 min 内安全规范地完成离合器的部件更换,操作过程中严格执行"5S"管理;
3. 向客户解释拆装作业的必要性及结果。

> **牢记**:一个人要想有大的成就,什么条件最重要?
> **答**:当然是身体健康最重要,身体是革命的本钱,是 100 分最前面的 1。在汽车上就相当于底盘,一辆车发动机再好,也需要有个扎实的底盘,其性能才能得到发挥。

一、知识准备

(一) 底盘概述

汽车由发动机、底盘、车身和电气设备组成,而汽车底盘又由传动系统、行驶系统、转向系统和制动系统四大系统组成。如果说发动机是汽车的"心脏",是汽车的动力源,底盘则是汽车的"骨架",它承载并连接着其他系统总成,使汽车成为一个整体。汽车底盘各系统的作用如下所述。

1. 传动系统

传动系统的功用是将发动机的动力按照需要传递到驱动轮。普通汽车采用的机械式传动系统由离合器、变速器、万向传动装置、驱动桥等组成;现代汽车越来越多地采用液力机械式传动系统,用液力机械变速器取代了机械式传动系统中的离合器和变速器。

资源 1-1 传动系统和转向系统

2. 行驶系统

行驶系统的功用是安装部件、支承汽车、缓和冲击、吸收振动、传递和承受发动机与地面传来的各种力和力矩，保证汽车正常行驶。行驶系统由车架、车桥、车轮、悬架等组成。

3. 转向系统

转向系统的功用是控制汽车的行驶方向，转向系统由转向操纵机构、转向器、转向传动机构等组成。现代汽车越来越普遍地采用了动力转向装置。

4. 制动系统

制动系统的功用是使汽车减速、停车或驻车。一般汽车制动系统至少应设行车制动和驻车制动两套相互独立的制动装置，每一套制动装置由制动器和制动传动装置组成。现代汽车行车制动装置还装设了电子控制制动防抱死系统（ABS）、电子制动力分配系统（EBD）、驱动防滑控制系统（ASR）和电控汽车稳定行驶系统（ESP）等电控系统，增加了汽车制动的安全性和操纵稳定性。

资源1-2 行驶系统和制动系统

（二）传动系统

1. 组成

汽车的传动系统是从发动机到驱动车轮之间所有动力传递装置的总称。机械传动系统的基本组成包括：离合器、变速器、万向传动装置（万向节和传动轴）和驱动桥（主减速器、差速器、半轴、桥壳），如图1-1所示。液力机械传动系统是用液力耦合器或液力变矩器代替了离合器，详见学习任务3。

资源1-3 机械传动系统组成图示

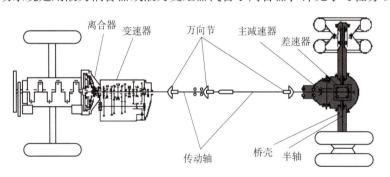

图1-1 机械传动系统的基本组成

资源1-4 液力机械传动系统组成图示

2. 作用

传动系统的基本功用是将发动机的动力传给驱动车轮，因为车用发动机作为汽车的动力源明显存在着一些不足之处：例如输出转矩太小、输出转速太高、转矩变化范围太窄、转矩变化趋势不好等，无法满足汽车复杂的使用条件要求，而设置传动系统的目的就是克服上述缺陷，适应道路状况，提高运输生产率，传动系统各部分作用如下：

（1）离合器：切断或接通动力传递。

（2）手动变速器：变速、变扭、变向，切断动力传递。

（3）万向传动装置：实现有夹角和相对位置经常发生变化的两轴之间的动力传动。

(4) 主减速器：减速增扭，改变动力传递方向（90°）。

(5) 差速器：满足不同的车桥间或同一车桥两驱动轮行驶中差速的需要。

(6) 半轴：将动力传给驱动轮。

3. 布置形式

传动系统的布置形式与发动机的安装位置及汽车的驱动方式有关，一般有发动机前置后轮驱动（FR）、发动机前置前轮驱动（FF）、发动机后置后轮驱动（RR）、发动机中置后轮驱动（MR）、发动机前置全轮驱动（4WD）等，如图1-2所示。

资源1-5　发动机前置后轮驱动

资源1-6　发动机后置后轮驱动

资源1-7　四驱车

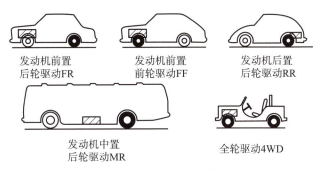

图1-2　传动系统的布置形式

> **牢记**：不会休息就不会工作，要想高效工作，必须保证充足的睡眠。因此科学合理地进行时间管理，保证充分休息，是提高工作效率和成绩的前提。就像汽车上的离合器，是根据需要适时地将发动机的动力传递给变速器的。

（三）离合器

离合器在机械传动系统中是联系发动机与变速器的部件，用来切断或接通二者之间的动力传递。如果离合器失效或工作不良，会导致汽车出现起动困难、无法起步、起步发抖、加速无力、挂不上挡等故障。

1. 离合器的功用

（1）使发动机与传动系统逐渐接合，保证汽车平稳起步。

汽车起步时，驾驶员缓慢抬起离合器踏板，使离合器的主、从动部分逐渐接合，与此同时，逐渐踩下加速踏板，以缓慢增加发动机的输出转矩，使发动机的转矩由小到大传给传动系统。当牵引力足以克服汽车起步时的行驶阻力时，汽车便由静止开始缓慢加速，实现平稳起步。

（2）暂时切断发动机的动力传递，保证变速器换挡平顺。

汽车在行驶过程中，由于行驶条件的变换，需要不断变换挡位。对于普通齿轮变速器，换挡时需要不同的齿轮副退出或进入啮合。如果没有离合器或离合器分离不彻底,导致换挡时动力传递不能完全中断,原有齿轮副之间会因压力大而难以脱开,而待啮合齿轮副之间也会因圆周速度差异过大而难以进入啮合,勉强啮合则会产生很大的冲击和噪声,甚至会使啮合齿因冲击而折断。

(3) 限制传递的转矩,防止传动系统过载。

当车速急剧改变(如紧急制动)时,与传动系统两端相连的发动机曲轴和车轮从协调转动到相互扭转,传动系统内各转动件也将产生很大的惯性力矩,其受到的负荷可能大大超出发动机正常工作时的负荷,将导致其变形甚至损坏。由于离合器所能传递的转矩有限,当出现过大转矩时,其主动部分与从动部分之间会出现打滑,从而避免了传动系统内过大负荷的破坏作用,保护了传动系统内的机件。

2. 对离合器的要求

(1) 既能可靠地传递发动机的最大转矩又能防止传动系统过载。
(2) 接合平顺柔和,保证汽车平稳起步,减少冲击。
(3) 分离时迅速彻底,保证变速器平顺换挡、发动机顺利起动。
(4) 尽量减小从动部分的转动惯量,保证其动平衡性。
(5) 良好的通风散热能力,防止离合器温度过高。
(6) 操纵轻便,以减轻驾驶员的疲劳程度。

3. 离合器的分类

汽车上应用的离合器主要有以下 5 种类别:

(1) 摩擦离合器:指利用主从动部分的摩擦作用来传递转矩的离合器,目前在汽车上广泛应用。
(2) 液力耦合器:指利用液体作为传动介质的离合器,多用于工程机械传动系统中,目前在汽车上几乎不采用。
(3) 电磁离合器:指利用磁力传动的离合器,如在空调中应用的就是这种离合器。
(4) 磁粉离合器:通过控制工作电流的大小来控制装在离合器主从动部分之间的磁粉形成的磁链的强弱,从而控制离合器传递转矩的大小。
(5) 双离合器:通过两个离合器分别连接变速器的两根输入轴,保证动力传递的连续性和汽车的高速性。

下面只介绍在汽车传动系统中应用最广泛的摩擦离合器。

4. 摩擦离合器的基本组成和工作原理

(1) 基本组成。

如图 1-3 所示,摩擦离合器由主动部分、从动部分、压紧机构、分离机构和操纵机构 5 部分组成。

主动部分包括飞轮、离合器盖和压盘。离合器盖通过螺栓固定在飞轮上,压盘与离合器盖通过螺钉或传动片连接,当发动机转动时,动力便经飞轮、离合器盖传到压盘上,并一起转动。

从动部分包括从动盘、从动轴(变速器的动力输入轴)。从动盘通过中间的花键毂装在

资源 1-8 离合器结构组成图

变速器的动力输入轴的外花键上，离合器接合时动力由主动部分传至从动部分。

压紧机构指产生压紧作用的压紧弹簧，它们装在压盘与离合器盖之间，用来将压盘和从动盘压向飞轮，使飞轮、从动盘和压盘三者压紧在一起。

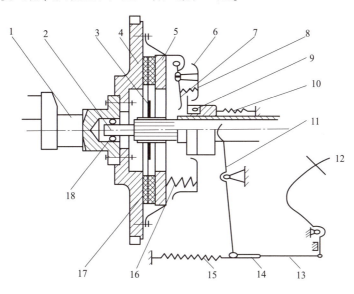

图1-3　摩擦离合器的基本组成

1—曲轴；2—变速器一轴；3—从动盘；4—飞轮；5—压盘；6—离合器盖；7—分离杠杆；
8，10，15—回位弹簧；9—分离轴承及分离轴承座；11—分离拨叉；12—离合器踏板；
13—分离拉杆；14—分离拉杆调节叉；16—压紧弹簧；17—从动盘摩擦片；18—轴承

分离机构包括分离拨叉、分离轴承、分离套筒、分离杠杆等。

操纵机构包括离合器踏板、分离拉杆、调节叉、回位弹簧等。

（2）工作原理。

①接合状态。

离合器在接合状态下，操纵机构各部件在回位弹簧的作用下回到初始位置（图1-4），分离杠杆内端与分离轴承之间保持有一定的间隙，压紧弹簧将飞轮、从动盘和压盘三者压紧在一起，发动机的转矩经过飞轮及压盘通过从动盘两摩擦面的摩擦作用传给从动盘，再由从动轴输入变速器中。

资源1-9　离合器　　资源1-10　离合器　　资源1-11　分离　　资源1-12　离合器的
工作原理动图　　　　工作原理　　　　　　轴承　　　　　　　动力传动各线

②分离过程。

离合器分离时，驾驶员踩下离合器踏板，分离轴承在分离拨叉的推动下，先消除分离轴承与分离杠杆内端之间的间隙，然后推动分离杠杆内端前移，使分离杠杆外端带动压盘克服压紧弹簧的弹力后移,此时摩擦作用消失,离合器的主从动部分分离,动力传递中断,如图1-5所示。

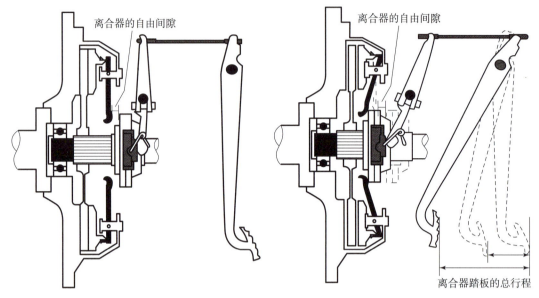

图1-4 离合器的接合状态　　　　图1-5 离合器的分离状态

③接合过程。

离合器接合时,驾驶员缓慢抬起离合器踏板,在压紧弹簧的作用下,压盘向前移动并逐渐压紧从动盘,使接触面间的压力逐渐增加,摩擦力矩也逐渐增加。当飞轮、压盘和从动盘之间接合还不紧密时,所能传递的摩擦力矩较小,离合器的主从动部分有转速差,离合器处于滑转状态;随着离合器踏板的逐渐抬起,飞轮、压盘和从动盘之间的压紧程度逐渐增强,主从动部分的转速也渐趋相等,直到踏板完全抬起,离合器完全接合,主从动部分之间的转速差消失,接合过程结束。

(3) 离合器自由间隙和离合器踏板自由行程。

离合器在正常接合状态下,分离杠杆内端与分离轴承之间应留有一个间隙,如图1-4所示,一般为几个毫米,这个间隙称为离合器自由间隙。如果没有自由间隙,从动盘磨损变薄后压盘将不能向前移动压紧从动盘,从而导致离合器打滑,使离合器传递转矩下降,车辆行驶无力,并且会加速从动盘的磨损。

为了消除离合器自由间隙和操纵机构零件弹性变形所需要的离合器踏板行程称为离合器踏板自由行程,该行程在日常使用及维护时要注意及时检查调整。

离合器分离时必须使压盘向后移动充分的距离(1~3 mm),这一距离通过一系列杠杆放大,反映到踏板上就是踏板的有效行程。即在克服自由行程后,继续踩踏板直至触到车辆底板的踏板行程。

自由行程与有效行程之和即为离合器踏板的总行程,如图1-5所示。

资源1-13 离合器踏板自由行程的测量

(4) 摩擦离合器的结构类型。

①按从动盘的数目可以分为单片离合器和双片离合器。

轿车、客车和部分中、小型货车多采用单片离合器，因为要传递的最大转矩一般不是很大，单片从动盘就可以满足动力传动的要求；双片离合器由于增加了一片从动盘，在其他条件不变的情况下比单片离合器所能传递的转矩增大了一倍，多用于重型车辆上。

②按压紧弹簧的形式可以分为周布弹簧离合器、中央弹簧离合器和膜片弹簧离合器。

周布弹簧离合器和中央弹簧离合器采用螺旋弹簧，分别沿压盘的圆周或中央布置；膜片弹簧离合器采用膜片弹簧，目前应用最广泛。

膜片弹簧离合器因其具有显著的优点，目前在各种类型的汽车上都有广泛应用，其构造如图 1-6 所示，膜片弹簧离合器盖和压盘分解图如图 1-7 所示。

资源 1-14　周布弹簧离合器

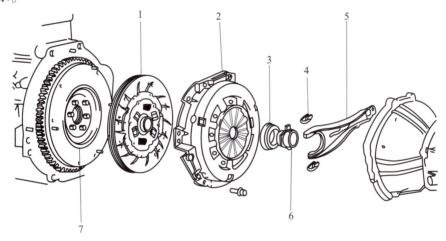

图 1-6　膜片弹簧离合器的构造

1—从动盘；2—离合器盖和压盘；3—分离轴承；4—卡环；5—分离叉；6—分离套筒；7—飞轮

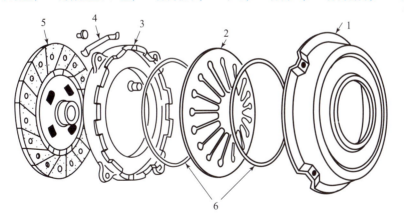

图 1-7　膜片弹簧离合器盖和压盘分解图

1—离合器盖；2—膜片弹簧；3—压盘；4—传动片；5—从动盘；6—支承环

（5）膜片弹簧离合器。

①膜片弹簧离合器的组成。

膜片弹簧离合器同样由主动部分、从动部分、压紧机构、分离机构和操纵机构组成。

主动部分由飞轮、离合器盖和压盘组成。离合器盖外沿通过定位销定位，用螺栓固定在飞轮上，压盘与离合器盖之间通过周向均布的三组或四组传动片来传递转矩。传动片用弹簧钢片制成，每组两片，一端用铆钉铆在离合器盖上，另一端用螺钉连接在压盘上，在离合器分离和接合过程中，依靠传动片的弯曲变形使压盘前后移动。压盘的驱动除采用传动片外，有的还采用离合器盖与压盘上的窗孔和凸台、传动销、键等，但后面几种驱动方式连接处存在间隙，传动时有冲击和噪声，使用中会由于磨损导致间隙进一步增大，冲击进一步增强，严重时会导致零件出现裂纹而损坏。

资源 1-15 膜片弹簧离合器总成

从动部分包括从动盘和从动轴，从动盘一般都带有扭转减震器。发动机传到传动系统的转速和转矩是周期性变化的，汽车行驶在不平道路上也会出现传动系统角速度的突然变化，这些都会使传动系统产生扭转振动，将使传动系统的零部件受到冲击性载荷，轻则使寿命减短，重则使零件损坏。采用扭转减震器可以有效地防止传动系统的扭转振动。带扭转减震器的从动盘的结构和原理如图 1-8 所示。

资源 1-16 从动盘

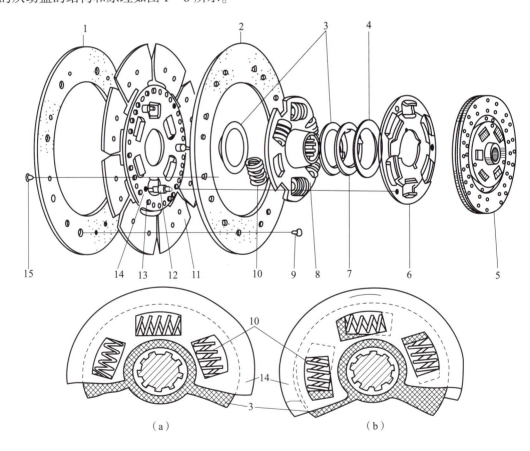

图 1-8 带扭转减震器的从动盘
(a) 不工作时；(b) 工作时

1，2—摩擦衬片；3—摩擦垫圈；4—碟形垫圈；5—装合后的从动盘总成；6—减震器盘；7—摩擦板；8—从动盘毂；9，13，15—铆钉；10—减振弹簧；11—波浪形弹簧钢片；12—止动销；14—从动盘钢片

当从动盘不受转矩作用时，如图 1-8（a）所示，从动盘毂、钢片及减震器盘上的窗孔重合对齐。而当受转矩作用时，由上述可知，减振弹簧是一个中间传力的环节，因此起到了减轻和缓和振动冲击的作用。另外，有的从动盘上的减振弹簧设计成两种或三种规格，且其刚度由小到大并按次序进入工作，这样扭转减震器就具备了两级或三级非线性弹性特性。它的第一级刚度较小，称怠速级，可缓和柴油机怠速不稳振动损害，而二三级刚度可避免传动系共振，降低汽车行驶和怠速时传动系的扭转和噪声。

压紧机构是膜片弹簧，如图 1-7 所示，其径向开有若干切槽，形成弹性杠杆。切槽末端有圆孔，固定铆钉穿过圆孔，并固定在离合器盖上。膜片弹簧两侧装有钢丝支承环，这两个钢丝支承环是膜片弹簧工作时的支点。膜片弹簧的外缘通过分离钩与压盘连接起来。

分离机构包括分离拨叉、分离套筒、分离轴承、分离杠杆（膜片弹簧）。

操纵机构包括离合器踏板、分离拉线或拉杆、摇臂等。

②膜片弹簧离合器的工作原理。

图 1-9 为膜片弹簧离合器的工作原理，当离合器盖安装到飞轮上但紧固螺栓未拧紧时，离合器盖与飞轮之间有一距离 S，如图 1-9（a）所示，此时膜片弹簧不受力而处于自由状态；当离合器盖通过螺栓固定在飞轮上时，如图 1-9（b）所示，膜片弹簧在支承环处受压产生弹性变形，此时膜片弹簧的外圆周对压盘产生压紧力使离合器处于接合状态；当踩下离合器踏板时，分离轴承推动膜片弹簧，使膜片弹簧以支承环为支点外圆周向后翘起，通过分离钩拉动压盘后移使离合器分离，如图 1-9（c）所示。

资源 1-17 膜片弹簧离合器的工作原理

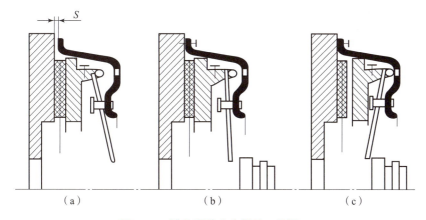

图 1-9 膜片弹簧离合器的工作原理

(a) 安装前位置；(b) 安装后（接合）位置；(c) 分离位置

③膜片弹簧离合器的特点。

a. 膜片弹簧具备压紧弹簧和分离杠杆的双重功能，故膜片弹簧离合器的结构简单、轴向尺寸小、重量轻、转动惯量小。

b. 操纵轻便，操作运转时冲击小，噪声小。两种压紧弹簧的特性曲线如图 1-10 所示，曲线 1 为膜片弹簧特性曲线，呈非线性特性；曲线 2 为螺旋弹簧特性曲线，呈线性特性。关

键点 a 为离合器接合时，关键点 c 为从动盘及压盘磨损后，关键点 b 为离合器完全分离时，ΔL_2 为从动盘及压盘磨损后弹簧伸长量，ΔL_1 为离合器分离时弹簧压缩量。

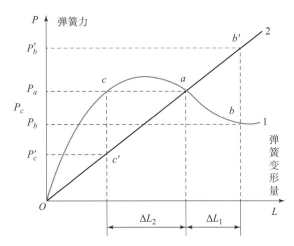

图 1-10　两种压紧弹簧的特性曲线
1—膜片弹簧；2—螺旋弹簧

由图可知，当离合器接合时（图中 a 点），两种弹簧的变形量相等，压紧力相等（均为 P_a）。而当离合器完全分离时，弹簧进一步压缩，压缩量达最大值且相等（均为 ΔL_1），但此时膜片弹簧的压力（P_b）明显小于螺旋弹簧的压力（$P_{b'}$），且膜片弹簧分离时的压力 P_b 小于接合时的压力 P_a，即在离合器分离时，通过踏板反作用到驾驶员脚上的力，膜片弹簧离合器要小于螺旋弹簧离合器。

c. 压紧力自动调节。由图中可以看出，当摩擦片、压盘、飞轮由于磨损或修理变薄后，压紧弹簧会由于压盘的前移而伸长，即压缩变形量减小，设变形量为 ΔL_2，此时膜片弹簧的压紧力几乎不变（P_a 与 P_c 基本相等），而螺旋弹簧的压紧力则由 P_a 下降为 $P_{c'}$。

d. 高速时压紧力稳定。因为膜片弹簧是一个整体，且轴向尺寸较小，所以当离合器高速旋转时受离心力的影响较小，从而使得压紧力稳定，同时也保证了离合器可靠地传递发动机转矩。

e. 轴向压力分布均匀，摩擦片接触良好，磨损均匀，使用寿命长。由图 1-7 可见，膜片弹簧是一个整体，因此这种离合器的轴向压紧力分布均匀，即摩擦片受力均匀，摩擦均匀，使用寿命长。另外弹簧与分离轴承的接触面平整，一般无须调整。

（6）离合器操纵机构。

离合器操纵机构是驾驶员借以使离合器分离，又使之柔和接合的一套机构，离合器操纵机构分为机械式、液压式、气压式和自动操纵式。另外，为了减小操纵离合器踏板的力，在前两种中可以增加助力装置，助力装置又可以分为气压助力和弹簧助力。

资源 1-18　离合器操纵机构

下面主要介绍在轿车中应用较多的机械式操纵机构和液压式操纵机构。

① 机械式操纵机构。

机械式操纵机构有杆系传动和绳索传动两种形式。

杆系传动机构如图1-11所示，其结构简单，工作可靠，广泛应用于各型汽车上。但杆系传动机构中杆件间铰接多，摩擦损失大，车架或车身变形以及发动机位移时会影响其正常工作。

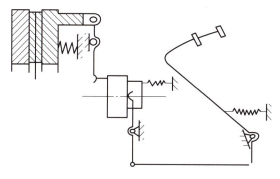

图1-11　杆系传动机构

绳索传动机构如图1-12所示，可消除杆系传动机构的一些缺点，特别适合结构较紧凑、安装空间狭小的轻型车、微型汽车和轿车，但绳索寿命较短，拉伸刚度较小。

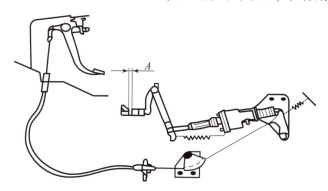

图1-12　绳索传动机构

②液压式操纵机构。

液压式操纵机构以油液作为工作介质，如图1-13所示，主要由踏板臂2、储液室6、主缸、工作缸和管路系统等组成。目前液压式操纵机构在各类型车上应用广泛。

a. 构造。主缸与储液室间通过进油孔5、补偿孔7相通。离合器主缸由推杆3、活塞4、复位弹簧、壳体、皮碗等组成。活塞4两端装有皮碗，中部与壳体间形成环形油腔。活塞左端轴向小孔与皮碗形成单向阀。当踏板处于自由状态时，活塞左端皮碗位于补偿孔与进油孔之间，两孔均开放。工作缸由活塞12、皮碗、工作缸推杆14、壳体等组成。

b. 工作原理。

踩下离合器踏板时，主缸推杆推动主缸活塞左移，当皮碗将补偿孔关闭后，主缸活塞继续左移，主缸工作腔的油压上升，压力油经油管进入工作缸，向右推动工作缸活塞、工作缸推杆、分离叉，使离合器分离。

缓慢释放踏板时，各复位弹簧使分离叉、工作缸活塞、主缸活塞逐渐复位，离合器逐渐

资源1-19　离合器主缸操纵动画

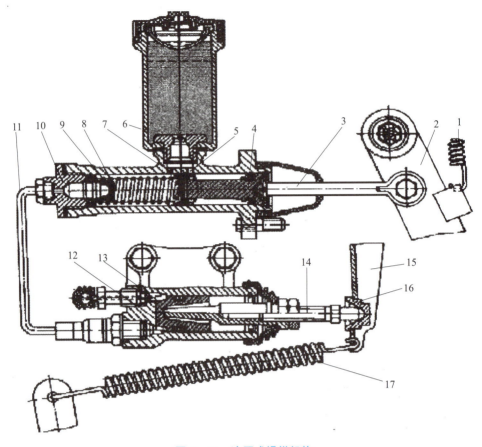

图 1-13 液压式操纵机构

1—踏板复位弹簧；2—踏板臂；3—主缸推杆；4—主缸活塞；5—进油孔；6—储油室；7—补偿孔；
8—活塞复位弹簧；9—弹簧座；10—油管接头；11—油管；12—工作缸活塞；13—工作缸壳体；
14—工作缸推杆；15—分离拨叉；16—分离拨叉球形支座；17—分离拨叉复位弹簧

接合。若快速释放踏板，则复位弹簧的弹力作用使得主缸活塞快速复位，而由于油液回流时间上的滞后及管路的节流作用，主缸活塞左腔形成一定的真空，此时在压力差的作用下，环形油室中的油液推开单向阀补充到左腔出现的真空，加速使主缸活塞复位，而此时随着工作缸活塞的继续左移，多余的油液经补偿孔回到储液室内。

c. 液压操纵系统的拆装。

ⓐ离合器主缸的拆卸与分解。

取下离合器踏板与主缸推杆叉的连接销轴，从主缸上拧下进油管和出油管接头，拧下主缸固定螺栓，拉出主缸。排净主缸中的制动液，取下防尘罩，用旋具或卡环钳拆下卡环，拉出主缸推杆、压盖和活塞。

ⓑ离合器工作缸的拆卸与分解。

拧下工作缸进油管接头，再拆下工作缸固定螺栓，即可拆下工作缸。工作缸的分解过程是：拉出工作缸推杆，拆下防尘罩，然后用压缩空气将工作缸活塞从缸筒内压出来。

ⓒ离合器主缸、工作缸的装配。

主缸和工作缸的装配，按拆卸与分解相反顺序进行，但装配时应注意以下事项：零件在装配前要用非腐蚀性液体清洗干净，并在活塞、皮碗、挡圈、缸套等零件上涂一层制动液。装合后活塞在缸筒内运动应灵活。在放松（不工作）位置时，主缸皮碗和活塞头部应位于进油孔和补偿孔之间，两孔都开放。工作缸上带有塑料支承环，安装时外表面要涂上一层薄薄的润滑油，工作缸推杆末端也要涂上润滑脂。安装离合器工作缸时，需要用一个适当的杠杆克服弹簧的弹力，将其压向变速器壳相应的孔中后，方能将固定螺栓旋入。

④离合器液压系统中空气的排出。

离合器液压操纵系统在经过检修或重新装配后，管路内会进入空气。由于空气的可压缩性会缩短离合器踏板的有效行程，从而使离合器分离不彻底，因此应排出液压系统中的空气，排出方法如下：将主缸储液罐中的制动液加至规定高度，升起汽车，在工作缸的放气阀上安装一个软管，软管的另一端接到一个盛有制动液的容器内；排出空气需要两个人配合工作，一人慢慢地踏离合器踏板数次，感到有阻力时踏住不动，另一人拧松放气阀直至制动液开始流出，然后再拧紧放气阀。连续按上述方法操作几次，直到流出的制动液中不见气泡为止。空气排除干净之后，需要再次检查及调整踏板自由行程。

资源 1-20 液压操纵离合器的系统排气

③弹簧助力式操纵机构。

为了减小作用于离合器踏板上的力，降低驾驶员的劳动强度，在有的离合器操纵机构中采用了弹簧助力式操纵机构，如图 1-14 所示。助力弹簧 2 挂在踏板和车架之间，当离合器处于接合状态时，助力弹簧的拉力对踏板产生顺时针的转矩，使踏板复位。慢慢踩下踏板，开始助力弹簧的拉力产生的转矩是阻力矩，但由于力臂较小，此时踩踏板并不沉重。随着踏板的下移，当弹簧的中心线转到踏板铰接点 A 下面时，助力弹簧产生的转矩与踏板力产生的转矩方向相同，起助力作用，且随踏板行程的增大，力臂 L 越长，助力效果越好。

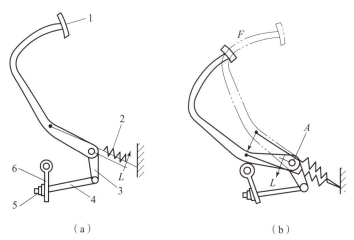

图 1-14 弹簧助力式操纵机构

(a) 离合器接合状态；(b) 离合器分离状态

1—离合器踏板；2—离合器踏板复位弹簧；3—离合器踏板摇臂；4—拉杆；
5—锁紧螺母；6—离合器分离拨叉轴摇臂

弹簧助力操纵机构结构简单、工作可靠,但一般只能降低踏板力 25%～30%,且只有在踏板的后段行程时助力作用明显。

二、任务实施

项目(一) 汽车底盘认识

1. 项目说明

认识汽车底盘,首先要对汽车底盘的组成及各系统在车上的具体安装位置、特点等有全面直观的了解。了解它们的形状、连接关系及布置形式,可以进一步提高学员学习本门课程的兴趣,为学好本门课程打下良好的基础。

2. 技术要求与标准

(1) 每组学员能在 45 min 内完成此项目。

(2) 完成工单。

(3) 注意人身及设备安全。

3. 设备器材

(1) 东风雪铁龙爱丽舍轿车。

(2) 中通客车。

(3) 座椅套、地板垫、方向盘套、翼子板布及前格栅布一套。

(4) 举升机。

4. 作业准备

(1) 检查举升机。　　　　　　　　□ 任务完成

(2) 车辆开进工位。　　　　　　　□ 任务完成

(3) 停车,打开发动机盖。　　　　□ 任务完成

(4) 铺上护套。　　　　　　　　　□ 任务完成

(5) 顶好车位置。　　　　　　　　□ 任务完成

(6) 稍微举升车辆。　　　　　　　□ 任务完成

(7) 检查车辆是否平稳。　　　　　□ 任务完成

5. 操作步骤

(1) 车辆准备。

(2) 汽车组成认识(发动机、底盘、车身、电气设备),轿车总成如图 1-15 所示。

(3) 底盘系统部件认识,客车底盘如图 1-16 所示。

①传动系统组成部件安装位置及作用简介。

质疑:汽车上为何安装该系统?

②行驶系统组成部件安装位置及作用简介。

③转向系统组成部件安装位置及作用简介。

图1-15 轿车总成

图1-16 客车底盘

④制动系统组成部件安装位置及作用简介。

⑤轿车、货车两种汽车底盘结构比较分析。

6. 记录与分析

相关记录与分析见表1-1。

表1-1 记录与分析

基本信息	班级		姓名		日期	
	车型		设备名称		项目	汽车底盘的认识
底盘认识记录与分析	汽车的组成：					
	汽车底盘的组成及各部分作用：					
	所认识底盘的传动系统的布置形式及优点：					

项目（二） 离合器的拆装

> **牢记**：追求卓越是一种习惯，是保证工作高效严谨，自身发展前途光明的前提。在实际工作中，让我们养成这样的习惯吧！

1. 项目说明

对于装有手动变速器的汽车，发动机的动力及扭矩需要通过离合器由小到大地传递给变速器，以便于平稳起步和变速器换挡。但由于长期使用和频繁换挡，不可避免地会造成离合器各元件的磨损、性能减弱以致失效，造成汽车起步发抖、换挡困难、发响、加速无力等故障。东风雪铁龙爱丽舍轿车装配的是具有单片摩擦片的膜片弹簧离合器，且使用中无须调整，因此若出现开始故障情景中的换挡困难现象，经检查确认为离合器故障后，则需拆卸离合器进行检修或更换。

2. 技术要求与标准

（1）两名学员配合能在 100 min 内完成此项目。
（2）技术标准见表 1-2。

表 1-2 离合器装配的相关螺栓、螺母拧紧力矩

序号	名称	拧紧力矩/Nm
1	离合器盖与飞轮连接螺栓	20±2
2	离合器压盘保持架紧固螺栓	20
3	离合器踏板主销螺母	25
4	离合器拉索末端锁紧螺母	6
5	变速器总成与发动机连接螺栓	35

3. 设备器材

（1）东风雪铁龙爱丽舍轿车。
（2）支架 4090-T、定位心轴 7011-T 等专用工具。
（3）座椅套、地板垫、方向盘套、翼子板布及前格栅布一套。
（4）举升机。
（5）常用工具一套。

4. 作业准备

（1）检查举升机。　　　　　　　　☐ 任务完成
（2）车辆开进工位。　　　　　　　☐ 任务完成
（3）停车，打开发动机盖。　　　　☐ 任务完成
（4）铺上护套。　　　　　　　　　☐ 任务完成
（5）顶好车位置。　　　　　　　　☐ 任务完成
（6）稍微举升车辆。　　　　　　　☐ 任务完成

资源 1-21 离合器的拆卸

（7）检查车辆是否平稳。　　　　　　　□ 任务完成

5. 操作步骤

（1）拆卸。

①拆下变速器总成，露出离合器，雪铁龙爱丽舍轿车离合器如图1-17所示。

在此重点描述离合器的拆装步骤、工具及注意事项。

②为便于在装配时保持原来的旋转平衡，用粉笔或记号笔标明压盘总成与飞轮的接合位，若有平衡配重则需一并标注，如图1-18所示。

图1-17　东风雪铁龙爱丽舍轿车离合器　　图1-18　用粉笔或记号笔标明压盘总成与飞轮的接合位

③将专用的定心轴插入离合器从动盘花键孔，托住离合器从动盘，以免拆离合器时从动盘坠地而损坏，安装定心轴，如图1-19所示。

④按对角线方向，采取每次拧松半圈的方式拆下压盘总成与发动机飞轮的连接螺栓，拆卸离合器总成，如图1-20所示。

图1-19　安装定心轴　　　　　　　　　　图1-20　拆卸离合器总成

（2）安装。

离合器的装配是在离合器各机件全部修复后进行的重要程序，它直接影响着离合器的正常工作，因此应注意离合器的装配问题。按与拆卸相反的顺序装离合器，但应注意下列问题：

①从动盘上凸出的减振弹簧面应与压盘相对。

②用专用工具定位定心轴7011-T装摩擦片和离合器总成，对准拆时压盘总成与飞轮的标记和定位销孔，按对角逐渐拧紧飞轮与压盘总成的6个固定螺栓，其紧固力矩为15 Nm。

③变速器总成装入发动机壳体时，应注意检查是否装上两个定位环，应确保定位环在发

资源1-22　离合器的安装

动机与变速器总成之间的定位作用，使变速器总成正确就位。

④安装时，应在分离轴承导向套、从动盘花键、变速器第一轴承盖、分离拨叉轴承、踏板轴与衬套、分离操纵钢索等处涂以 2 号锂基脂，使之运动灵活，工作可靠。

⑤装配离合器时，应按表 1-2 规定的力矩拧紧相关的螺栓、螺母。

6. 记录与分析

相关记录与分析见表 1-3。

表 1-3　记录与分析

基本信息	班级		姓名		日期	
	车型		设备名称		项目	离合器的拆装
拆装记录与分析	故障情境描述：					
	初步检查分析：					
	举升机的使用注意事项：					
	拆装过程记录：					

三、拓展学习

前面主要介绍了在汽车上广泛应用的摩擦式离合器，下面介绍应用前景及性能较优越的磁粉式电磁离合器。

磁粉式电磁离合器主从动部分之间的转矩传递靠磁性电解质本身来完成，即通过给电磁线圈通电而将存储在离合器主从动部分之间的铁粉磁化，磁化后的铁粉将主从动盘"凝固"在一起传递转矩。

(一) 组成

磁粉式电磁离合器如图 1-21 所示，由输入端、输出端、铁粉室、励磁线圈、离合器电子控制单元（ECU）、离合器 C/SW 开关、离合器继电器和蓄电池等组成。离合器的控制开关 C/SW 安装在手动变速器的手柄上，便于进行远程操纵。

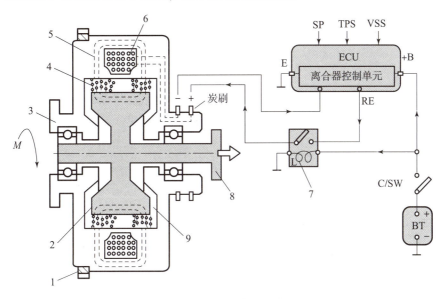

图 1-21 磁粉式电磁离合器
1—起动齿圈；2—导磁盘；3—输入端；4—磁粉；5—磁通；6—励磁线圈；
7—离合器继电器；8—输出端；9—磁粉室

（1）主动部分即输入端，它连接发动机的曲轴，代替了飞轮的作用。内置式励磁线圈用碳刷和固定部位的滑环接触，可与蓄电池相通。

（2）从动部分即输出端，它连接变速器的输入轴。主从动部分通过轴承连接，可相对转动。

（3）磁粉室处于主从动部分之间，内装物理性能稳定的、可磁化的、定量的长度在 30~50 μm 之间的铁微粒末，即磁粉。磁粉通电磁化后形成"磁链"，连接主从动部分，从而传递发动机转矩。

(二) 控制原理

（1）励磁电流的控制：利用离合器控制开关 C/SW 的闭合，使继电器 7 的线圈磁化而导通触点，离合器 ECU 接收来自 RE 端子提供的可变的工作电流，通过继电器来操控励磁线圈通电电流的大小。

（2）工作过程：发动机运转，当励磁线圈不通电时，铁粉室中的磁粉在离心力的作用下，松散地贴合于铁粉室的外侧，此时主从动部分分离，离合器处于分离状态；当励磁线圈通电时，铁粉被磁化，流动的铁粉在磁场中开始"凝固"起来，铁粉分子形成磁链，把离合器的主从动部分联系在一起。通过的电流越大，则形成的磁链越多，传递的转矩也就越大。当通过的电流达到某一定值时，磁粉将离合器的主从动部分牢固地连接在一起，离合器则停止打滑,处于完全接合状态。当电流消失即磁场消失时,铁粉又成为流动体,离合器重新分离。

(3)接合时间及接合力的控制:在汽车行驶过程中,离合器 ECU 的电流调节电路随时根据各种传感器(节气门开度 TPS 信号、转速信号、车速信号、制动信号、轮速信号、起步及换挡等行驶状态信息)传来的信息,自动调节通过励磁线圈的电流大小和导通时间的长短,自动进行通断和量化控制。

(三)优点

(1)无磨损,无须调整。
(2)故障内容纳入自诊断系统,使维修方便、成本降低、寿命延长。
(3)传递转矩增长平滑,离合器接合平顺,性能更为可靠。

学习任务 2
手动变速器结构与拆装

工作情境描述

一辆大众朗逸轿车行驶 80 000 km 后,驾驶员反映在车辆行驶过程中出现 3~4 挡换挡困难,且手动变速器有异响。车主将车开到 4S 店,维修技师经诊断后决定拆检变速器。

学习目标

1. 描述手动变速器的工作原理及结构特点;
2. 分析拆装步骤及内容,明确为什么要进行拆装作业;
3. 根据维修手册,正确选用维修工具和专用设备,在 180 min 内,安全规范地进行变速器的部件更换,操作过程中严格执行"5S"管理;
4. 向客户解释拆装作业的必要性及结果。

> 牢记:怎样才能成为一名优秀的员工?
> 答:在确定前进方向后,尽可能发挥自己的主观能动性,努力将企业的工作要求最大化实现。变速器的作用就是满足汽车的使用要求,将发动机的动力合理转变为汽车需要的动力。

一、知识准备

汽车在实际使用过程中需要起步、怠速停车、低速或高速行驶、加速、减速、爬坡、倒车等,这就要求汽车的驱动力和车速能在相当大的范围内变化,但目前广泛应用的汽车发动机的输出转矩和转速变化范围较小,为了解决这一矛盾,在传动系统中设置了变速器及后面要讲的主减速器。

(一)变速器的功用

1. 实现变速、变矩

下面通过汽车驱动轮的驱动转矩公式来说明变速器的变速、变矩作用,如下式(2-1)所示:

$$T_t = T_{tq} I_g I_o \eta_t \tag{2-1}$$

式中：T_t——驱动轮获得的转矩；

T_{tq}——发动机输出的转矩；

I_g——变速器的传动比；

I_o——减速器的传动比；

η_t——传动系统的机械效率。

由式（2-1）可知，在车辆一定的情况下，该车发动机的输出转矩及传动系统的机械效率在一定的时间段内可认为是一个定值，当该车辆在行驶中需要加速或爬坡时，即需要车轮输出较大的驱动转矩，仅靠发动机效果有限，如果在车辆上安装变速器后就可以通过不同齿轮组的啮合传动获得几个可变的传动比，即通过增大 I_g 来增大驱动轮输出的转矩 T_t，当然也可以通过增大 I_o 来增大驱动轮输出的转矩 T_t，前提是减速器的传动比可以改变。同理，当车辆在良好的路面上行驶时，此时需要的是较高车速，而非高输出转矩，因为此时的道路阻力较小，可通过减小 I_g 或 I_o 来获得较高车速，当然代价是输出转矩会同步减小。

2. 实现倒车

发动机的旋转方向是不能改变的，为了实现汽车的倒向行驶，变速器中设置了倒挡，甚至在一些工程机械变速器中设置 1~2 个倒挡，提高了车辆的工作效率，增加了使用的方便性。

3. 实现动力传递中断

在发动机起动和怠速运转、变速器换挡、汽车滑行和暂时停车等情况下，都需要中断发动机的动力传动，通过在变速器中设置空挡实现了此功能。

（二）变速器的类型

现代汽车上所采用的变速器有多种结构形式，一般可以按照传动比的变化方式和操纵方式进行分类。

1. 按传动比的变化方式分类

变速器按传动比的级数可分为有级式变速器、无级式变速器和综合式变速器 3 种。

（1）有级式变速器

有级式变速器采用齿轮传动，具有若干个定值传动比。轿车和轻、中型货车变速器多采用 3~5 个前进挡和 1 个倒挡，每个挡位对应 1 个传动比；重型汽车行驶的路况复杂，变速器的挡位较多，可有 8~20 个挡位。所谓变速器的挡数都是指前进挡位数。

齿轮式变速器具有结构简单、易于制造、工作可靠、传动效率高等优点。

这种齿轮式的有级变速器按照结构不同又可以分为二轴式和三轴式变速器。二轴式变速器广泛应用于发动机前置前轮驱动的轿车，而三轴式变速器可应用于其他各类型车辆。

（2）无级式变速器（CVT）。

无级式变速器的传动比可在一定的数值范围内实现无限多级变化。常见的有电力式、液力式和金属带式。目前的无级变速器一般都是采用金属带传递动力，通过主从动带轮直径的变化实现无级变速。这种变速器在中、高级轿车的应用越来越多。

（3）综合式变速器（IT）。

综合式变速器是由液力变矩器和有级齿轮式变速器组成的，一般都是由电脑来自动实现换挡，所以多把这种变速器称为自动变速器。这种变速器的传动比可在最大值与最小值之间的几个间断的范围内做无级变化,目前应用较多。

2. 按变速器操纵方式分类

变速器按操纵方式可分为手动变速器、自动变速器和手动自动一体变速器三种。

（1）手动变速器（MT）。

手动变速器的英文缩写为 MT，即 Manual Transmission 的缩写。驾驶员用手操纵变速杆来选定挡位，并直接操纵变速器的换挡机构进行挡位变换。齿轮式有级变速器大多数都采用这种换挡方式。

（2）自动变速器（AT）。

自动变速器（AT，Automatic Transmission）的自动控制系统根据发动机的负荷和车速的变化情况自动地选定挡位，并进行挡位变换，即自动地改变传动比。驾驶员只需要操纵加速踏板就可控制车速。

（3）手动自动一体变速器。

这种变速器可以自动换挡，也可以手动换挡，比较典型的如奥迪 A6 的 Tiptronic 手动自动一体变速器，另外大众帕萨特 1.8T 也装有手动自动一体变速器。

（三）普通齿轮传动的基本原理

普通齿轮变速器也叫定轴式变速器，它由外壳、轴线固定的几根轴和若干齿轮组成，利用不同齿数齿轮的啮合传动来实现变速、变矩；利用偶数对齿轮外啮合改变旋转方向。

齿轮传动的基本原理如图 2-1 所示，一对齿数不同的齿轮啮合传动时可以实现变速，而且两齿轮的转速与其齿数成反比。设主动齿轮转速为 n_1，齿数为 z_1，从动齿轮转速为 n_2，齿数为 z_2。主动齿轮（即输入轴）转速与从动齿轮（即输出轴）转速之比值称为传动比，用字母 i_{12} 表示。即 $i_{12} = n_1/n_2 = z_2/z_1$

如图 2-1（a）所示，当小齿轮为主动齿轮，带动大齿轮转动时，输出转速降低，即 $n_2 < n_1$，称为减速传动，此时传动比 $i > 1$；如图 2-1（b）所示，当大齿轮驱动小齿轮时，输出转速升高，即 $n_2 > n_1$，称为增速传动，此时传动比 $i < 1$，这就是齿轮传动的变速原理。汽车变速器就是根据这一原理利用若干大小不同的齿轮副传动来实现变速的。

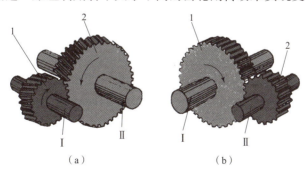

图 2-1 齿轮传动的基本原理
（a）减速传动；（b）增速传动
Ⅰ—输入轴；Ⅱ—输出轴；1—主动齿轮；2—从动齿轮

图 2-2 所示为两级齿轮传动示意图，齿轮 1 为主动齿轮，驱动齿轮 2 转动，齿轮 3 与齿轮 2 固连在一起，再驱动齿轮 4 转动并输出动力，此时由 1 传到 4 的传动比为

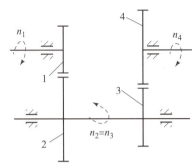

图 2–2 两级齿轮传动示意图

1，3—主动齿轮；2，4—从动齿轮

$$i_{14} = n_1/n_4 = (z_2 z_4)/(z_1 z_3) = i_{12} i_{34}$$

因此，可以总结为多级齿轮传动的传动比为

i = 所有从动齿轮齿数的乘积／所有主动齿轮齿数的乘积

= 各级齿轮传动比的乘积

对于变速器，各挡的传动比 i 就是变速器输入轴转速与输出轴转速之比，即

$$i = n_{输入}/n_{输出} = T_{输出}/T_{输入}$$

资源 2–1 多级齿轮传动的传动比

当 $i > 1$ 时，$n_{输出} < n_{输入}$，$T_{输出} > T_{输入}$，此时实现降速增矩，为变速器的低挡位，且 i 越大，挡位越低；当 $i = 1$ 时，$n_{输出} = n_{输入}$，$T_{输出} = T_{输入}$，为变速器的直接挡；当 $i < 1$ 时，$n_{输出} > n_{输入}$，$T_{输出} < T_{输入}$，此时实现升速降矩，为变速器的超速挡。

上汽大众新桑塔纳轿车 5 挡手动变速器各挡的传动比见表 2–1。其 1 至 3 挡为降速挡，4 挡为直接挡，5 挡为超速挡。

表 2–1 上汽大众新桑塔纳轿车 5 挡手动变速器各挡的传动比

挡位	传动比	挡位	传动比
Ⅰ	3.455	Ⅳ	0.969
Ⅱ	1.944	Ⅴ	0.800
Ⅲ	1.286		

（四）两轴式手动变速器

两轴式手动变速器包括变速传动机构和操纵机构两大部分：变速传动机构的主要作用是改变速比和旋转方向；操纵机构的作用是实现换挡。

1. 大众 02T 两轴式手动变速器特点

两轴式手动变速器用于发动机前置前轮驱动的轿车或发动机后置后轮驱动的客车上，一般与驱动桥合称为变速驱动桥。前置发动机有纵向布置和横向布置两种形式，与其配用的两轴式手动变速器也有两种不同的结构形式。发动机纵置时，主减速器为一对圆锥齿轮；发动机横置时，主减速器采用一对圆柱齿轮。

2. 大众 02T 两轴式手动变速器基本结构

（1）离合器分离杆。

离合器分离杆如图 2-3 所示，该模块包括离合器分离杆、分离轴承和导向套筒。

（2）带换挡机构盖的换挡轴。

带换挡机构盖的换挡轴如图 2-4 所示，换挡机构所有的锁齿、弹簧和导向元件，以及用于换挡机构调整的角块都属于该模块。

图 2-3　离合器分离杆

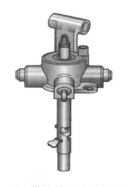

图 2-4　带换挡机构盖的换挡轴

（3）内部换挡模块。

如图 2-5 所示，内部换挡模块包括换挡拨叉、换挡盘和轴承。

（4）轴承支架。

轴承支架如图 2-6 所示，带有两个开槽滚珠轴承（即深沟球轴承）和预安装的传动机构以及输出轴。

图 2-5　内部换挡模块

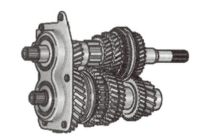

图 2-6　轴承支架

（5）壳体。

壳体由镁金属制成，如图 2-7 所示，包括变速器壳体和离合器壳体两个部分。变速器壳体由一个罩盖与外界隔离开，总成安装支架的安装点位于变速器壳体的顶部。镁合金壳体的质量比铝合金减小 2.5 kg，由于镁的密度较低，因此强度也低，必须通过厚的加强筋及增加壁厚进行补偿，为防止壳体产生电化学降解作用，螺栓都必须使用涂层。

3. 大众 02T 两轴式手动变速器变速传动机构

如图 2-8 所示，大众 02T 手动变速器变速传动机构是一个 5 挡前轮驱动的两轴式变速器，还有一根附加的倒挡齿轮轴，在输入和输出轴上的齿轮均为螺旋齿轮，螺旋齿轮能够连续啮合，传动力矩大、噪声小。1挡和2挡齿轮通过滚针轴承套在输出轴上，3挡、4挡和5挡齿轮通过滚针轴承套在输入轴上，倒挡齿轮是直齿，倒挡换向齿轮啮合到一个在输出轴和输入轴之间的一个独立的轴上，输出轴的转动方向被改变。

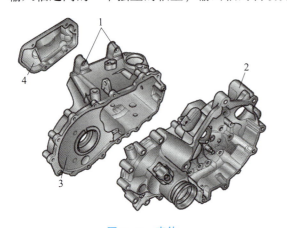

图2-7 壳体

1—装配支座安装位置；2—离合器壳体；
3—变速器壳体；4—变速器壳体盖

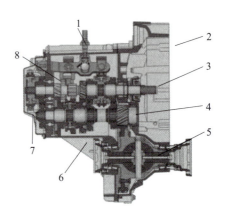

图2-8 大众02T手动变速器变速传动机构

1—倒挡开关；2—离合器壳体；3—输入轴；
4—输出轴；5—差速器；6—变速器壳体；
7—齿轮箱后盖；8—倒挡惰轮

（1）输入轴。

输入轴的结构如图2-9所示，输入轴连同位于离合器壳体内的一个滚柱轴承和一个深沟球轴承安装在变速器壳体内的一个轴承总成上，为减轻重量，输入轴有一个很深的孔。输入轴上的1挡、2挡和倒挡齿轮都是主动连接在输入轴上的，3挡/4挡和5挡齿轮的同步器齿毂是通过纵向的花键槽与输入轴主动连接的，3挡、4挡和5挡齿轮是活动的通过滚针轴承套在输入轴上，其中一个齿轮啮合后，对应的换向齿轮也连接到输入轴。

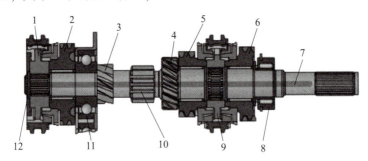

图2-9 输入轴的结构

1—同步换挡齿毂；2—5挡齿轮；3—1挡齿轮；4—2挡齿轮；5—3挡齿轮；6—4挡齿轮；
7—减轻重量的深孔；8—圆锥滚子轴承；9—3/4挡同步器；
10—倒挡齿轮；11—深沟球轴承；12—锁止环

（2）输出轴。

输出轴的结构如图2-10所示，为减轻重量，输出轴是空心的。1挡换挡齿轮和2挡换挡齿轮是活动的并通过滚针轴承套在输出轴上，3挡、4挡和5挡齿轮以及1挡/2挡齿轮的同步器齿毂通过花键连接到输出轴上，锁环用于固定齿轮的位置。

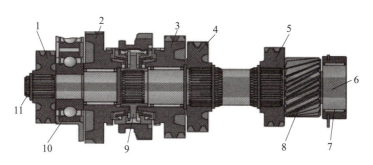

图 2-10 输出轴的结构

1—5 挡齿轮；2—1 挡齿轮；3—2 挡齿轮；4—3 挡齿轮；5—4 挡齿轮；6—减轻重量的深孔；
7—圆锥滚子轴承；8—主传动齿轮；9—1/2 挡同步器；10—深沟球轴承；11—锁止环

（3）轴承支架。

轴承支架是一个带有两个深沟球轴承的轴承支架，深沟球轴承不是直接安装在变速器壳体上，而是安装在一个单独的轴承支架上的，轴承支架与轴的组合如图 2-11 所示。

（4）同步器。

同步器的功用是使接合套与待啮合的齿圈迅速同步，缩短换挡时间，且防止齿圈在同步前啮合而产生换挡冲击。

目前采用的同步器几乎都是摩擦式惯性同步器，都由同步装置（包括推动件、摩擦件）、锁止装置和接合装置三部分组成，按锁止装置不同，可分为锁环式同步器和锁销式同步器两种。

①锁环式惯性同步器构造。

轿车、轻中型货车的变速器广泛采用了锁环式同步器，其结构如图 2-12 所示。

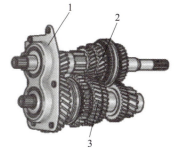

图 2-11 轴承支架与轴的组合

1—轴承支架；2—输入轴；3—输出轴

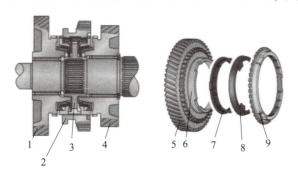

资源 2-2 锁环式
惯性同步器构造

图 2-12 锁环式同步器的结构

1，5—1 挡齿轮；2—1/2 挡齿套；3—齿毂；4—2 挡齿轮；5—1 挡齿轮；
6—齿轮外锥面；7—内齿环；8—中间环；9—外齿环

花键毂用内花键套装在第二轴外花键上，用垫圈、卡环轴向定位。花键毂两端与齿轮 1 和齿轮 4 之间各有一个青铜制成的锁环（即同步环）。锁环上有短花键齿圈，其花键的尺寸和齿数与花键毂、齿轮 1 和齿轮 4 的外花键齿相同。齿轮和锁环上的花键齿靠近接合套的一端都有倒角（即锁止角），与接合套齿端的倒角相同。锁环有内锥面，与齿轮 1、4 的外锥面锥角相同。在锁环内锥面上制有细密的螺纹（或直槽），当锥面压紧接触后，它能及时破坏油膜，增加锥面间的摩擦力。锁环内锥面摩擦副称为摩擦件，外沿带倒角的齿圈是锁止件，锁环上还有三个均布的缺口。三个滑块分别装在花键毂上三个均布的轴向槽内，沿槽可以轴向移动。滑块被两个弹簧圈的径向力压向接合套，滑块中部的凸起部位压嵌在接合套中部的环槽内。滑块和弹簧是推动件，滑块两端伸入锁环的缺口中，滑块窄缺口宽，两者之差等于锁环的花键齿宽。锁环相对滑块顺转和逆转都只能转动半个齿宽，且只有当滑块位于锁环缺口的中央时，接合套与锁环才能接合。

资源 2-3 锁环式惯性同步器工作原理

② 锁环式惯性同步器工作原理。

以 2 挡换 3 挡为例，说明锁环式惯性同步器的工作原理，如图 2-13 所示。

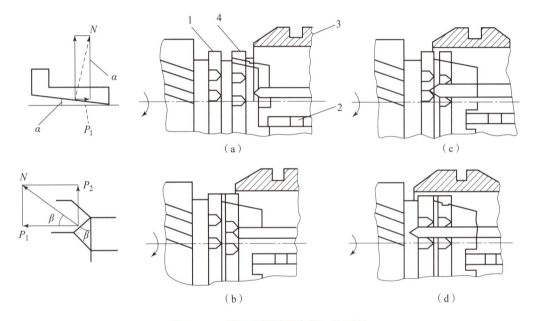

图 2-13 锁环式惯性同步器工作原理
1—3 挡齿轮；2—滑块；3—接合套；4—锁环（同步环）

a. 空挡位置。

接合套 3 刚从 2 挡退入空挡时，如图 2-13（a）所示，3 挡齿轮 1、接合套 3、锁环 4（同步环）以及与其有关联的运动件，因惯性作用仍然沿原方向继续旋转（图示箭头方向）。假设齿轮 1、接合套 3、锁环 4（同步环）的转速分别为 N_1、N_3、N_4。因接合套通过滑块推动锁环（同步环）一起转动，所以 $N_3 = N_4$，因 $N_1 > N_3$，所以 $N_1 > N_4$。此时锁环是轴向自由的，其内锥面与齿轮 1 的外锥面没有摩擦。

b. 摩擦力矩的形成与锁止过程。

欲换入 3 挡时，驾驶员通过变速杆使拨叉推动接合套 3 连同滑块 2 一起向左移动，如图 2-13（b）所示，滑块又推动锁环移向 3 挡齿轮 1，使锥面接触。驾驶员作用在接合套上的轴向推力，使两锥面间有正压力 N，又因两者有转速差，所以产生摩擦力矩。通过摩擦作用，3 挡齿轮 1 带动锁环相对于接合套向前转动一个角度，使锁环缺口靠在滑块的另一侧（上侧）为止，此时接合套的内齿与锁环上错开了约半个齿宽，接合套的齿端倒角面与锁环的齿端倒角面互相抵住，锁止作用开始，接合套暂不能前移进入啮合。驾驶员的轴向推力使接合套的齿端倒角面与锁环的齿端倒角面之间产生正压力，形成一个企图拨动锁环相对于接合套反转的力矩，称为拨环力矩。这样在锁环上就同时作用着方向相反的摩擦力矩和拨环力矩，同步器的结构参数可以保证在同步前（存在摩擦力矩时）拨环力矩始终小于摩擦力矩，所以在同步之前无论驾驶员施加多大的操纵力，都不会挂上挡，即产生锁止作用，如图2-13（c）所示。

c. 同步啮合。

随着驾驶员施加于接合套上推力的加大，摩擦力矩不断增加，使3挡齿轮1的转速迅速降低。当3挡齿轮1、接合套3和锁环4达到同步时（转速一致时），作用在锁环上的摩擦力矩消失。此时在拨环力矩的作用下，锁环4（同步环）、3挡齿轮1以及与之相连的各零件都相对于接合套反转一角度，当滑块2处于锁环缺口的中央时，如图2-13（c）所示，键齿不再抵触，锁环的锁止作用消除。接合套压下弹簧圈继续左移，与锁环的花键齿圈进入啮合。进而再与3挡齿轮1进入啮合，如图2-13（d）所示，换入3挡。锁环式惯性同步器尺寸小、结构紧凑、摩擦力矩也小，所以多用于轿车和轻型车辆。

（5）大众02T两轴式手动变速器动力传递路线。

大众02T两轴式手动变速器动力传递路线图如图2-14所示，各挡位具体动力传递路线见表2-2。

发动机扭矩通过输入轴传递到变速器，根据所选择的挡位，扭矩通过相应的齿轮副传递到输出轴上并传递到主传动齿轮和差速器，最后，根据所选择的挡位，由差速器经过传动半轴，把发动机的动力作用到驱动车轮上。

4. 大众02T两轴式手动变速器换挡操纵机构

（1）外部换挡机构。

大众02T两轴式手动变速器外部换挡机构的结构如图2-15所示，具有以下四个特点：

①变速器上装备了拉索操纵机构可以隔离行驶方向上的振动，共有两根选挡拉索连接到换挡杆和变速器。

②两根换挡拉索将换挡杆和换挡运动传递到换挡轴上，该机构将两根换挡拉索的运动分解成换挡轴的向前、向后和旋转运动。

③在换挡机构罩盖上有一个角块，使换挡轴按照预先设计好的位置被安装以保证维修工作的顺利进行。

④在新一代手动变速器上，采用了4门换挡机构和左前侧的换挡齿轮，并采用了一个传统的压锁以防止误挂入倒挡，变速器的其他挡位位置与传统的换挡机构相同。

（2）内部换挡机构。

变速器内部换挡机构的位置如图2-16所示。换挡运动是从上部传入变速器的，换挡轴位于换挡机构罩壳中，换挡轴在选挡运动中轴向运动，并在换挡运动中转动，两个带有弹簧的球体将选挡轴锁定位置。1挡/2挡和3挡/4挡换挡拨叉是安装在角接触轴承上的，这些轴承增加了换挡机构的运动平顺性，5挡齿轮换挡拨叉的轴承具有低磨损特性。在换挡时，换挡盘和换挡轴上的换挡拨叉由换挡拨爪移动，换挡叉的换挡块卡入相应齿轮的滑套中。

资源2-4 手动变速器动力传递路线

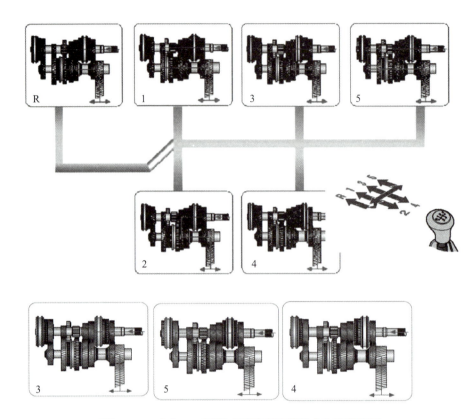

图 2-14 大众 02T 两轴式手动变速器动力传递路线图

表 2-2 大众 02T 两轴式手动变速器各挡位具体动力传递路线

挡位	动力传递路线
1	变速杆从空挡向左、向前移动，实现一挡：动力→输入轴→输入轴1挡齿轮→输出轴1挡齿轮→输出轴上1、2挡同步器→输出轴→动力输出
2	变速杆从空挡向左、向后移动，实现二挡：动力→输入轴→输入轴2挡齿轮→输出轴2挡齿轮→输出轴上1、2挡同步器→输出轴→动力输出
3	变速杆从空挡向前移动，实现3挡：动力→输入轴→输入轴上3、4挡同步器→输入轴3挡齿轮→输出轴3挡齿轮→输出轴→动力输出
4	变速杆从空挡向后移动，实现4挡：动力→输入轴→输入轴上3、4挡同步器→输入轴4挡齿轮→输出轴4挡齿轮→输出轴→动力输出
5	变速杆从空挡向右、向前移动，实现5挡：动力→输入轴→输入轴上5挡同步器→输入轴上5挡齿轮→输出轴5挡齿轮→输出轴→动力输出
R	变速杆从空挡向右、向后移动，实现倒挡：动力→输入轴→输入轴倒挡齿轮→倒挡轴上倒挡齿轮→输出轴倒挡齿轮→输出轴→动力反向输出

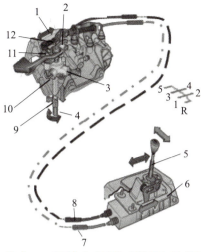

图 2-15 大众 02T 两轴式手动变速器外部换挡机构的结构

1—换挡动作；2—选挡动作；3—换挡装置盖；4—换挡轴；5—换挡杆；6—选挡机构壳体；
7—通道选择拉索；8—挂挡拉索；9—换挡凸块；10—角杆；11—挂挡杆；12—继动杆

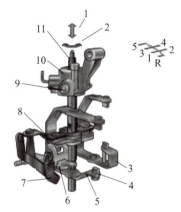

图 2-16 变速器内部换挡机构的位置

1—选挡运动；2—换挡运动；3—3/4 挡换挡拨叉；4—换挡凸耳；5—1/2 挡换挡拨叉；6—倒挡拨叉；
7—5 挡换挡拨叉；8—换挡盘；9—锁球；10—换挡机构盖；11—换挡轴

（3）选挡动作。

作用在换挡操纵杆上的选挡运动（左右）通过选挡杆转换为门选择拉索的前后运动。变速器选挡动作如图 2-17 所示，选挡杆安装在轴承销上，通过变速器的外部机构，选挡拉索的前后运动被转换为换挡轴的上下运动。为实现轴的上下运动选择把拉索安装在中继杆上，中继杆安装在中心轴承上并通过一个滑块与换挡轴非刚性连接。在变速器内，该上下运动将换挡轴上的换挡拨爪定位在相应的换挡板上，而相应选择的齿轮啮合进换挡板中。

（4）换挡运动。

变速器换挡动作如图 2-18 所示，直接的换挡运动通过换挡杆导块传递到换挡拉索。如果换挡操纵杆在某个挡位前后方向运动，换挡操纵杆拉索则以与换挡杆运动相反的方向运动。换挡杆拉索在换挡中的向前或向后的运动使得换挡轴转动，可移动的滑块保持门选择拉索中继杆在所选择的位置不变化。在变速器内，换挡轴上的换挡拨爪在转动中移动换挡板。

在转动中,换挡轴驱动换挡叉并转换换挡衬套,挡位被啮合。

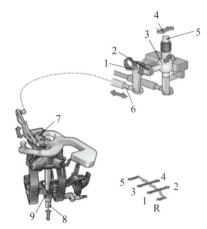

图 2-17 变速器选挡动作

1—导向销;2—导向球;3—换挡操纵杆轴承;4—选挡运动;5—换挡操纵杆;
6—通道选择拉索;7—滑块;8—换挡轴;9—换挡拨爪

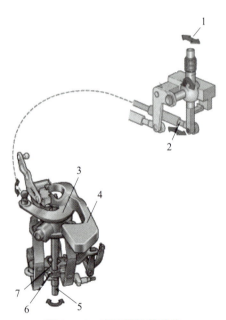

图 2-18 变速器换挡动作

1—换挡动作;2—换挡拉索;3—继动杆凸轮;4—平衡块;5—换挡轴;6—换挡拨爪;7—换挡盘

(5) 倒挡锁。

倒挡锁的作用是防止无意挂入倒挡的安全装置。倒挡锁如图 2-19 所示,推锁集成在换挡壳体上,驾驶员必须先克服推锁的力,才能选择倒挡并换挡。在普通的换入前进挡的换挡冲击中,换挡操纵杆的锁止凸轮抵住锁定装置,当换挡操纵杆克服弹簧的弹力,向下通过一个球形的换挡杆导套,使锁止凸轮位于互锁机构的下部,在随后的选择倒挡的运动中,换挡杆可以通过互锁机构以选择倒挡,压力弹簧将换挡操纵杆向上顶到啮合位置并保持在倒挡位置。

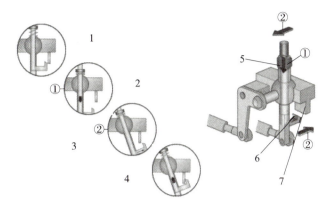

图 2-19 倒挡锁

1—倒挡锁止；2—换挡操纵杆下压；3—锁止解除；4—挂上倒挡；
5—弹簧；6—锁止钩；7—锁块；①下压；②选挡位

二、任务实施

项目（一） 在台架上进行大众 02T 两轴式手动变速器的拆装

1. 项目说明

装有大众 02T 两轴式手动变速器的汽车，若变速器出现异响故障，无非是缺油、轴承损坏、齿轮打齿或损坏、装配间隙出现松旷等，出现此类故障一般需对变速器进行拆卸检查，通过更换零部件或按维修手册要求重新进行装配，方能彻底排除故障。

2. 技术要求与标准

（1）一名学员能够在 100 min 内完成此项目。
（2）能够描述变速器拆装的主要步骤及拆装维修的要点、注意事项。
（3）能够正确地使用相关工具对变速器进行分解、安装及检测。

3. 设备器材

（1）装有大众 02T 两轴式手动变速器的台架。
（2）油压机一台。
（3）常用世达工具一套，专用工具见表 2-3。

表 2-3 专用工具列表

序号	工具名称	规格型号	数量
1	冲头	VW412	1
2	安装工具	2010	1
3	支撑机道	VW457	1
4	压具	30-100	1

续表

序号	工具名称	规格型号	数量
5	管子	2040	1
6	分离器	KUKKO17-2	1
7	止推板	VW401	1
8	止推板	VW402	1
9	安装连接管	VW422	1
10	连接板	T10084A	1
11	调压工具	T10081	1
12	连接管	T10080	1
13	挤压式固定板	T10083	1
14	连接杆	T10085	1
15	导向起钉器	T10079	1
16	冲头	VW407	1
17	压具	40-21	1
18	连接杆	VW416B	1
19	按压工具	VW313	1

准备工具如图2-20所示。

图2-20 准备工具

4. 作业准备

（1）检查台架。　　　　　　　　□任务完成

（2）检查工具。　　　　　　　　□任务完成

5. 注意事项

（1）拧在变速器壳体上有涂层的螺栓要更换。

（2）轴承支架与输入轴、输出轴拆卸后必须更换。

（3）严格按照维修手册的要求进行拆装。

（4）用过的密封件，不能重复使用。

（5）壳体零件拆卸后，要清除安装结合面上的旧密封胶残余物，安装时再均匀涂上一层密封胶，密封胶不要涂得太厚，以免密封胶混入变速器齿轮油中。

6. 操作步骤

（1）变速器解体。

资源2-5 变速器解体

①将变速器装上翻身架，放掉变速器油，同时拆下离合器分离轴承、撬板和导套。

②拆掉变速器壳体后盖，拆下5挡换挡拨叉，如图2-21所示，拆下输入轴和输出轴上的5挡齿轮及5挡同步器，旋下轴承支架固定螺栓A和内拨叉架总成的固定螺栓B，如图2-22所示。

图2-21 拆下5挡换挡拨叉

图2-22 拆下固定螺栓A和固定螺栓B

③拆下换挡轴及其支架A，倒挡灯开关和内拨叉架固定轴销B，如图2-23所示。

④拆卸变速器壳体螺栓，取下输入轴、输出轴及壳体总成。

⑤用T10085等专用工具将输入轴、输出轴和轴承支架从变速器壳体中压出，如图2-24所示。并用T10084A、T10081等专用工具将输入轴、输出轴压出轴承支架。

图2-23 拆下换挡轴及其支架A，倒挡开关和内拨叉架固定轴销B

图2-24 压出输入、输出轴和轴承支架总成

(2)拆装输入轴。

①用油压机和KUKKO17-2等专用工具压出4挡齿轮、滚柱轴承内圈及平垫片,如图2-25所示。用油压机和SVW401等专用工具压出3、4挡同步器齿毂和3挡齿轮,如图2-26所示。

②检查3、4挡同步器齿环磨损情况,如图2-27所示。

资源2-6 拆装输入轴

图2-25 压出4挡齿轮、滚柱轴承内圈及平垫片　　图2-26 压出同步器齿毂和3挡齿轮

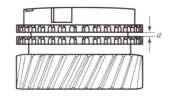

间隙a	新件尺寸	磨损极限
3挡齿轮、4挡齿轮、5挡齿轮	1.1…1.7 mm	0.5 mm

图2-27 检查3、4挡同步器齿环磨损情况

③装入3挡齿轮、同步器齿环,组装3、4挡同步器齿毂、齿套和滑块等。用油压机等专用工具压入3、4挡同步器齿毂和4挡滚针轴承内圈,注意齿毂端面标志槽朝4挡,如图2-28所示。

④装4挡滚针轴承、4挡齿轮、同步器齿环和平垫片。用油压机等专用工具压入滚针轴承内圈A,如图2-29所示。

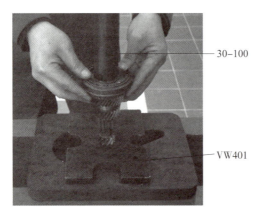
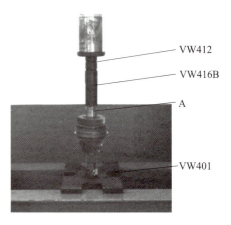

图2-28 压入3、4挡同步器齿毂和滚针轴承内圈　　图2-29 压入滚针轴承内圈A

(3)拆装输出轴。

①推荐工具。

②取出1挡齿轮、拆下卡簧,如图2-30所示,用VW407等专用工具压出1/2挡同步器齿毂和2挡齿轮,如图2-31所示。

③分解1/2挡同步器,并检查同步器齿环磨损情况,如图2-32所示。

资源2-7 拆装输出轴

图2-30 取出1挡齿轮、拆下卡簧

图2-31 拆下1/2挡同步器齿毂和2挡齿轮

间隙a	新件尺寸	磨损极限
1挡齿轮、2挡齿轮	1.2…1.8 mm	0.5 mm

间隙a	新件尺寸	磨损极限
1挡齿轮、2挡齿轮	0.75…1.25 mm	0.3 mm

图2-32 检查1/2挡同步器齿环磨损情况

④组装2挡齿轮和同步器,如图2-33所示。用40-21和VW402等专用工具压入1/2挡同步器齿毂和齿套。装入1/2挡同步器齿毂和齿套时需注意:同步器凸台和缺口的位置要对齐;1/2挡同步器齿毂端面的标志槽朝向2挡,如图2-34所示;1/2挡齿套上的倒挡齿轮端面朝向2挡。安装卡簧及1挡同步器齿环和1挡齿轮。

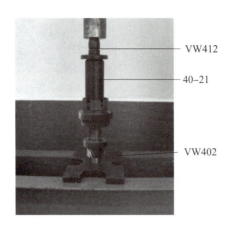

图 2-33 压入 2 挡齿轮和同步器

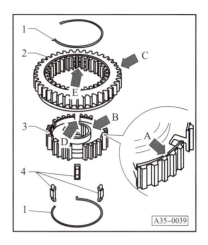

图 2-34 安装 1/2 挡同步器齿毂和齿套

（4）变速器装配。

①用 T10083、T10080 专用工具将轴承支架压入输入轴、输出轴，如图 2-35 所示，用 T10083、VW422 等专用工具将滚针轴承内圈压入输入轴。

②将装好轴承支架的输入、输出轴放入专用支架 T10085 上，装上内拨叉架总成和带倒挡齿轮的倒挡轴，各拨叉嵌入齿套的拨叉槽内，如图 2-36 所示。将引导工具 T10079 拧在内拨叉架总成上。将带有轴承支架的输入、输出轴及内拨叉架总成装入变速器壳体中，同时检查各拨叉是否进入各挡齿套的槽中，是否安装到位。

资源 2-8 将输入、输出轴及拨叉总成装入变速器壳体

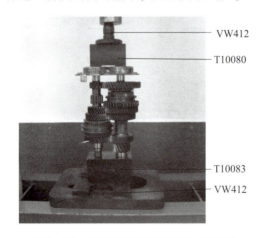

图 2-35 将轴承支架压入输入、输出轴

图 2-36 装上内拨叉架总成和带倒挡齿轮的倒挡轴

③用 T10083 等专用工具小心地将输入、输出轴的轴承支架压入变速器壳体中，注意倒挡轴和各拨叉的位置，如图 2-37 所示。

④安装倒挡轴径向固定螺栓 A 和四个内拨叉架总成的固定轴销 B，装上倒车灯开关 C，在空挡位置安装拨叉轴，如图 2-38 所示。

图 2-37 将输入、输出轴的轴承支架压入变速器壳体中

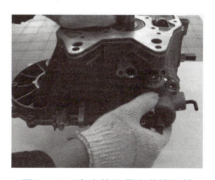

图 2-38 在空挡位置安装拨叉轴

⑤将变速器装到离合器壳体上,并按规定力矩拧紧螺栓。

⑥安装 6 个新螺栓 A 固定轴承支架,及内拨叉架总成的固定螺栓 B。

⑦安装输出轴上的 5 挡齿轮,组装 5 挡齿毂和齿套,安装输入轴上 5 挡齿轮的滚针轴承和 5 挡齿轮及 5 挡同步器齿环、5 挡同步器齿毂和齿套,注意齿毂端面标志槽朝 5 挡,如图 2-39 所示。安装 5 挡拨叉及拨叉轴。选厚的但能卡入的卡簧装入输入、输出轴上。安装变速器后盖、传动轴法兰、离合器分离轴承和导套等外部零件。

资源 2-9 安装 5 挡齿轮及后端盖

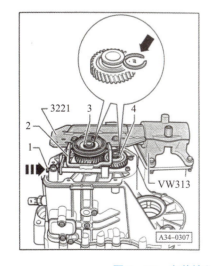

卡簧厚度/mm	零件号
2.00	085 311 187
2.10	085 311 187A
2.20	085 311 187B

图 2-39 安装输入轴上 5 挡齿轮及同步器

7. 记录与分析

相关记录与分析见表2-4。

表2-4 记录与分析

基本信息	班级		姓名		日期	
	车型		设备名称		项目	在台架上进行大众02T两轴式手动变速器的拆装
拆装记录与分析	故障情境描述：					
	初步检查分析：					
	拆装过程记录：					

项目（二） 在实车上进行大众02T两轴式手动变速器外部换挡拉索的调整

1. 项目说明

通过在实车上对大众02T两轴式手动变速器外部换挡拉索进行调整，增强学员的动手能力，达到理论与实操相结合的目的，让学员对变速器操纵机构的构造及工作原理有更深刻的认识。

2. 技术要求与标准

（1）一名学员能够在30 min内独立完成此项目。

（2）能够描述变速器外部操纵机构调整的主要步骤及注意事项。

（3）能够正确地使用相关工具对变速器外部操纵机构进行调整。

3. 设备器材

（1）装有大众02T两轴式手动变速器的实车一台。

（2）常用世达工具一套。

（3）专用工具：T10027定位销、拆卸楔一把。

4. 作业准备

（1）检查设备。　　　　　　　　□ 任务完成

（2）检查工具。　　　　　　　　□ 任务完成

5. 注意事项

（1）换挡操纵装置的操作和传递元件完好无损。

（2）换挡操纵装置活动自如。

（3）变速器、离合器和离合器操纵装置必须完全正常。

（4）变速器置于怠速位置。

（5）变速器换挡机构上有锁止销。

6. 操作步骤

（1）拆掉蓄电池及外壳，依次松开换挡软轴和选挡软轴上的锁止机构，如图 2 - 40 所示。

（2）向下压换挡轴至 1、2 挡之间的空挡位置，按箭头 2 方向插入锁销，然后按箭头 3 方向旋转锁销约 90°，如图 2 - 41 所示。

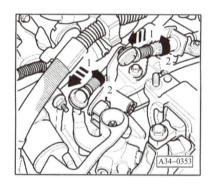

图 2 - 40　按箭头方向松开锁止机构

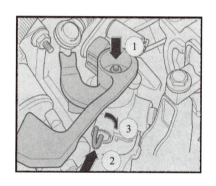

图 2 - 41　按箭头 3 所示的方向旋转锁销约 90°

（3）拆下换挡杆上的防尘罩。将换挡杆置于 1、2 挡之间的空挡位置，将专用工具 T10027（定位销）插入锁销孔中，如图 2 - 42 所示。

（4）依次将换挡软轴和选挡软轴上的锁止机构慢慢锁上，如图 2 - 43 所示。

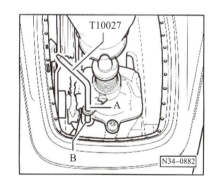

图 2 - 42　将专用工具 T10027 插入锁销孔中

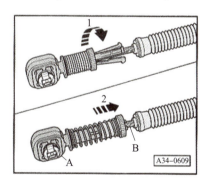

图 2 - 43　依次将换挡软轴和选挡软轴上的锁止机构慢慢锁上

(5) 旋转换挡轴锁销,并将锁销退回初始位置以解除对换挡轴的锁止,如图 2-44 所示。

(6) 把换挡杆锁止专用工具 T10027 从锁销孔中拔出,以解除换挡杆的锁止。

(7) 挂入 1 挡,然后将换挡杆向左压到底并松开,此时在换挡轴上必须有 1 mm 左右的行程,如图 2-45 所示。

(8) 试车。

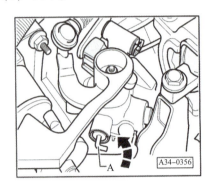

图 2-44　旋转换挡轴锁销

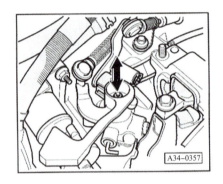

图 2-45　将换挡杆向左压到底并松开

7. 记录与分析

相关记录与分析见表 2-5。

表 2-5　记录与分析

基本信息	班级		姓名		日期	
	车型		设备名称		项目	在实车上进行大众 02T 两轴式手动变速器外部换挡拉索的调整
拆装记录与分析	故障情境描述:					
	初步检查分析:					
	操作过程记录:					

三、拓展学习

除了在上述普通车型上的基本应用外,针对不同的使用需求,人们还开发出了手动变速器的以下应用:一是在重型货车上双变速器的应用。重型货车的承载质量大,需要的驱动力矩大,且为提高工作效率,还需要较高的车速,这就需要变速器具备较宽泛的速比,即较多的挡位;另外,重型货车需要传递的力矩较大,因此其齿轮机构较笨重,操作较费力,鉴于此,在重型货车上广泛应用了副变速器,即装有两个变速器。为改善组合式变速器的操纵轻便性,副变速器多用气动换挡,常见的有"机械–气动"和"电控–气动"两种方式。副变速器的具体结构原理可参考由冯晋祥主编,人民交通出版社出版的《汽车构造》(下)。二是在越野车等多轴驱动车上的应用,即分动器的应用。

学习任务 3
自动变速器结构与拆装

 工作情境描述

一辆装有大众01M双离合自动变速器的轿车,驾驶员反映车辆在行驶过程中出现换挡冲击,车主将车开到4S店,维修技师王师傅对此变速器进行了一系列检测诊断,最后确认是油温传感器故障,更换油温传感器后试车正常。

 学习目标

1. 描述自动变速器的工作原理及结构特点;
2. 根据维修手册,正确选用维修工具和专用设备,在180 min内,安全规范地进行变速器的部件更换。操作过程中严格执行"5S"管理;
3. 向客户解释拆装作业的必要性及结果。

> **牢记**:自动化操作是解放生产力、提高操作精度、保障安全的需要,是人类社会发展的必然趋势。汽车上自动变速器的应用就极大地简化了驾驶员的操作,提高了车辆行驶安全性。作为未来汽车安全运行的保障者,我们要加强专业学习,跟上科技发展脚步。

一、知识准备

自动变速器(Automatic Transmission,AT)。目前自动变速器的自动换挡等过程都是由自动变速器机电装置的电子控制单元来控制的,因此自动变速器又可简称为EAT、ECAT、ECT等。

(一)自动变速器的分类

自动变速器按控制方式不同可分为液控自动变速器、电控自动变速器。目前生产的自动变速器几乎都是电控自动变速器。

自动变速器按传动形式的不同又可分为行星齿轮自动变速器和非行星齿轮自动变速器,行星齿轮自动变速器的应用最为广泛,非行星齿轮自动变速器只在本田等个别车系上应用。

资源 3-1 自动变速器的基本组成

(二）自动变速器的基本组成和工作原理

1. 基本组成

液控自动变速器主要由液力变矩器、行星齿轮变速器、液压控制系统、冷却滤油装置等组成。电控液力自动变速器除上述四部分外还有电子控制系统。

（1）液力变矩器。

液力变矩器是一个通过自动变速器油（ATF）传递动力的装置，其功用是：

①在一定范围内自动、连续地改变转矩比，以适应不同行驶阻力的要求。

②具有自动离合器的功用。在发动机不熄火、自动变速器位于行驶挡的情况下，汽车可以处于停车状态，驾驶员可通过控制节气门开度控制液力变矩器的输出转矩，实现动力的柔和传递。

（2）行星齿轮变速器。

行星齿轮变速器由2~3排行星齿轮机构组成，不同的运动状态组合可得到2~5种速比，其功用主要有：

①在液力变矩器的基础上再将转矩增大2~4倍，以提高汽车的行驶适应能力。

②实现倒挡传动。

（3）液压控制系统。

液压控制系统由油泵、各种控制阀及与之相连通的液压换挡执行元件（如离合器、制动器、油缸）等组成液压控制回路。汽车行驶过程中根据驾驶员的要求和行驶条件的需要，通过控制液压离合器和制动器来实现变速器的自动换挡。

（4）电子控制系统。

电子控制系统将自动变速器的各种控制信号输入电子控制单元（ECU），经ECU处理后发出指令，使液压控制系统中的各种电磁阀实现自动换挡，并改善其使用性能。

（5）冷却滤油装置。

ATF在自动变速器工作过程中会因冲击、摩擦产生热量而使油温升高，油温升高将导致ATF黏度下降，传动效率降低，因此必须对ATF进行冷却，保持油温在80~90℃之间。ATF是通过油冷却器与冷却水或空气进行热量交换的。自动变速器工作中各部件磨损产生的机械杂质，由滤油器从ATF中过滤分离出去，以减少机械磨损、防止堵塞液压油路和引发控制阀卡滞。

2. 工作原理

电控自动变速器是通过各种传感器，将发动机的转速、节气门开度、车速、发动机水温、自动变速器油温等参数信号输入ECU，ECU根据这些信号，按照设定的换挡规律，向换挡电磁阀、油压电磁阀等发出动作控制信号，换挡电磁阀和油压电磁阀再将ECU的动作控制信号转变为液压控制信号，阀板中的各控制阀根据这些液压控制信号，控制换挡执行元件的动作，从而实现自动换挡过程。

图3-1所示为电控自动变速器的组成和原理。

3. 自动变速器的选挡杆

有的自动变速器选挡杆有4个或5个位置，如图3-2所示，其功能如下：

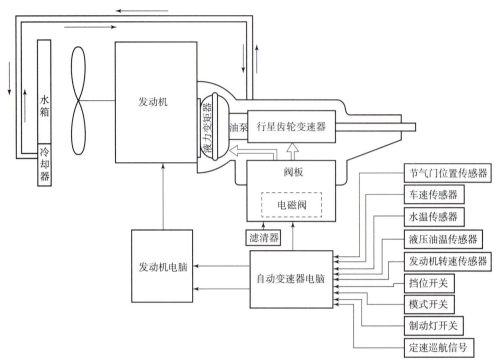

图3-1 电控自动变速器的组成和原理

图3-2 自动变速器选挡杆位置

P位：驻车挡。

R位：倒挡。

N位：空挡。

D位：前进挡。

S位：运动模式。在这个模式下变速器可以自由换挡，但是换挡时机会延迟，使发动机在高转速上保持较长时间，即时输出大扭力，使车辆动力加大，使用其他的挡位就会稍差一些。

（三）液力变矩器

1. 液力变矩器的功用

液力变矩器位于发动机和变速器之间，以ATF为工作介质，主要完成以下功用：

(1) 传递转矩。发动机的转矩通过液力变矩器的主动元件，再通过 ATF 传给液力变矩器的从动元件，最后传给变速器。

(2) 无级变速。根据工况的不同，液力变矩器可以在一定范围内实现转速和转矩的无级变化。

(3) 自动离合。液力变矩器由于采用 ATF 传递动力，当踩下制动踏板时，发动机也不会熄火，此时相当于离合器分离；当抬起制动踏板时，汽车可以起步，此时相当于离合器接合。

(4) 驱动油泵。ATF 在工作时需要油泵提供一定的压力，而油泵是由液力变矩器壳体驱动的。

同时由于采用 ATF 传递动力，液力变矩器的动力传递柔和，且能防止传动系统过载。

2. 液力变矩器的组成

如图 3-3 所示，液力变矩器通常由泵轮、涡轮和导轮三个元件组成，称为三元件液力变矩器；也有的由两个导轮或两个涡轮组成，称为四元件液力变矩器。

资源 3-2 液力变矩器的组成

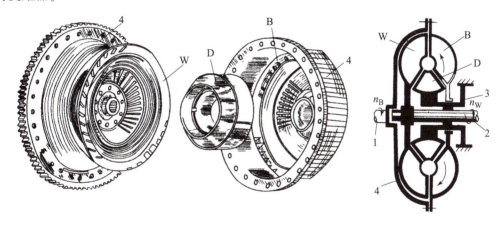

图 3-3 液力变矩器的组成

B—泵轮；W—涡轮；D—导轮；1—输入轴；2—输出轴；3—导轮轴；4—变矩器壳

液力变矩器总成封在钢制变矩器壳体中，内部充满 ATF。液力变矩器壳体通过螺栓与发动机的飞轮连接，与发动机曲轴一起旋转；泵轮位于液力变矩器的后部，与变矩器壳体连在一起；涡轮位于泵轮前，通过带花键的从动轴向后面的机械变速器输出动力。导轮位于泵轮与涡轮之间，通过单向离合器支承在固定套管上，使得导轮只能单向（顺时针）旋转；泵轮、涡轮和导轮上都带有叶片，液力变矩器装配好后形成环形内腔，其间充满 ATF。

3. 液力变矩器的工作原理

(1) 动力的传递。

液力变矩器工作时，由发动机带动壳体旋转，壳体带动泵轮旋转，泵轮的叶片将 ATF 带动起来，并冲击到涡轮的叶片。如果作用在涡轮叶

资源 3-3 液力变矩器的工作原理

片上的冲击力大于作用在涡轮上的阻力，涡轮将开始转动，并驱动机械变速器的输入轴一起转动。从涡轮叶片中流出的 ATF 经过导轮后再流回到泵轮，形成如图 3-4 所示的循环流动。

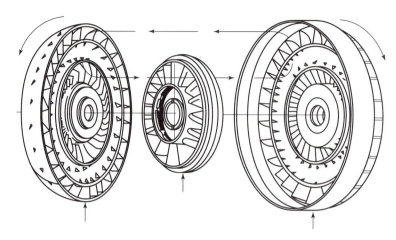

图 3-4　ATF 在液力变矩器中的循环流动

ATF 的循环流动是两种运动的合成运动。当泵轮旋转时，泵轮叶片带动 ATF 旋转起来，形成绕着泵轮轴线的圆周运动。旋转起来的 ATF 在离心力的作用下，从内缘流向外缘，当泵轮转速大于涡轮转速时，泵轮叶片外缘的液压大于涡轮外缘的液压，ATF 在做圆周运动的同时，在上述压差的作用下由泵轮流向涡轮，再流向导轮，最后返回泵轮，形成在液力变矩器环形腔内的涡流运动，即 ATF 的循环流动是由涡流和周向流合成的螺旋流。

总结：液力变矩器如果想传递转矩，必须要有 ATF 冲击到涡轮的叶片才可以实现，即泵轮与涡轮之间一定要有转速差（泵轮转速大于涡轮转速）。

（2）转矩的放大。

在泵轮与涡轮的转速差较大的情况下，由涡轮甩出的 ATF 以逆时针方向冲击导轮叶片，液力变矩器转矩放大原理如图 3-5 所示，此时导轮是固定不动的，因为导轮上装有单向离合器，它可以防止导轮逆时针转动。导轮的叶片形状使得 ATF 改变为顺时针方向流回泵轮，即与泵轮的旋转方向相同。泵轮将来自发动机和从涡轮回流的能量一起传递给涡轮，使涡轮输出转矩增大。液力变矩器的转矩放大倍数一般为 2.2 左右。

液力变矩器的变矩特性只有在泵轮与涡轮转速相差较大的情况下才成立，随着涡轮转速的不断提高，从涡轮回流的 ATF 会按顺时针方向冲击导轮，若导轮仍然固定不动，ATF 将会产生涡流，阻碍其自身的运动，因此绝大多数液力变矩器在导轮机构中增设了单向离合器，也称自由轮机构。当涡轮与泵轮转速相差较大时，单向离合器处于锁止状态，导轮不能转动；当涡轮转速达到泵轮转速的 85%～90% 时，单向离合器导通，导轮空转，不起导流作用，液力变矩器的输出转矩不能增加，只能等于泵轮的转矩，此时称为耦合状态。

（3）无级变速。

从上面的分析可以得出这样的结论：随着涡轮转速的逐渐提高，涡轮输出的转矩要逐渐

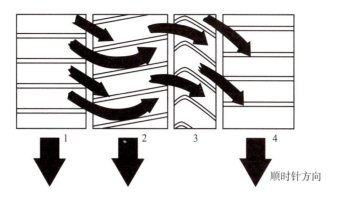

图 3-5 液力变矩器转矩放大原理
1—泵轮；2—涡轮；3—导轮；4—泵轮

下降，而且这种变化是连续的；同样，如果涡轮上的负荷增加了，涡轮的转速下降，涡轮输出的转矩就要增加，而涡轮增加的转矩正好适应负荷的增加。

液力变矩器的工作过程主要包括两个工况，一是变矩，二是耦合。当泵轮与涡轮转速相差较大，或者在低速区时，液力变矩器实现变矩（增矩）；当涡轮转速达到泵轮转速的 85~90%，或者在高速区时，液力变矩器实现耦合传动，即输出（涡轮）转矩等于输入（泵轮）转矩。

4. 典型的液力变矩器

典型的液力变矩器指带有单向离合器和锁止离合器的液力变矩器。

（1）单向离合器。

单向离合器又称为自由轮机构、超越离合器，其功用是实现导轮的单向锁止，即导轮只能顺时针转动而不能逆时针转动，使得液力变矩器在高速区实现耦合传动。另外在自动变速器的行星齿轮机构中单向离合器也有应用，常见的单向离合器有楔块式和滚柱式两种结构形式。

①楔块式单向离合器。

如图 3-6 所示，楔块式单向离合器由内座圈、外座圈、楔块、保持架等组成。导轮与外座圈连为一体，内座圈与固定套管刚性连接，不能转动。当导轮带动外座圈逆时针转动时，外座圈带动楔块逆时针转动，楔块的长径与内、外座圈接触（如图 3-6（a）所示），由于长径长度大于内、外座圈之间的距离，外座圈被卡住而不能转动；当导轮带动外座圈顺时针转动时，外座圈带动楔块顺时针转动，楔块的短径与内、外座圈接触（如图 3-6（b）所示），由于短径长度小于内、外座圈之间的距离，外座圈可以自由转动。

资源 3-4 楔块式单向离合器

②滚柱式单向离合器。

如图 3-7 所示，滚柱式单向离合器由内座圈、外座圈、滚柱、叠片弹簧等组成。当导轮带动外座圈顺时针转动时，滚柱进入楔形槽的宽处，内、外座圈不能被滚柱楔紧，外座圈和导轮可以顺时针自由转动；当导轮带动外座圈逆时针转动时，滚柱进入楔形槽的窄处，内、外座圈被滚柱楔紧，外座圈和导轮固定不动。

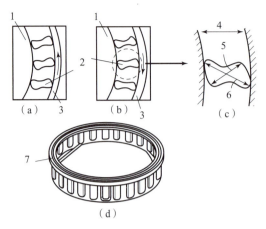

图 3-6 楔块式单向离合器

1—内座圈；2—楔块；3—外座圈；4—滚道宽度；
5—短径；6—长径；7—保持架

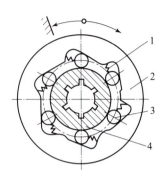

图 3-7 滚柱式单向离合器

1—叠片弹簧；2—外座圈；
3—滚柱；4—内座圈

③检修。

单向离合器损坏失效后，液力变矩器就没有了转矩放大的功用，将出现如下故障现象：车辆加速起步无力，不踩加速踏板车辆不走，但车辆行驶起来之后换挡正常，发动机功率正常，如果做失速试验会发现失速转速比正常值低 400~800 r/min。

（2）锁止离合器。

锁止离合器简称 TCC，锁止离合器可以将泵轮和涡轮直接连接起来，即将发动机与机械变速器直接连接起来，这样就提高了液力变矩器的传动效率，从而提高了汽车的燃油经济性。

资源 3-5　锁止离合器

锁止离合器的常见结构如图 3-8 所示。当车辆在良好路面行驶，车速、挡位、油温等满足锁止条件时，锁止离合器接合，此时进入液力变矩器的 ATF 按图 3-8（a）所示的方向流动，使锁止活塞向前移动，压紧在液力变矩器壳体上，通过摩擦力矩使二者一起转动。此时发动机的动力经液力变矩器壳体、锁止活塞、扭转减震器、涡轮轮毂传给后面的机械变速器，相当于将泵轮和涡轮刚性连在一起，传动效率为 100%。

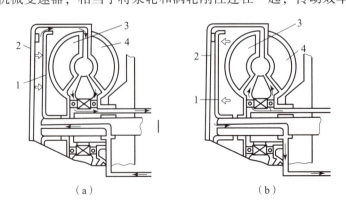

图 3-8 锁止离合器的常见结构

（a）锁止离合器分离；（b）锁止离合器锁止
1—锁止活塞；2—前盖；3—涡轮；4—泵轮

当车辆起步、低速或在坏路面上行驶时,应将锁止离合器分离,使液力变矩器具有变矩作用。此时 ATF 按图 3-8(b)所示的方向流动,将锁止活塞与液力变矩器壳体分离,解除液力变矩器壳体与涡轮的直接连接。

锁止离合器的常见故障有不锁止和常锁止。不锁止的现象是车辆的油耗高、发动机高速运转而车速不够快。具体检查时要相应检查电路部分、阀体部分以及锁止离合器本身。

常锁止的现象是发动机怠速正常,但选挡杆置于动力挡(R、D、2、L)后发动机熄火。

锁止离合器的检查需要将液力变矩器切开后才能进行,但这只能由专业的自动变速器维修站来完成。

(四)单排行星齿轮机构

行星齿轮变速器是由一排或几排行星齿轮机构和换挡执行机构等组成。

1. 单排行星齿轮机构的组成

如图 3-9 所示,单排行星齿轮机构主要由一个太阳轮、一个带有几个行星齿轮的行星架和一个齿圈组成。

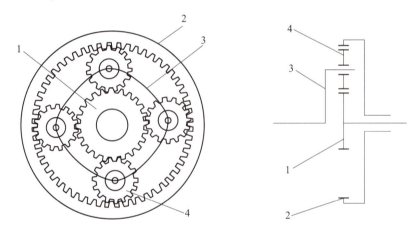

图 3-9 单排行星齿轮机构
1—太阳轮;2—齿圈;3—行星架;4—行星齿轮

齿圈制有内齿,其余齿轮均为外齿轮。太阳轮位于机构的中心,行星齿轮与之外啮合,行星齿轮与齿圈内啮合。行星齿轮通常有 3~6 个,通过滚针轴承安装在行星齿轮轴上,行星齿轮轴对称、均匀地安装在行星架上。单排行星齿轮变速器工作时,行星齿轮除了绕自身轴线自转外,同时还绕着太阳轮公转,行星齿轮绕太阳轮公转,行星架也绕太阳轮旋转。

2. 单排行星齿轮机构的运动规律

根据能量守恒定律,由作用在单排行星齿轮机构各元件上的力矩和结构参数,可以得出表示单排行星齿轮机构运动规律的特性方程式:

$$n_1 + \alpha n_2 - (1+\alpha)n_3 = 0$$

式中,n_1 为太阳轮转速;n_2 为齿圈转速;n_3 为行星架转速;α 为齿圈齿数 z_2 与太阳轮齿数 z_1 之比,即 $\alpha = z_2/z_1$,且 $\alpha > 1$。

由于一个方程有三个变量，如果将太阳轮、齿圈和行星架中某个元件作为主动（输入）部分，让另一个元件作为从动（输出）部分，第三个元件不受任何约束和限制，此时从动部分的运动是不确定的，因此为了得到确定的运动，必须对太阳轮、齿圈和行星架三者中的某个元件的运动进行约束和限制。

资源 3-6 单排行星齿轮机构不同的传动方式

3. 单排行星齿轮机构不同的传动方式

通过对不同的元件进行约束和限制，可以得到不同的动力传动方式，单排行星齿轮机构的动力传动方式如图 3-10 所示。

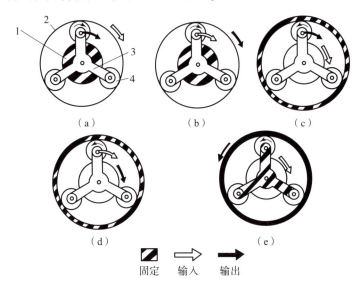

图 3-10 单排行星齿轮机构的动力传动方式
1—太阳轮；2—齿圈；3—行星架；4—行星齿轮

（1）齿圈为主动件（输入），行星架为从动件（输出），太阳轮固定，如图 3-10（a）所示。此时，$n_1 = 0$，则传动比 i_{23} 为

$$i_{23} = n_2/n_3 = 1 + 1/\alpha > 1$$

由于传动比大于 1，说明为减速传动，可以作为降速挡。

（2）行星架为主动件（输入），齿圈为从动件（输出），太阳轮固定，如图 3-10（b）所示。此时，$n_1 = 0$，则传动比 i_{32} 为

$$i_{32} = n_3/n_2 = \alpha/(1 + \alpha) < 1$$

由于传动比小于 1，为增速传动，可以作为超速挡。

（3）太阳轮为主动件（输入），行星架为从动件（输出），齿圈固定，如图 3-10（c）所示。此时，$n_2 = 0$，则传动比 i_{13} 为

$$i_{13} = n_1/n_3 = 1 + \alpha > 1$$

由于传动比大于 1，为减速传动，可以作为降速挡。

（4）行星架为主动件（输入），太阳轮为从动件（输出），齿圈固定，如图 3-10（d）所示。此时，$n_2 = 0$，则传动比 i_{31} 为

$$i_{31} = n_3/n_1 = 1/(1 + \alpha) < 1$$

由于传动比小于1，为增速传动，可以作为超速挡。

（5）太阳轮为主动件（输入），齿圈为从动件（输出），行星架固定，如图3-10（e）所示。此时，$n_3=0$，则传动比 i_{12} 为

$$i_{12} = n_1/n_2 = -\alpha$$

由于传动比为负值，主从动件的旋转方向相反，又由于 $|i_{12}|>1$，为降速传动，可以作为倒挡。

（6）若使太阳轮、齿圈和行星架三个元件中的任何两个元件连为一体转动，则另一个元件的转速必然与前二者等速同向转动，即行星齿轮机构中所有元件（包含行星齿轮）之间均无相对运动，传动比 $i=1$，这种传动方式用于变速器的直接挡传动。

（7）如果太阳轮、齿圈和行星架三个元件没有任何约束，则各元件的运动是不确定的，此时为空挡。

自动变速器中的行星齿轮变速器一般是采用2~3排行星齿轮机构传动，其各挡传动比就是根据上述单排行星齿轮机构传动特点进行合理组合得到的，常见的行星齿轮变速器有辛普森式和拉维娜式。

（五）辛普森式行星齿轮变速器

辛普森（Simpson）式行星齿轮变速器是在自动变速器中应用最广泛的一种行星齿轮变速器，它是由美国福特公司的工程师 H·W·辛普森发明的，目前多采用的是四挡辛普森行星齿轮变速器。

四挡辛普森行星齿轮变速器的结构、组成

图3-11、图3-12所示分别为四挡辛普森行星齿轮变速器的结构简图和元件位置图。

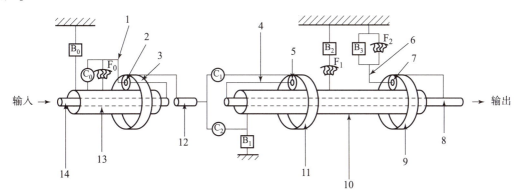

图3-11 四挡辛普森行星齿轮变速器的结构简图

1—超速（OD）行星排行星架；2—超速行星排行星齿轮；3—超速行星排齿圈；4—前行星排行星架；
5—前行星排行星齿轮；6—后行星排行星架；7—后行星排行星齿轮；8—输出轴；9—后行星排齿圈；
10—前后行星排太阳轮；11—前行星排齿圈；12—中间轴；13—超速行星排太阳轮；14—输入轴
C_0—超速挡离合器；C_1—前进挡离合器；C_2—直接挡、倒挡离合器；
B_0—超速挡制动器；B_1—2挡滑行制动器；B_2—2挡制动器；
B_3—低、倒挡离合器；F_0—超速挡单向离合器；
F_1—2挡（一号）单向离合器；F_2—低挡（二号）单向离合器

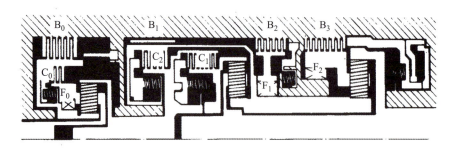

图 3-12　四挡辛普森行星齿轮变速器的元件位置图

四挡辛普森行星齿轮变速器由四挡辛普森行星齿轮机构和换挡执行元件两大部分组成。其中四挡辛普森行星齿轮机构由三排行星齿轮机构组成，前面1排为超速行星排，中间1排为前行星排，后面一排为后行星排，之所以这样命名是由于四挡辛普森行星齿轮机构是在三挡辛普森行星齿轮机构的基础上发展起来的，它沿用了三挡辛普森行星齿轮机构的命名。输入轴与超速行星排的行星架相连，超速行星排的齿圈与中间轴相连，中间轴通过前进挡离合器或直接挡、倒挡离合器与前、后行星排相连。前、后行星排的结构特点是共用一个太阳轮，前行星排的行星架与后行星排的齿圈相连并与输出轴相连。

换挡执行机构包括三个离合器、四个制动器和三个单向离合器。换挡执行元件的功能见表3-1。

表3-1　换挡执行元件的功能

换挡执行元件		功能
C_0	超速挡离合器	连接超速行星排太阳轮与超速行星排行星架
C_1	前进挡离合器	连接中间轴与前行星排齿圈
C_2	直接挡、倒挡离合器	连接中间轴与前后行星排太阳轮
B_0	超速挡制动器	制动超速行星排太阳轮
B_1	2挡滑行制动器	制动前后行星排太阳轮
B_2	2挡制动器	制动F_1外座圈，当F_1也起作用时，可以防止前后行星排太阳轮逆时针转动
B_3	低、倒挡离合器	制动后行星排行星架
F_0	超速挡单向离合器	连接超速行星排太阳轮与超速行星排行星架
F_1	2挡（一号）单向离合器	当B_2工作时，防止前后行星排太阳轮逆时针转动
F_2	低挡（二号）单向离合器	防止后行星排行星架逆时针转动

四挡辛普森行星齿轮变速器各挡动力传动。

自动变速器换挡执行元件。

资源 3-7 四挡辛普森行星齿轮变速器各挡动力传递路线

资源 3-8 自动变速器换挡执行元件

(六) 拉维娜式行星齿轮变速器

下面以大众 01N 四挡自动变速器为例进行介绍。由于其换挡执行机构的结构、原理与辛普森式行星齿轮变速器一样，因此这里只介绍其行星齿轮机构。

拉维娜式行星齿轮变速器的结构如图 3-13 所示，包括拉维娜行星齿轮机构、离合器、制动器和单向离合器。

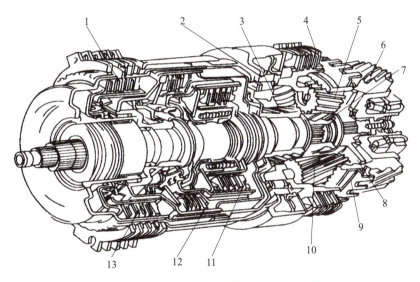

图 3-13 拉维娜式行星齿轮变速器的结构

1—第 2 挡和第 4 挡制动器 (B2)；2—单向离合器；3—大太阳轮；4—倒挡制动器 (B1)；
5—短行星齿轮；6—主动锥齿轮；7—小太阳轮；8—行星架；9—车速传感器齿轮；
10—长行星齿轮；11—第 3 和第 4 挡离合器 (K3)；12—倒挡离合器 K_2；
13—第 1 到第 3 挡离合器 K_1

拉维娜行星齿轮机构如图 3-14 所示，由双行星排组成，包括大太阳轮、小太阳轮、长行星齿轮、短行星齿轮、齿圈和行星架。大、小太阳轮采用分段式结构，使 3 挡到 4 挡的转换更加平顺。短行星齿轮与长行星齿轮及小太阳轮啮合，长行星齿轮同时与大太阳轮、短行星齿轮及齿圈啮合，动力通过齿圈输出。两个行星齿轮共用一个行星架（图中未画出）。

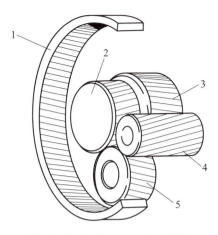

图 3-14 拉维娜行星齿轮机构

1—齿圈；2—小太阳轮；3—大太阳轮；4—长行星齿轮；5—短行星齿轮

资源 3-9　大众 01M4 挡拉维娜式行星齿轮变速器各挡传动路线

（七）双离合自动变速器

1. 双离合自动变速器的概述

（1）双离合自动变速器的特点。

双离合自动变速器（Dual Clutch Transmission，DCT），也叫直接换挡变速器（Direct Shift Gearbox，DSG）。双离合自动变速器是基于手动变速器发展而来的，且综合了手动变速器与自动变速器的优点。手动变速器的优点是传动效率高，动力性好，燃油经济性高，缺点是换挡时的劳动强度大；自动变速器的优点是舒适性好，换挡平稳，无动力中断，缺点是传动效率低，燃油经济性差；大众公司开发的全新一代电控双离合自动变速器有效地解决了上述问题。

大众双离合自动变速器的应用最为广泛，大致有两大类型：一种是湿式双离合自动变速器，最有代表性的 DQ250，型号 02E，有 6 个前进挡和一个倒挡，能承受最大扭矩 350 Nm，主要用在高排量的车上；另一种是干式双离合自动变速器，最有代表性的 DQ200，型号 0AM，有 7 个前进挡和一个倒挡，能承受最大扭矩 250 Nm，主要用在中、低排量的车上。

（2）双离合自动变速器的基本工作原理。

双离合自动变速器的基本工作原理如图 3-15 所示，它是通过将变速器挡位按奇偶数分开布置，形成两个彼此独立的传动单元。每个传动单元的结构都与一个手动变速器相同，每个传动单元都配有一个湿式多片离合器，传动单元 1 通过湿式多片离合器来选择 1、3、5 挡和倒挡，传动单元 2 通过湿式多片离合器 K_2 来选择 2、4、6 挡，因此，只需通过切换两个离合器的工作状态就可以完成换挡操作。

2. 大众 0AM 双离合自动变速器机械传动机构

下面以大众 0AM 双离合自动变速器为例，介绍干式双离合自动变速器具体结构原理。大众 0AM 双离合自动变速器实物图如图 3-16 所示，主要由双离合器、机械传动机构、机电一体化模块、冷却滤油装置等组成。

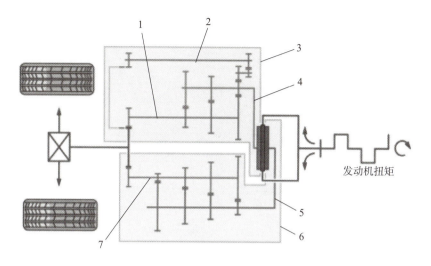

图 3-15　双离合自动变速器的基本工作原理
1—输出轴 2；2—输出轴 3；3—变速器传动部分 2；4—驱动轴 2；
5—驱动轴 1；6—变速器传动部分 1；7—输出轴 1

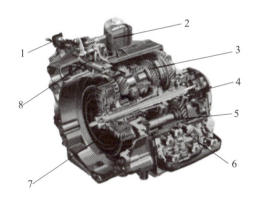

图 3-16　大众 0AM 双离合自动变速器实物图
1—换挡拉线；2—冷却滤油装置；3—齿轮机构；4—油泵；5—倒挡轴；
6—机电一体化模块；7—双离合器；8—驻车制动杆

如图 3-17 所示，大众 0AM 双离合自动变速器机械传动机构主要由双质量飞轮、两个多片离合器、输入轴及齿轮、输出轴及齿轮等组成。

（1）双质量飞轮。

由于在 DSG 中没有使用液力变矩器等可以吸收系统振动的元件，所以需要采用扭转减震器来吸收系统的扭转振动，采用这种带有扭转减震器的双质量飞轮，可以有效控制汽车动力传动系统的扭转振动及噪声，提高整车舒适性。双质量飞轮扭矩传递如图 3-18 所示，双质量飞轮有两个质量，即初级质量和次级质量，初级质量与发动机曲轴相连，起到原来普通飞轮的作用，次级质量与变速器相连，用于提高变速器的扭转惯量，初级质量和次级质量之间通过扭转减震器相连。

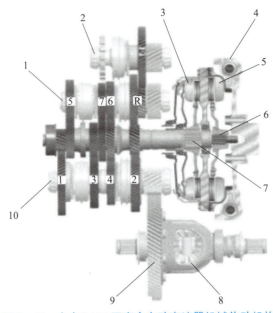

图 3-17 大众 0AM 双离合自动变速器机械传动机构

1—输出轴2；2—输出轴3；3—离合器K_2；4—双质量飞轮；5—离合器K_1；6—驱动轴1；7—驱动轴2；8—差速器；9—主传动齿轮；10—输出轴1

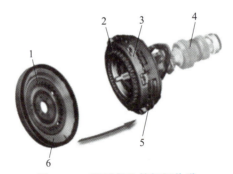

图 3-18 双质量飞轮扭矩传递

1—内齿；2—外齿；3—支承环；4—驱动轴1和2；5—双离合器；6—双质量飞轮

(2) 多片离合器。

如图 3-19 所示，双离合器驱动盘包含了两个传统的离合器，安装在一起组成一个双离合器。扭矩从支承环传递至双离合器上的驱动盘，为此支承环和驱动盘需紧密连接在一起，驱动盘固定在驱动轴2上作为怠速挡。如果其中一个离合器启用了，扭矩就从驱动盘上传递至相应的离合器从动盘上，并通向对应的驱动轴。当发动机关闭或怠速时，两个离合器都处于打开状态；当车辆运行时，两个离合器中只有一个处于闭合状态。

离合器 K_1 工作原理如图 3-20 所示，离合器 K_1 传递1，3，5 和7 挡的扭矩到驱动轴1。为了启用该离合器，分离杠杆将分离轴承按压至膜片弹簧上，在几个转换点，压缩运动转化为张紧运动，压盘将离合器从动盘和驱动盘推在一起，扭矩就传递到了驱动轴上。分离杠杆是通过液压离合器 K_1 操控器控制的齿轮副1的阀门 N435 来起动的。

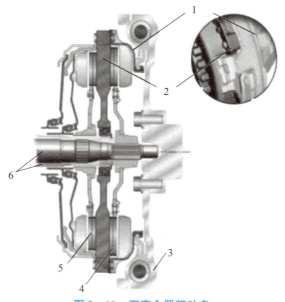

图 3-19 双离合器驱动盘

1—支承环；2—驱动盘；3—双质量飞轮；4—离合器 K_1；5—离合器 K_2；6—驱动轴 1 和 2

离合器 K_2 工作原理如图 3-21 所示，离合器 K_2 传递 2，4，6 挡和倒挡的扭矩到驱动轴 2。如果分离杠杆启用，分离轴承按压压盘的膜片弹簧，由于膜片弹簧被离合器壳体所支撑，压盘按压到驱动盘上，扭矩传递到驱动轴 2。分离杠杆是通过液压离合器 K_2 操控器控制的齿轮副 2 的阀门 N439 来起动的。

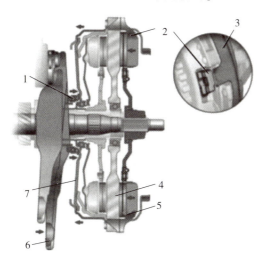 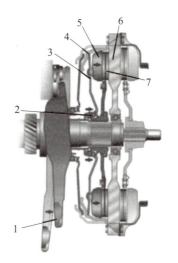

图 3-20 离合器 K_1 工作原理

1—分离轴承；2—压盘；3，7—膜片弹簧；4—驱动盘；
5—离合器从动盘；6—分离杠杆

图 3-21 离合器 K_2 工作原理

1—分离杠杆；2—分离轴承；3—膜片弹簧；4—支点；
5—压盘；6—驱动盘；7—离合器从动盘

(3) 输入轴及齿轮。

驱动轴位于变速器壳体内，每根驱动轴通过花键和一个离合器连接。离合器 K_1 通过花键将扭矩传递到驱动轴 1，经过驱动轴 1 上的 1 挡齿轮和 3 挡齿轮传递到输出轴 1，或者经过 5 挡齿轮和 7 挡齿轮传递到输出轴 2;离合器 K_2 通过花键将扭矩传递到驱动轴 2,扭矩经过驱动轴 2 上的 2 挡齿轮和 4 挡齿轮传递到输出轴 1,或者经过 6 挡齿轮和倒挡齿轮传递到输出轴 2;通过倒挡中间齿轮 R_1,将扭矩传递到输出轴 3 的倒挡齿轮 R_2 上,三个输出轴都和差速器主传动齿轮连接。DQ200 驱动轴如图 3 – 22 所示,驱动轴 2 是中空轴结构,为记录变速器的输入速度,该轴上有 1 个专门用于变速器输入转速传感器 2G612 的齿轮。驱动轴 1 穿过中空的驱动轴 2 运行,为记录变速器的输入速度,该轴上有 1 个用于变速器输入转速传感器 1G632 的脉冲轮。

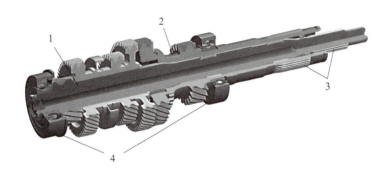

图 3 – 22　DQ200 驱动轴

1—驱动轴 1;2—驱动轴 2;3—花键;4—球轴承

(4) 输出轴及齿轮。

三个输出轴位于变速器壳体内,根据啮合的挡位,发动机扭矩从驱动轴传递到输出轴上,扭矩通过各输出轴上的输出齿轮,传递至差速器主传动齿轮上。

输出轴 1 结构如图 3 – 23 所示,输出轴 1 上装有 1 挡齿轮、3 挡齿轮、4 挡齿轮、2 挡齿轮、1/3 挡同步器、2/4 挡同步器及输出齿轮,其中 1 挡、2 挡、3 挡使用 3 层同步器,而 4 挡使用 2 层同步器。输出轴 2 如图 3 – 24 所示,输出轴 2 上装有 5 挡齿轮、6 挡齿轮、7 挡齿轮、5/7 挡同步器、6/R 挡同步器及输出齿轮,5、6 和 7 挡的换挡器,都使用 2 层同步器。中间齿轮 R_1 和齿轮 R_2 用于倒车挡。

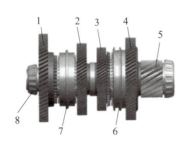 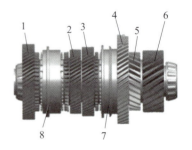

图 3 – 23　输出轴 1 结构

1—1 挡;2—3 挡;3—4 挡;4—2 挡;
5—输出齿轮;6—2/4 挡接合套;
7—1/3 挡接合套;8—轴承

图 3 – 24　输出轴 2 结构

1—5 挡;2—7 挡;3—6 挡;4—齿轮 1;
5—齿轮 2;6—输出齿轮;7—6/R 挡
接合套;8—5/7 挡接合套

输出轴 3 结构如图 3 – 25 所示,输出轴 3 上装有倒挡齿轮、倒挡换挡器、输出齿轮,倒挡换挡器使用 1 层同步器。

3. 大众 0AM 双离合自动变速器机电装置的电子控制单元

在大众 0AM 双离合自动变速器机电装置的电子控制单元中，电子控制单元和电子液压控制单元合并成为一个部件，机电装置的电子控制单元安装在变速器法兰上，如图 3-26 所示。

图 3-25 输出轴 3 结构　　　　　　　图 3-26 机电装置的电子控制单元
1—驻车锁止齿轮；2—倒挡齿轮；
3—输出齿轮；4—滑动套

机电装置的电子控制单元是变速器的核心控制单元。所有传感器信号和其他控制单元的信号都汇总于此，且所有程序都由它来执行和监测。传感器的分布如图 3-27 所示，机电装置的电子控制单元内集成了 11 个传感器，只有变速器输入转速传感器 G182 位于机电装置的电子控制单元的外面；机电装置的电子控制单元液压控制并调节 8 个电磁阀，用于切换 7 个挡位和启用离合器。当 1 个挡位啮合时，机电装置的电子控制单元获悉各个离合器位置和换挡器位置，预判断这些元件下一步的操作。

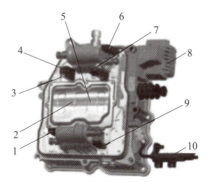

图 3-27 传感器的分布位置
1—换挡器位移传感器 2 G488（1/3 挡）；2—集成传感器系统电子控制单元；3—变速器输入转速传感器 G632；
4—换挡器位移传感器 3 G489（5/7 挡）；5—控制单元温度传感器 G519；6—换挡器位移传感器 4 G490（6/R 挡）；
7—变速器输入转速传感器 G612；8—车辆连接插头；9—换挡器位移传感器 1 G487（4/2 挡）；
10—变速器输入转速传感器 G182

（1）离合器动态传感器 G617，离合器动态传感器 G618。

如图 3-28 所示，离合器动态传感器 G617 和 G618 位于机电装置的电子控制单元离合器操控器的上方控制单元中，双离合器控制系统要求可靠而精确地记录当前离合器操控器的状态,通过无触点传感器技术来记录离合器的动态信息。如果离合器动态传感器 1 G617 发生故障,变速器路径 1 断开,1,3,5 和 7 挡不再啮合;如果离合器动态传感器 2 G618 故障,2,4,6 挡和倒挡不再啮合。

(2) 变速器输入转速传感器 G182。

如图 3-29 所示,变速器输入转速传感器 G182 插在变速器壳体上,它是唯一一个安装在机电装置电子控制单元外面的传感器。变速器输入传感器 G182 会自动检测起动马达齿圈,并记录变速器输入转速,机电装置电子控制单元利用变速器输入转速信号来控制离合器,并通过比较位于离合器前部的变速器输入转速传感器 G182 的信号和变速器输入转速传感器 G612 和 G632 的信号来计算摩擦力。一旦信号发生故障,机电装置的电子控制单元将发动机转速信号作为一个代用信号,通过 CAN 数据总线获得来自发动机控制单元的信号。

图 3-28　离合器动态传感器　　　　图 3-29　变速器输入转速传感器

(3) 变速器输入转速传感器 1 G632,变速器输入转速传感器 2 G612。

如图 3-30 所示,两个传感器都位于机电装置的电子控制单元的壳体上,这两个传感器都是霍尔传感器,传感器 G632 检测位于驱动轴 1 上的脉冲轮,控制单元利用这个信号计算驱动轴 1 的转速。传感器 G612 检测驱动轴 2 上的一个齿轮,控制单元利用这个信号计算驱动轴 2 的转速。如果传感器 G632 发生故障,齿轮副 1 断开,车辆只能以 2,4,6 挡和倒挡驱动。如果传感器 G612 发生故障,齿轮副 2 断开,车辆只能以 1,3,5 和 7 挡驱动。

(4) 控制单元温度传感器 G519。

如图 3-31 所示,控制单元温度传感器直接安装在机电装置的电子控制单元里,该传感器信号用来检测机电装置电子控制单元的温度,在温度达到 139℃ 时,可明显感到发动机扭矩降低。一旦信号发生故障,控制单元则利用内部可使用的替代值。

(5) 变速器液压传感器 G270。

如图 3-32 所示,变速器液压传感器集成在机电装置的电子控制单元的液压机油循环管路中,控制单元利用该信号控制液压泵 V401 的马达,它被设计成一种膜片式压力传感器,在液压机油压力接近 60 bar① 时,马达根据压力传感器信号关闭,当压力接近 40 bar 时马达

---

① 1 bar = 0.1 MPa。

重新开启。一旦信号发生故障，液压泵马达会持续运行。

图 3-30 变速器输入转速传感器　　图 3-31 控制单元温度传感器

（6）换挡器位移传感器 G487~G490。

如图 3-33 所示，换挡器位移传感器位于机电装置的电子控制单元中，它们与换挡拨叉上的电磁铁一起产生一个信号，控制单元根据这个信号确定换挡器的精确位置，如果一个位移传感器发生故障，控制单元就无法检测相应的换挡器位置了，因此，控制单元就不能通过换挡器和换挡拨叉识别是否进行了换挡操作，为了防止变速器的损坏，在这种情况下，发生故障的位移传感器的变速器路径被断开。

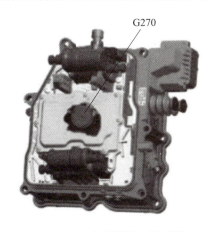

图 3-32 变速器液压传感器

图 3-33 换挡器位移传感器

1—G488 1 挡和 3 挡；2—G489 5 挡和 7 挡；
3—G490 6 挡和倒挡；4—G487 2 挡和 4 挡

二、任务实施

项目（一）　在台架上进行大众 0AM 双离合器的更换

1. 项目说明

装有大众 0AM 双离合自动变速器的汽车，使用中若出现双离合器故障，会出现只以奇数挡位或只以偶数挡位行驶故障，需进行双离合器的更换。

2. 技术要求与标准

（1）学员能够独立在 45 min 内完成此项目。

（2）严格按维修手册要求进行拆装作业。

（3）保证人身及设备安全。

3. 设备器材

（1）装有大众 0AM 双离合自动变速器的台架。

（2）世达工具一套。

（3）专用工具列表见表 3-2。

表 3-2　专用工具列表

序号	工具名称	规格型号	数量
1	吊板	VW309	1
2	变速器支架	VW353	1
3	钩子	3438	1
4	拉具	T10373	1
5	止推片	T10376	1
6	支撑架	T10323	1
7	支撑套筒	CT80016	1
8	开口弹簧钳	VW161A	1
9	装配工具	T10356	1

4. 作业准备

（1）检查拆装架。　　　　　　　　□ 任务完成

（2）准备工具、零件台。　　　　　□ 任务完成

5. 操作步骤

（1）双离合器的拆卸。

①拆下毂盘的卡环（图 3-34），用钩子 3438 和一字螺丝刀拆下毂盘（图 3-35）。

资源 3-10　双离合器的拆卸

图 3-34　拆下毂盘的卡环

图 3-35　拆下毂盘

②用开口弹簧钳 VW161A 拆下输入轴卡环（图 3-36），将支撑套筒 CT80016 安装到输入轴上。

③安装拉具 T10373 并用棘轮扳手顺时针旋转到止位，拧紧拉具上的丝杆，将双离合器向上拉出（图 3-37）。

 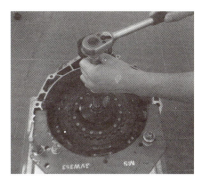

图 3-36　拆下输入轴卡环　　　　图 3-37　将双离合器向上拉出

（2）拆卸离合器的分离杠杆和分离轴承。

①拆下小分离轴承和调整垫片（图 3-38），再拆下大分离杠杆（图 3-39）。

②旋出螺栓，拆下小分离杠杆和固定卡子（图 3-40），拆下分离杠杆的塑料定位件（图 3-41）。

资源 3-11　拆卸离合器的分离杠杆和分离轴承

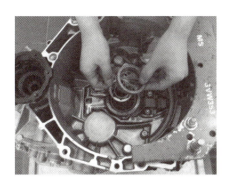 

图 3-38　拆下小分离轴承和调整垫片　　　　图 3-39　拆下大分离杠杆

图 3-40　拆下小分离杠杆和固定卡子　　　　图 3-41　拆下分离杠杆的塑料定位件

（3）安装离合器的分离杠杆和分离轴承。

①安装分离杠杆的塑料定位件。安装小分离杠杆和固定卡子，固定新螺栓。

②安装大分离杠杆，检查两个杠杆是否安装到位。

③安装小分离轴承及测量后选择的调整垫片 K_2，转动检查小分离轴承是否安装到位。

资源 3-12　安装离合器的
分离杠杆和分离轴承

资源 3-13　双离合器
的安装

（4）双离合器的安装。

①用拉具 T10373 将双离合器安装到变速器内，取出拉具按压双离合器（图 3-42）。

②安装支撑架 T10323 和装配工具 T10356，要求支撑架 T10323 与变速器法兰平行，用工具拧紧丝杠到合适位置（图 3-43）。

图 3-42　将双离合器安装到变速器内

图 3-43　用工具拧紧丝杠到合适位置

③安装卡环（图 3-44）。按标记装入毂盘（图 3-45）。安装盘毂卡环，使卡环的开口朝向毂盘较大的标记齿。

④旋转双离合器，应转动自如。

图 3-44　安装卡环

图 3-45　按标记装入毂盘

6. 记录与分析

相关记录与分析见表 3-3。

表 3-3 记录与分析

基本信息	班级		姓名		日期	
	车型		设备名称		项目	在台架上进行大众 OAM 双离合器的更换
拆装记录与分析	故障情境描述：					
	初步检查分析：					
	拆装注意事项：					
	拆装过程记录：					

项目（二） 大众 OAM 双离合自动变速器机电装置的电子控制单元的更换

1. 项目说明

对于装有大众 OAM 双离合自动变速器的汽车，使用过程中若出现机电装置的电子控制单元故障，自动变速器电脑将采取应急模式工作，即此时只有前进 3 挡和倒挡，以保证其基本行驶功能；若检测到机电装置的电子控制单元故障，则会进行机电控制单元的更换。

2. 技术要求与标准

（1）学员能够独立在45 min 内完成此项目。

（2）严格按维修手册要求进行拆装作业。

（3）保证人身及设备安全。

3. 设备器材

（1）装有大众0AM双离合自动变速器的汽车。

（2）世达工具一套。

（3）大众0AM双离合自动变速器机电控制单元的更换专用工具。

4. 作业准备

（1）连接电脑诊断仪。　　　　　　　　　□ 任务完成

（2）检查汽车变速器。　　　　　　　　　□ 任务完成

（3）准备工具。　　　　　　　　　　　　□ 任务完成

5. 注意事项

（1）拆装前学员需了解和掌握各工具的使用。

（2）在教师指导下严格按照操作规范进行拆装操作。

（3）不要分解DQ200变速器机电装置的电子控制单元。

（4）机电装置的电子控制单元内的液压油有压力，不允许打开。

6. 操作步骤

（1）拆卸机电装置的电子控制单元。

①将换挡杆置于位置"P"，用诊断仪将所有换挡活塞移动至"空挡"位置。

②拆卸空气滤清器壳体总成、蓄电池及其支架。

③拔出变速器的通气塞（图3-46），并用合适的堵头进行密封，以免泄漏自动变速器油。

④松开机电装置的电子控制单元的连接插头并拔出（图3-47）。

图3-46　拔出变速器的通气塞　　图3-47　松开机电装置的电子控制单元的连接插头并拔出

⑤举升汽车，拆卸车辆底部护板。

⑥排空齿轮油，然后安装放油螺栓，拧紧力矩为30 Nm。

⑦从机电装置的电子控制单元下部线束固定支架上脱开氧传感器插头1和2（图3-48）。

⑧拆下机电装置的电子控制单元线束固定支架 3（图 3-48），用一字起松开变速器壳体的变速器输入转速传感器（图 3-49）。

图 3-48　脱开氧传感器插头　　　　　　图 3-49　松开变速器输入转速传感器

⑨在分离杠杆右侧，插入大众 0AM 双离合自动变速器机电控制单元的更换专用工具（图 3-50），直至分离杆的凹槽与壳体的凸筋平齐。逆时针旋转分离杆，这样按压就会使分离杠杆与活塞杆分离。注意：不要取出分离杆，在整个过程中，它必须始终插在分离杠杆和变速器壳体之间。

⑩用对角的方式旋出机电控制单元固定螺栓，其他螺栓不动（图 3-51），拆下机电装置的电子控制单元。

资源 3-14　使分离杠杆　　　资源 3-15　拆下机电装　　　资源 3-16　安装机电装
　　　与活塞杆分离　　　　　　　置的电子控制单元　　　　　　置的电子控制单元

图 3-50　插入大众 0AM 双离合自动变速器机　　图 3-51　旋出机电装置的电子
　　　　电控制单元的更换专用工具　　　　　　　　　　　控制单元固定螺栓

（2）安装机电装置的电子控制单元。

①确保所有换挡拨叉都处于"空挡位置"（图 3-52）。

②清洁机电装置的电子控制单元上的密封接触面，将所有换挡活塞都凸出25 mm（图3-53）。

图3-52 所有换挡拨叉都处于"空挡位置"

图3-53 将所有换挡活塞都凸出25 mm

③安装机电装置的电子控制单元。在安装时，应确保不会将换挡拨叉意外地移动。

④装入新固定螺栓并用手拧紧，确保机电装置的电子控制单元的活塞杆正确地放置在分离杠杆的圆形底座中（图3-54），对角交替拧紧机电装置的电子控制单元的固定螺栓，拧紧力矩：10 Nm。（图3-55）

图3-54 活塞杆正确地放置在分离杠杆的圆形底座中

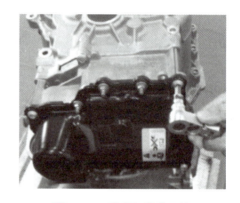

图3-55 拧紧机电装置的电子控制单元的固定螺栓

⑤顺时针方向旋转并拆下大众0AM双离合自动变速器机电控制单元的更换专用工具。

⑥安装变速器输入转速传感器G182。拆下堵头，并装上变速器通气管。

⑦装上机电装置的电子控制单元的连接插头。安装机电装置的电子控制单元前部的线束固定支架，拧紧螺栓，拧紧力矩：6 Nm。

⑧连接插头，并装到线束固定支架上。

⑨安装空气滤清器壳体总成，连接蓄电池，安装车辆底部隔音板。

⑩使用诊断仪进行"执行基础设定"。

7. 记录与分析（见表3-4）

相关记录与分析见表3-4。

表 3-4　记录与分析

基本信息	班级		姓名		日期	
	车型		设备名称		项目	大众 0AM 双离合自动变速器机电装置的电子控制单元的更换

拆装记录与分析	故障情境描述：
	初步检查分析：
	拆装注意事项：
	拆装过程记录：

三、拓展学习

下面介绍自动变速器中的无级变速器。

(一) 无级变速器概述

无级变速器（Continuously Variable Transmission，CVT），是传动比可以在一定范围内连续变化的变速器。它采用传动带和工作直径可变的主、从动轮相配合来传递动力，可以实现传动比的连续改变，从而得到传动系统与发动机工况的最佳匹配，最大限度地利用发动机的特性来提高汽车的动力性和燃油经济性，在汽车上的应用越来越广泛。目前常见的无级变速器是金属带式无级变速器（VDT – CVT）。

图 3 – 56 所示为金属带式无级变速器的变速原理图。变速部分由主动带轮、金属带和从动带轮组成。每个带轮都是由两个带有斜面的半个带轮组成一体，其中一个半轮是固定的，另一个半轮可以通过液压控制系统控制其轴向移动，两个带轮之间的中心距是固定的，但由于两个带轮的直径可以连续无级变化，所以传动比也是连续无级变化的。

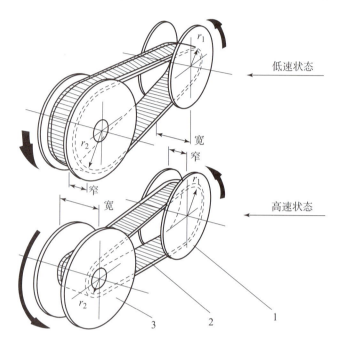

图 3 – 56　金属带式无级变速器的变速原理图
1—主动带轮；2—金属传动带；3—从动带轮

（二）无级变速器组成和工作原理

一般无级变速传动机构形成的传动比在 0.44 ~ 4.69 之间，和其他自动变速器一样，在其前面一般通过电磁离合器或带有锁止离合器的液力变矩器和发动机相连，在其后则通过主减速器进一步降速增扭。图 3 – 57 所示是无级变速器的关键部件金属带的结构，它由一层层带有 V 形斜面的金属片通过柔性的钢带所组成，靠 V 形金属片传递动力，而柔性钢带则只起支撑与保持作用。和普通的带传动不同，这种带在工作时相当于由主动轮通过钢带推着从动轮旋转来传递动力。一般钢带总长约 600 mm，由 300 块金属片组成，每块金属片厚约 2 mm，宽约 25 mm，高约 12 mm。每条钢带包含柔性钢带 2 ~ 11 条，每条钢带厚约 0.18 mm。生产出能够传递高转矩和高转速的 V 形钢带，是当前无级变速传动研究的主要问题之一。

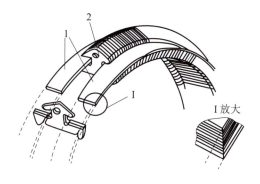

带与轮剖面

图 3-57 金属带的结构
1—柔性钢带；2—金属块

学习任务 4
万向传动装置结构与拆装

一辆宝马三系轿车，驾驶员反映车辆在行驶过程中底部有异响，4S店的维修技师经过检查，最后确认是因为万向节中进入杂质而引发异响造成的故障，经拆检、清洗、润滑后装复试车，一切正常，故障排除。

1. 描述万向传动装置的组成、类型、安装位置及拆装注意事项；
2. 根据维修手册，正确选用工具和专用设备，在 50 min 内安全规范地完成传动轴的拆装作业；
3. 操作过程中严格执行 "5S" 管理。

> **牢记**：基层管理人员承担着上传下达的重要作用，因此如何将上级政策要求落实到位，发挥政策最大作用是一个重要的课题，需要基层管理人员切实提高政策理解能力并提高决策执行能力。

一、知识准备

万向传动装置在汽车上应用的地方很多，结构也略有不同，但其功用都是一样的，即在轴线相交且相互位置经常发生变化的两转轴之间传递动力。

资源 4 – 1　发动机前置后轮驱动万向传动装置

资源 4 – 2　发动机后置后轮驱动万向传动装置

资源 4 – 3　四驱越野车万向传动装置

（一）万向传动装置的组成及应用

在汽车上最常见的应用是位于变速器与驱动桥之间的万向传动装置，如图 4 – 1 所示。

变速器输出轴和驱动桥的输入轴由于汽车布置、设计等原因不可能在同一轴线方向上传递动力，而且变速器虽然是安装在车架（车身）上，可以近似认为其位置不动，但驱动桥则会由于悬架的变形而经常发生位置变化，所以在变速器和驱动桥之间只有装有万向传动装置正好可以满足这些设计、使用的要求。

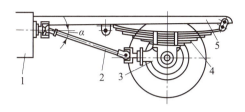

图 4-1 变速器与驱动桥之间的万向传动装置

1—变速器；2—万向传动装置；3—驱动桥；4—后悬架；5—车架

资源 4-4 万向传动装置的工作原理及功用

1. 组成

万向传动装置主要包括万向节和传动轴，对于传动距离较远的分段式传动轴，为了提高传动轴的刚度，还设置有中间支承。万向传动装置的组成如图 4-2 所示。

资源 4-5 万向传动装置示意图

2. 应用

万向传动装置在汽车上的应用主要有以下几个方面：

（1）变速器（或分动器）与驱动桥之间：如图 4-1 所示，当汽车的负荷变化或在不平路面行驶引起跳动时，安装万向传动装置则会适应驱动桥输入轴与变速器输出轴之间的夹角和距离发生的变化。

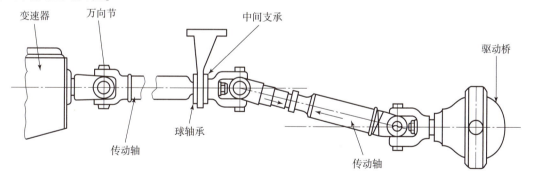

图 4-2 万向传动装置的组成

（2）越野汽车变速器与分动器之间。

（3）汽车转向驱动桥的内、外半轴之间。

资源 4-6 变速器与驱动桥之间的万向传动装置

资源 4-7 驱动轮与驱动桥之间的万向传动装置

（4）断开式驱动桥的半轴。

（5）转向机构的转向轴和转向器之间：有利于转向机构的总体布置。

（二）万向节

汽车上使用的万向节按刚度大小，可分为刚性万向节和柔性万向节。刚性万向节按速度特性又可分为不等速万向节（常用的为十字轴式）、准等速万向节［双联式和三销轴式］和等速万向节［包括球叉式和球笼式］。目前在汽车上应用较多的是十字轴式刚性万向节和等速万向节。十字轴式刚性万向节主要用于发动机前置后轮驱动的变速器与驱动桥之间，等速万向节则主要用于发动机前置前轮驱动的内、外半轴之间。

资源 4-8 万向节

资源 4-9 双联式万向节示意图

资源 4-10 双联式万向节工作原理图

资源 4-11 球叉式万向节

资源 4-12 球叉式万向节等速传递原理

1. 十字轴式刚性万向节

十字轴式刚性万向节，如图 4-3 所示，它允许相邻两轴的最大交角为 15°~20°。

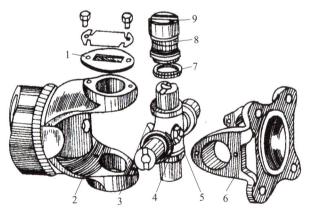

图 4-3 十字轴式刚性万向节

1—轴承盖；2，6—万向节叉；3—油嘴；4—十字轴；5—安全阀；7—油封；8—滚针；9—套筒

（1）构造。

十字轴式刚性万向节主要由十字轴、万向节叉、滚针轴承等组成。万向节叉上的孔分别

套在十字轴的四个轴颈上。在十字轴轴颈与万向节叉孔之间装有滚针和套筒,用带有锁片的螺钉和轴承盖来使之轴向定位。为了润滑轴承,十字轴内钻有油道,且与油嘴、安全阀相通,润滑油道及密封装置如图 4-4 所示。为避免润滑油流出及尘垢进入轴承,十字轴轴颈的内端套装着油封。现代汽车多采用橡胶油封,多余的润滑油从油封内圆表面与十字轴轴颈接触处溢出。

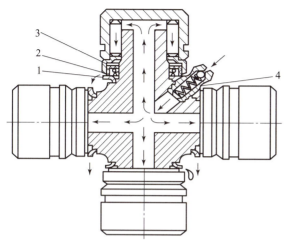

图 4-4 润滑油道及密封装置
1—油封挡盘;2—油封;3—油封座;4—油嘴

资源 4-13 普通万向节构造

资源 4-14 十字轴润滑油道及密封装置

万向节轴承的常见定位方式除了用盖板进行定位外,还有就是用内、外弹性卡环进行定位。

(2)拆卸。

打开锁片的锁爪,拆下轴承盖固定螺栓,取下锁片和轴承盖,用手推出轴承套筒及滚针。

对于较紧的轴承,可用手握住传动轴或伸缩套,用锤子敲击万向节叉,使十字轴撞击轴承套筒,震出滚针。

(3)速度特性。

单个十字轴式刚性万向节在主动轴和从动轴之间有夹角的情况下,当主动叉是等角速转动时,从动叉是不等角速的,且两转轴之间的夹角 α 越大,不等速性就越大,如图 4-5 所示。

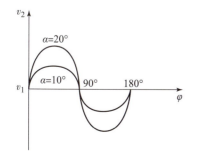

图 4-5 十字轴式刚性万向节的不等速特性

资源 4-15 十字轴式刚性万向节的角速度分析

十字轴式刚性万向节的不等速特性将使从动轴及其相连的传动部件产生扭转振动，产生附加的交变载荷，从而影响部件寿命。

若采用图4-6所示的双十字轴刚性万向节传动，则第一万向节的不等速特性就可以被第二万向节的不等速特性抵消，从而实现两轴间的等角速传动。具体条件是：

①第一万向节两轴间夹角 α_1 与第二万向节两轴间夹角 α_2 相等。

②第一万向节的从动叉与第二万向节的主动叉处于同一平面。

由于悬架的振动不可能在任何时候都保证 $\alpha_1 = \alpha_2$，因此这种双十字轴刚性万向节的传动只能近似地解决等速传动问题，且由于两轴夹角最大只能是20°，因此使用上将受到限制。

2. 等速万向节

等速万向节的实质是传力点永远位于两轴交点的平分面上，图4-7所示为等速万向节的工作原理。一对大小相同锥齿轮的接触点 P 位于两齿轮轴线交角的平分面上，由 P 点到两轴的垂直距离都等于 r。P 点处两齿轮的圆周速度相等，两齿轮的角速度也相等。可见，若万向节的传力点在其交角变化时始终位于两轴夹角的平分面上，就能保证等速传动。等速万向节的常见结构形式有球笼式和三枢轴-球面滚轮式。

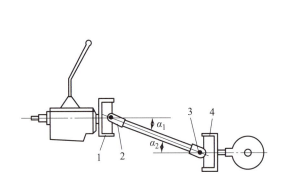

图4-6 双十字轴刚性万向节等速传动

1，3—主动叉；2，4—从动叉

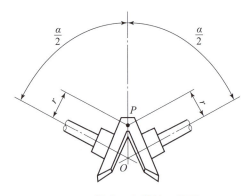

图4-7 等速万向节的工作原理

（1）球笼式等速万向节。

球笼式等速万向节又分为固定型球笼式万向节和伸缩型球笼式万向节。

球笼式等速万向节由6个钢球、星形套、球形壳和保持架等组成，如图4-8所示。万向节星形套与主动轴用花键固接在一起，星形套外表面有6条弧形凹槽滚道，球形壳的内表面有相应的6条凹槽，6个钢球分别装在各条凹槽中，由球笼使其保持在同一平面内。动力由主动轴、钢球、球形壳输出。

资源4-16 固定型球笼式万向节等速传动原理

资源4-17 伸缩型球笼式万向节

资源4-18 球笼式等速万向节

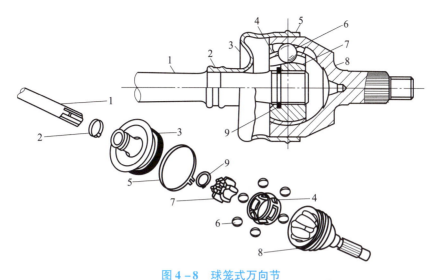

图 4-8 球笼式万向节

1—主动轴；2，5—钢带箍；3—外罩；4—保持架（球笼）；6—钢球；
7—星形套；8—球形壳（外滚道）；9—卡环

球笼式万向节可在两轴间最大夹角为 42°的情况下传递转矩，且工作时 6 个钢球都参与传力，故承载能力强、磨损小、寿命长。它被广泛应用于各种型号的转向驱动桥和独立悬架的驱动桥。

(2) 三枢轴-球面滚轮式等速万向节。

三枢轴-球面滚轮式等速万向节的结构如图 4-9 所示，与输入轴 1 制成一体的 3 个枢轴 2 上松套着外表面为球面滚子轴承 3。3 个枢轴位于一个平面内，且互成 120°角，它们的轴线相交于输入轴上一点，且垂直于输入轴。与输出轴制成一体的叉形元件 7 上加工出 3 条等距离的轴向槽形轨道 5。槽形轨道平行于输出轴，3 个球面滚子轴承分别装于 3 个槽形轨道中，3 个球面滚子轴承可沿槽形轨道滑动。

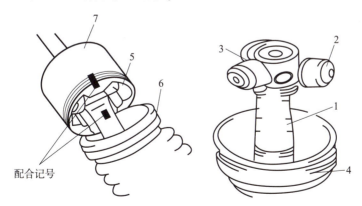

图 4-9 三枢轴-球面滚轮式等速万向节

1—输入轴；2—枢轴；3—球面滚子轴承；4—外座圈；5—轴向槽形轨道；
6—防尘罩；7—叉形元件

三枢轴-球面滚轮式万向节也有固定型和伸缩型两种型式。我国生产的雪铁龙爱丽舍轿车即采用了具有一定伸缩量的三枢轴-球面滚轮式等速万向节。此万向节的夹角一般为

25°,伸缩量为 40～60 mm。

(三) 传动轴和中间支承

1. 传动轴

(1) 作用。

传动轴是万向传动装置中的主要传力部件,通常用来连接变速器(或分动器)和驱动桥,在转向驱动桥和断开式驱动桥中,则用来连接差速器和驱动车轮。

资源 4-19 传动轴作用

资源 4-20 传动轴的构造

资源 4-21 传动轴工作原理

(2) 构造。

传动轴有实心轴和空心轴之分。为了减轻传动轴的重量,节省材料,提高轴的强度、刚度,传动轴多为空心轴,一般用厚度为 1.5～3.0 mm 的薄钢板卷焊而成,超重型货车则直接采用无缝钢管。

转向驱动桥、断开式驱动桥或微型汽车的传动轴通常制成实心轴。

图 4-10 所示为解放 CA1092 汽车的万向传动装置,因传动轴过长时,自振频率降低,易产生共振,故将其分成两段并加中间支承:中间传动轴前端焊有万向节叉,后端焊有花键轴,其上套装带内花键的凸缘盘;主传动轴前端焊有花键轴,其上套装滑动叉并在花键轴上可轴向滑动,适应变速器与驱动桥相对位置的变化,滑动部位用润滑脂润滑,并用橡胶伸缩套防漏、防水、防尘,滑动叉前端装有带小孔的堵盖,保证花键部位伸缩自由。

传动轴两端的连接件装好后,应进行动平衡试验:在重量轻的一侧补焊平衡片,使其不平衡量不超过规定值。为防止装错位置和破坏平衡,滑动叉、轴管上都应刻有带箭头的记号;为保持平衡,中间支承油封 15 上两个带箍开口销的开口位置应间隔 180°安装,万向节的螺钉、垫片等零件不应随意改换规格;为加注润滑脂方便,万向传动装置的滑脂嘴应在一条直线上,且万向节上的滑脂嘴应朝向传动轴。

2. 中间支承

(1) 功用。

传动轴分段时需加中间支承,中间支承通常装在车架横梁上,能补偿传动轴轴向和角度方向的安装误差,以及汽车行驶过程中因发动机窜动或车架变形等引起的位移。

(2) 结构。

中间支承常用弹性元件来满足上述功用,图 4-10 所示的中间支承由支架和轴承等组成,双列圆锥滚子轴承固定在中间传动轴后部的轴颈上;带油封的支承盖之间装有弹性元件橡胶垫环,用三个螺栓紧固。紧固时,橡胶垫环会径向扩张,其外圆被挤紧于支架的内孔。

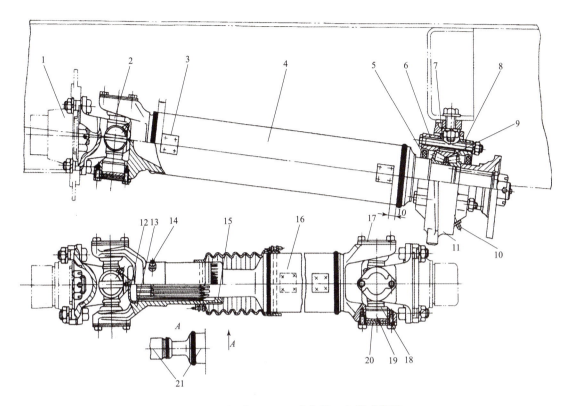

图 4-10 解放 CA1092 汽车的万向传动装置

1—凸缘叉；2—万向节十字轴；3—平衡片；4—中间传动轴；5、15—中间支承油封；6—中间支承前盖；7—橡胶垫片；8—中间支承后盖；9—双列圆锥滚子轴承；10、14—润滑油脂嘴；11—支架；12—堵盖；13—滑动叉；16—主传动轴；17—锁片；18—滚针轴承油封；19—万向节滚针轴承；20—滚针轴承轴承盖；21—装配位置标记

（四）宝马三系轿车传动轴结构特点

宝马三系轿车采用后轮驱动设计，其传动轴为空心钢管，连接变速器和主减速器。传动轴前后采用十字轴不等速万向节连接，且带有中间支承。

宝马轿车传动轴除正常传递转矩外，轴线位置还经常发生改变，以适应汽车车轮跳动的需要。传动轴工作时承受扭转和冲击力的作用，工作条件恶劣，因而损伤的主要形式表现为传动轴弯曲变形、扭曲断裂、万向节磨损松旷、中间支承轴承磨损及防护套破裂等。

二、任务实施

项目（一） 宝马三系轿车传动轴的就车拆装

1. 项目说明

在汽车底盘的维修作业中，维修次数较多的后桥和变速器拆装作业都要先进行传动轴的拆卸。汽车传动轴的拆装作业是一项基本的维修工作技能，应熟练掌握。

2. 技术要求与标准

（1）两名学员配合能够在 50 min 内完成此项目。

（2）传动轴安装的拧紧力矩见表 4-1。

（3）注意人身及设备安全。

表 4-1　传动轴安装的拧紧力矩

序号	名称	拧紧力矩/Nm
1	变速器横梁固定螺栓	19
2	传动轴前端固定螺母	55 Nm + 90°
3	传动轴后端嵌入式螺母	100
4	中间支承螺栓	19

3. 设备器材

（1）宝马三系轿车。

（2）举升机。

（3）座椅套、地板垫、方向盘套、翼子板布及前格栅布一套。

（4）常用工具、拆卸专用工具及转角盘。

4. 作业准备

（1）检查举升机。　　　　　　　　　□ 任务完成

（2）车辆开进工位。　　　　　　　　□ 任务完成

（3）铺上护套。　　　　　　　　　　□ 任务完成

（4）检查举升位置。　　　　　　　　□ 任务完成

（5）稍微举升车辆。　　　　　　　　□ 任务完成

（6）检查车辆是否平稳。　　　　　　□ 任务完成

5. 操作步骤

（1）准备常用工具和拆卸专用工具，传动轴拆卸工具如图 4-11 所示。

图 4-11　传动轴拆卸工具

（2）拆卸。

①安全举升汽车，拆卸车辆下护板（图 4-12）。拆卸排气管（图 4-13）。

图 4-12　拆卸车辆下护板

图 4-13　拆卸排气管

②拆卸隔热板（图 4-14）。用液压千斤顶轻轻顶起变速器，拆卸变速器横梁（图 4-15）。

图 4-14　拆卸隔热板

图 4-15　拆卸变速器横梁

③标记传动轴与法兰盘的相对位置（图 4-16）。拆卸传动轴前部固定螺栓（图 4-17）。

图 4-16　标记传动轴与法兰盘的相对位置

图 4-17　拆卸传动轴前部固定螺栓

④用专用加长扳手拆下传动轴后侧嵌入式螺母（图 4-18）。松开中间支承，拆下传动轴（图 4-19）。

（3）安装。

按拆卸相反顺序装复传动轴，安装时要注意螺栓的拧紧力矩和润滑部位。

图 4-18 拆下传动轴后侧嵌入式螺母

图 4-19 拆下传动轴

6. 记录与分析

相关记录与分析见表 4-2。

表 4-2 记录与分析

基本信息	班级		姓名		日期	
	车型		设备名称		项目	宝马三系轿车传动轴的就车拆装
记录与分析	故障情境描述：					
	拆装注意事项：					
	拆装步骤：					

项目（二） 宝马三系轿车传动轴中间支承轴承的更换

1. 项目说明

传动轴在使用中会出现一些故障，例如轴承异响、万向节磨损松旷等，传动轴出现故障后需要进行传动轴的维修作业，所以传动轴的拆装分解工作也应熟练掌握。

2. 技术要求与标准

两名学员配合能在 30 min 内完成此项目。

3. 设备器材

（1）宝马三系轿车传动轴。
（2）轴承提取器。
（3）芯棒。
（4）轴套。
（5）液压机。
（6）面纱及清洗用油。
（7）工作平台。

4. 作业准备

（1）准备工具。　　　　　　☐ 任务完成
（2）整理工作台。　　　　　☐ 任务完成
（3）实车拆卸传动轴。　　　☐ 任务完成

5. 操作步骤

（1）推荐工具（轴承提取器、轴套、芯棒）如图 4-20 所示。

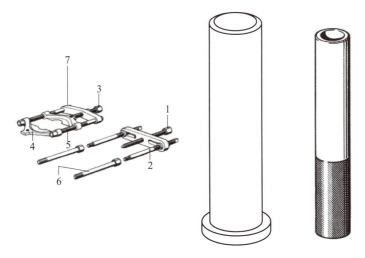

图 4-20　轴承提取器、轴套、芯棒

（2）中间支承轴承的更换。

①分解传动轴。将橡胶防尘罩①从凹槽②中拔出，标记前部传动轴③和后部传动轴④的

相对位置，如图4-21所示。拉开传动轴，如图4-22所示。

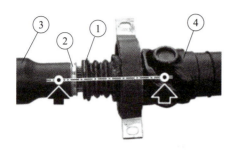

图4-21 拔出防尘罩并标记位置

图4-22 拉开传动轴

②将防尘罩①从凹槽②中松开并拔下，如图4-23所示。将轴承提取器007500安装到中间轴承①和万向节②之间，如图4-24所示。

图4-23 拔下防尘罩

图4-24 安装轴承提取器

③在液压机上顶出传动轴②的中间轴承①，如图4-25所示。
④用专用工具轴套232430将新的中间轴承①压到传动轴②上，如图4-26所示。

图4-25 顶出中间轴承

图4-26 安装中间轴承

⑤安装防尘罩到后部万向轴。对齐标记将前部传动轴③推到后部传动轴④的纵向啮合齿上，将防尘罩①推到槽②中，如图4-27所示。

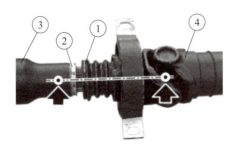

图 4 – 27 安装防尘罩到后部万向轴

6. 记录与分析

相关记录与分析见表 4 – 3。

表 4 – 3 记录与分析

基本信息	班级		姓名		日期	
	车型		设备名称		项目	宝马三系轿车传动轴中间支承轴承的更换
拆装记录与分析	故障情境描述：					
	初步检查分析：					
	注意事项：					
	拆装过程记录：					

三、拓展学习

现在轿车上大量采用球笼式等速万向节，下面就以上汽大众新桑塔纳轿车为例介绍球笼式等速万向节的拆装方法。

（一）万向节的分解

1. 内等速万向节分解

（1）用钢锯锯开原装卡箍，拆下防尘罩，如图4-28所示。

（2）万向节内、外圈解体。

①拆卸弹簧卡圈，如图4-29所示。

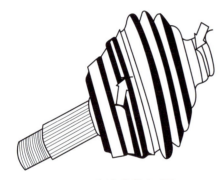

图4-28　拆卸卡箍和防尘罩

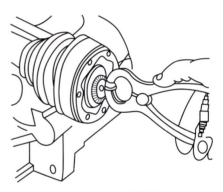

图4-29　拆卸弹簧卡圈

②用木槌敲打外万向节使之从传动轴上卸下，然后用专用工具压出内万向节，如图4-30所示。

（3）内等速万向节解体。转动球笼和星形套，按垂直向前的方向压出球笼里的钢球，如图4-31箭头所示。从球槽上面取出球笼里的星形套。

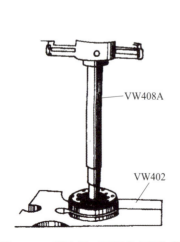

图4-30　用专用工具压出内万向节

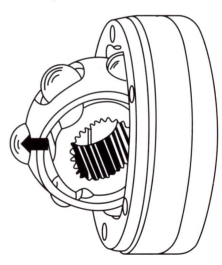

图4-31　取出钢球

注意：因星形套与球形壳体是选配的，拆卸时注意将星形套与壳体成对放置，不允许互换。

2. 外等速万向节解体。

（1）分解前，在钢球球笼和球形壳上标出星形套位置，然后转动星形套与球笼，依次取出钢球，如图4-32所示。

（2）用力转动球笼使两个方孔与球形壳对上，如图4-33箭头所示，将星形套、球笼一起拆下。

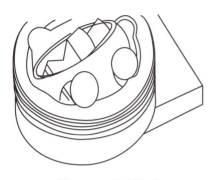

图4-32 取出钢球

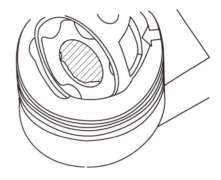

图4-33 将星形套、球笼拆下球笼

（3）将星形套上扇形齿旋入球笼的方孔，然后从球笼中取出星形套，如图4-34所示。

（二）万向节的装配

1. 外等速万向节的装配

用汽油清洗各部件，将G6润滑脂总量的一半（45 g）注入万向节内，将球笼连同星形套一起装入球形壳体。对角交替地压入钢球，必须保持星形套在球笼及球形壳的原先位置。将弹簧挡圈装入星形套，并将剩余的润滑脂压入万向节。

2. 内等速万向节的装配

对准凹槽，将星形套嵌入球笼，再将钢球压入球笼，并注入G6润滑脂90 g。将带钢球的球笼垂直装入球形壳，如图4-35所示。

图4-34 从球笼中取出星形套

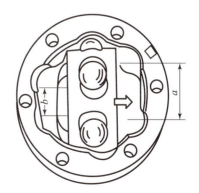

图4-35 将球笼垂直装入球形壳

装配时，注意球形壳上的宽间隙 a 应对准星形套上的窄间隙 b，转动球笼以便嵌入到位；转动星形套，星形套就能转出球笼，如图4-36所示。安装时应保证球形壳体中的球槽有足够间隙。用力掀压球笼，如图4-37箭头所示，使装有钢球的球笼完全转入球形壳。最后检查如果用手能将星形套在轴向范围内来回灵活推动，则表明装配正确。

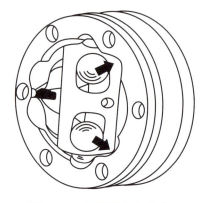

图4-36　将星形套转出球笼

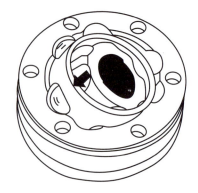

图4-37　使球笼完全转入球形壳

3. 传动轴的组装

（1）将碟形座圈装在传动轴带齿端配合位置上，碟形座圈和弹簧卡圈的安装位置如图4-38所示。

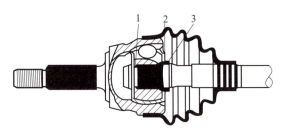

图4-38　碟形座圈和弹簧卡圈的安装位置

1—弹簧卡圈；2—中间挡圈；3—碟形座圈

（2）压入内万向节，安装弹簧卡圈，装上外万向节。

（3）安装防尘罩。万向节防尘罩受到挤压后内部将产生真空，所以安装防尘罩小口径后，要稍微充些气，使其压力平衡，不产生皱折。

学习任务 5
驱动桥结构与拆装

 工作情境描述

一辆东风雪铁龙爱丽舍轿车行驶里程为 70 000 km，驾驶员反映车辆在行驶过程中转弯出现异响故障。车主将车开到 4S 店，经维修技师检查确认为差速器异响故障，需拆检差速器。

 学习目标

1. 描述驱动桥的结构、组成、作用及其工作原理；
2. 根据维修手册，正确选用维修工具和专用设备，在 50 min 内安全规范地完成减速器及差速器的拆装作业；
3. 操作过程中严格执行"5S"管理。

> **牢记**：一线员工是企业的基础，只有充分调动并发挥好他们的积极性，才能保证企业高效运转。企业和员工是互相成就的关系，作为一线员工要不断增强主人翁意识，提高主观能动性，扎扎实实做好本职工作，相信企业会给你一个光明的未来。

一、知识准备

驱动桥是传动系统的最后一个总成，一般是由主减速器、差速器、半轴、桥壳等组成，图 5-1 所示为整体式驱动桥，与非独立悬架配用。另外还有与独立悬架配用的断开式驱动桥如图 5-2 所示。

发动机的动力传到驱动桥后，首先传到主减速器，在这里将转矩放大并降低转速后，再经差速器分配给左右半轴，最后通过半轴外端的凸缘传到驱动车轮的轮毂。驱动桥的主要零部件都装在驱动桥的桥壳中。桥壳由主减速器壳和半轴套管组成。

资源 5-1　采用非独立悬架的整体式驱动桥

资源 5-2　采用独立悬架的断开式驱动桥

资源 5-3　驱动桥

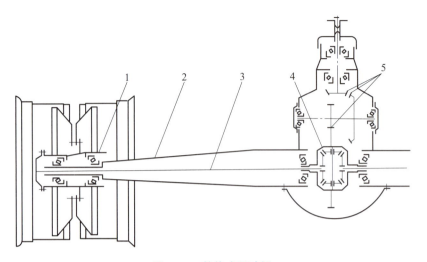

图 5-1 整体式驱动桥

1—轮毂；2—桥壳；3—半轴；4—差速器；5—主减速器

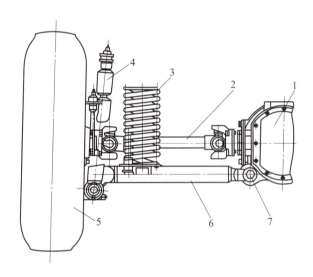

图 5-2 断开式驱动桥

1—主减速器；2—半轴；3—弹性元件；4—减震器；5—驱动车轮；6—摆臂；7—摆臂轴

驱动桥的功用具体来说，主减速器的功用为降速增矩，改变动力传动方向，差速器的功用是允许左右驱动车轮以不同的转速旋转，半轴的功用是将动力由差速器传给驱动车轮。

（一）主减速器

1. 主减速器的功用

（1）将万向传动装置传来的发动机转矩传给差速器。

（2）在动力的传动过程中将转矩增大并相应降低转速。

（3）对于纵置发动机，将转矩的旋转方向改变90°。

资源 5-4 减速器的功用

2. 主减速器的类型

（1）按参加传动的齿轮副数目进行分类，可分为单级主减速器和双级主减速器。有些重型汽车又将双级主减速器的第二级圆柱齿轮传动设置在两侧驱动车轮附近，称为轮边减速器。

（2）按主减速器传动速比个数进行分类，可分为单速主减速器和双速式主减速器。前者的传动比是固定的，后者有两个传动比供驾驶员选择，以适应不同行驶条件的需要。

（3）按齿轮副结构形式进行分类，可分为圆柱齿轮式（又可分为定轴轮式和行星齿轮式）主减速器和圆锥齿轮式（又可分为螺旋锥齿轮式和准双曲面锥齿轮式）主减速器。

3. 单级主减速器

单级主减速器结构简单、质量小、体积小、传动效率高，主要用于轿车及中型以下客货车。

对于发动机纵向布置的汽车，由于需要改变动力传递方向，单级主减速器都采用一对圆锥齿轮传动，如上汽大众新桑塔纳轿车、东风 EQ1090 等；对于发动机横向布置的汽车，单级主减速器采用一对圆柱齿轮即可，如夏利 7130、宝来 1.8T 等。

（1）东风 EQ1090 单级主减速器。

①构造。

图 5 – 3 所示为东风 EQ1090 型汽车单级主减速器。它由主、从动锥齿轮及其支承调整装置、主减速器壳等组成。主动锥齿轮的齿数为 6，从动锥齿轮的齿数为 38，因此其减速比 $i = 6.33$。

主、从动锥齿轮采用准双曲面齿轮，主动锥齿轮与主动轴制成一体。为了保证主动锥齿轮有足够的支承刚度，改善啮合条件，其前端支承在两个距离较近的圆锥滚子轴承 13 和 17 上，后端支承在圆柱滚子轴承 19 上，形成跨置式支承。圆锥滚子轴承 13 和 17 的外座圈支承在轴承座 15 上，内座圈之间有隔套和调整垫片 14。轴承座依靠凸缘定位，用螺栓固装在主减速器壳体的前端，两者之间有调整垫片 9。从动锥齿轮靠凸缘定位，用螺栓紧固在差速器壳上，而差速器壳则用两个圆锥滚子轴承 3 支承在主减速壳的瓦盖式轴承座孔中。应该指出的是此轴承盖与壳体是装配在一起加工的，不能互换，二者之间有装配标记。轴承座孔外侧装有环形轴承调整螺母 2 进行轴向定位。在从动锥齿轮啮合处背面的主减速器壳体上装有支承螺柱，用以限制大负荷下从动锥齿轮过度变形而影响正常啮合。装配时应在支承螺柱与从动锥齿轮背面之间预留一定间隙（0.3～0.5 mm），转动支承螺柱可以调整此间隙。

为使轴承 13 和 17 得到充分的润滑，壳体 4 侧面铸有进油道 8，差速器壳转动时，将齿轮油飞溅到进油道中。润滑轴承的油又从轴承 13 的前方经壳体 4 下方的回油道 16 流回壳体底部。在桥壳上方有通气孔，防止温度升高时壳体内的气压过高冲开油封而漏油。

②齿形特点。

东风 EQ1090 型单级主减速器的主从动锥齿轮采用双曲面锥齿轮，有些车型的主从动锥齿轮采用螺旋锥齿轮，目前主减速器中基本不用直齿圆锥齿轮。前两者相比，双曲面锥齿轮

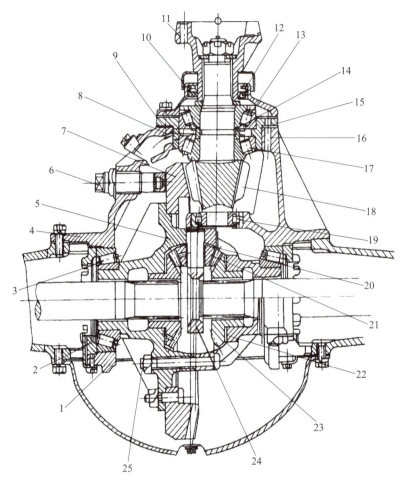

图 5-3　东风 EQ1090 型汽车单级主减速器

1—差速器轴承盖；2—轴承调整螺母；3,13,17—圆锥滚子轴承；4—主减速器壳；5—差速器壳；6—支承螺柱；
7—从动锥齿轮；8—进油道；9,14—调整垫片；10—防尘罩；11—叉形凸缘；12—油封；15—轴承座；
16—回油道；18—主动锥齿轮；19—圆柱滚子轴承；20—行星齿轮垫片；21—行星齿轮；
22—半轴齿轮推力垫片；23—半轴齿轮；24—行星齿轮轴（十字轴）；25—螺栓

的主从动齿轮轴线不相交，主动锥齿轮轴线可低于（也可高于）从动锥齿轮轴线，在保证一定离地间隙的情况下，与之相连的传动轴的位置可相应降低，从而使汽车质心降低，提高行驶的稳定性。其次，双曲面锥齿轮发生根切的最少齿数较少（最少可为 5 个），因此主动齿轮在满足传动比和强度要求的条件下尺寸可尽量小一些，从动锥齿轮的尺寸也可减小，从而减小主减速器壳外形轮廓尺寸，有利于车身布置和提高最小离地间隙。此外，双曲面锥齿轮的啮合系数大，同时参加啮合的齿数多，传动平稳，噪声小，承载能力大。所以，双曲面锥齿轮不仅在轿车上广泛应用，而且在中、重型汽车上的应用也日益增多。

　　双曲面锥齿轮的缺点是啮合面间相对滑动速度大，接触压力大，摩擦面的油膜易被破坏，因此对润滑油要求高，必须使用专门的双曲线齿轮油。另外，双曲面齿轮螺旋角较大，传动时轴向力大，易造成轴的支承定位件的损坏而引起轴向窜动，因此对这些机件的强度、刚度要求高，相应地调整精度要求也较高。

（2）上汽大众新桑塔纳轿车单级主减速器。

图 5-4 所示为上汽大众新桑塔纳轿车单级主减速器。同其他轿车一样，由于发动机前置前轮驱动，整个传动系都集中布置在汽车前部，因此其主减速器装于变速器壳体内，没有专门的主减速器壳体。由于省去了变速器到主减速器之间的万向传动装置，所以变速器输出轴即为主减速器主动轴。

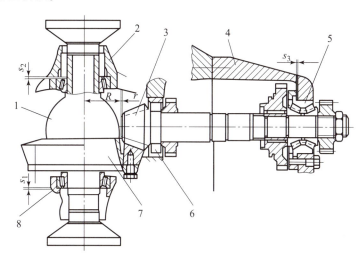

图 5-4　上汽大众新桑塔纳轿车单级主减速器

1—差速器；2—变速器前壳体；3—主动锥齿轮；4—变速器后壳体；5—双列圆锥滚子轴承；
6—圆柱滚子轴承；7—从动锥齿轮；8—圆锥滚子轴承；s_1—调整垫片（从动锥齿轮一侧）；
s_2—调整垫片（与从动锥齿轮相对的一侧）；s_3—调整垫片

主减速器由一对准双曲面锥齿轮组成，主动锥齿轮的齿数为 9，从动锥齿轮的齿数为 40，其传动比为 4.444。主动锥齿轮与变速器输出轴制为一体，用双列圆锥滚子轴承和圆柱滚子轴承支承在变速器壳体内，属于悬臂式支承。环状的从动锥齿轮靠凸缘定位，并用螺栓与差速器壳连接。差速器壳由一对圆锥滚子轴承支承在变速器壳体上。

主动锥齿轮轴上的轴承预紧度无须调整。圆锥滚子轴承的预紧度可通过调整垫片 s_1、s_2 来调整。齿轮啮合的调整通过调整垫片 s_1、s_2 和 s_3 进行，即增减垫片厚度，使主、从动锥齿轮轴向移动。若发动机横向前置，由于主减速器主动齿轮轴线与差速器轴线平行，因此主减速器采用一对斜齿轮传动即可，无须改变动力的传递方向。

4. 双级主减速器

有些汽车需要较大的主减速器传动比，单级主减速器已不能满足足够的离地间隙，这就需要采用由两对齿轮降速的双级主减速器了。图 5-5 所示为解放 CA1092 汽车的双级主减速器。

第一级传动为第一级主动锥齿轮和第一级从动锥齿轮，这是一对螺旋锥齿轮，而不是上汽大众新桑塔纳轿车和东风 EQ1090 汽车主减速器采用的准双曲面锥齿轮，其传动比为 25/13 = 1.923；第二级传动为第二级主动齿轮和第二级从动齿轮，这是一对斜齿圆柱齿轮，其传动比为 45/15 = 3。

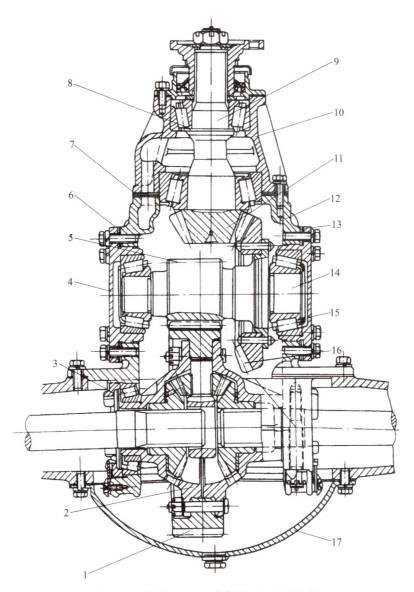

图 5 – 5　解放 CA1092 汽车的双级主减速器
1—第二级从动齿轮；2—差速器；3—调整螺母；4、15—轴承盖；5—第二级主动齿轮；
6、7、8、13—调整垫片；9—第一级主动锥齿轮轴；10—轴承座；
11—第一级主动锥齿轮；12—主减速器；14—中间轴；
16—第一级从动锥齿轮；17—后盖

　　第一级主动锥齿轮和第一级主动齿轮轴制成一体，用两个圆锥滚子轴承（相距较远）支承在轴承座的座孔中，因主动锥齿轮悬伸在两轴承之后，故称为悬臂式支承；第一级从动锥齿轮用铆钉铆接在中间轴的凸缘上。第二级主动齿轮与中间轴制成一体，用两个圆锥滚子轴承支承在两端轴承盖的座孔中，轴承盖用螺栓与主减速器壳固定连接；第二级从动齿轮夹在左右两半差速器壳之间，并用螺栓将它们紧固在一起，其支承形式与东风 EQ1090 汽车主减速器中差速器壳的支承形式相同。

（二）差速器

1. 功用

差速器的功用是将主减速器传来的动力传给左、右两半轴，并在必要时允许左、右半轴以不同转速旋转，使左、右驱动车轮相对地面纯滚动而不是滑动。

资源5-5　差速器的功用

汽车行驶过程中，车轮相对路面有两种运动状态：滚动和滑动。滑动又有滑转和滑移两种。设车轮中心相对路面的速度为 v，车轮旋转角速度为 ω，车轮滚动半径为 r。如果 $v = \omega r$，则车轮对路面的运动为滚动，这是最理想的运动状态；如果 $\omega > 0$，但 $v = 0$，则车轮的运动为滑转；如果 $v > 0$，但 $\omega = 0$，则车轮的运动为滑移。

当汽车转弯行驶时，内外两侧车轮中心在同一时间内移过的曲线距离显然不同，即外侧车轮移过的距离大于内侧车轮，汽车转向时驱动车轮的运动如图5-6所示。若两侧车轮都固定在同一刚性转轴上，两轮角速度相等，则此时外轮必然是边滚动边滑移，内轮必然是边滚动边滑转。同样，汽车在不平路面上直线行驶时，两侧车轮实际移过的曲线距离也不相等。因此在角速度相同的条件下，在波形较显著的路面上运动的一侧车轮是边滚动边滑移，另一侧车轮则是边滚动边滑转。另外，即使路面非常平直，但由于轮胎制造尺寸误差、磨损程度不同、承受的载荷不同或充

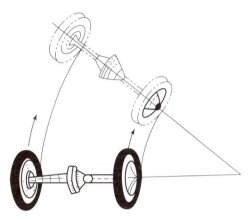

图5-6　汽车转向时驱动车轮的运动

气压力不等，各个轮胎的滚动半径实际上不可能相等，因此，只要各轮角速度相等，车轮对路面的滑动就必然存在。

车轮在路面上的滑动不仅会加速轮胎磨损，增加汽车的动力消耗，而且可能导致转向和制动性能的恶化，所以，在正常行驶条件下，应使车轮尽可能不发生滑动，差速器的作用就在于此。

2. 类型

（1）差速器按其用途分为轮间差速器和轴间差速器。

轮间差速器装在同一驱动桥的两驱动轮之间，是为了适应车辆在不平路面及车辆转弯等工况下驱动轮的正常滚动行驶。而轴间差速器则是装在各驱动桥之间，主要用于越野车及多桥驱动的重型车辆上。多轴驱动的汽车，各驱动桥间由传动轴相连。若各桥的驱动轮均以相同的角速度旋转，同样也会发生上述轮间无差速器时的类似现象。为此，可在两驱动桥间装设轴间差速器。

（2）差速器按其工作特性可分为普通齿轮式差速器和防滑差速器两类。

普通圆锥齿轮差速器多为行星齿轮式。其工作性能特点之一是机构内部摩擦很小，因而差速器通过两半轴输出的转矩之比基本上是定值。

而当左右或前后驱动轮与路面间的附着条件相差较大时，普通圆锥齿轮差速器将不能保

证汽车获得足够的牵引力。此时，只有附着较差的驱动轮高速滑转而汽车却不能前进。防滑差速器在此情况下可将输入的转矩更多地甚至全部分配到附着条件较好、滑转程度较小的驱动轮，以保证汽车能够继续行驶。

（3）普通齿轮式差速器按齿形可分为圆锥齿轮式差速器（图5-7（a）、图5-7（b））和圆柱齿轮式差速器（图5-7（c））。

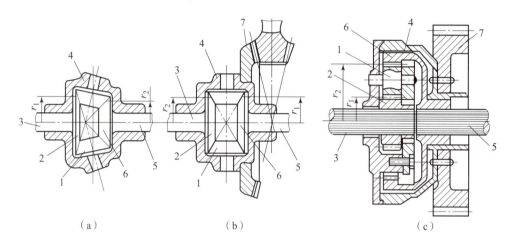

图5-7 普通齿轮式差速器

（a）不对称式圆锥齿轮差速器；（b）对称式圆锥齿轮差速器；（c）圆柱齿轮式差速器
1—行星齿轮；2，6—半轴齿轮；3，5—半轴；4—差速器壳（行星架）；7—动力输入齿轮

（4）按两侧的输出转矩是否相等，普通齿轮式差速器可分为对称式差速器（即等转矩式）和不对称式差速器（即不等转矩式）两类。对称式差速器（图5-7（b））用作轮间差速器或由平衡悬架联系的两个驱动桥（6×6或6×4汽车的中、后驱动桥）之间的轴间差速器。不对称式差速器（图5-7（a）和5-7（c））用作前、后驱动桥（4×4汽车）之间或前驱动桥与中、后驱动桥（6×6汽车）之间的轴间差速器。

3. 普通圆锥齿轮式差速器的构造

目前，汽车上广泛应用的是对称式锥齿轮差速器，称为普通圆锥齿轮式差速器或普通齿轮式差速器，如图5-8所示。它主要由4个行星齿轮4、行星齿轮轴8、两个半轴齿轮3和差速器壳等组成。差速器壳由1、5左右两部分组成，用螺栓紧固在一起。主减速器从动齿轮用铆钉或螺栓固定在差速器壳左半部1的凸缘上。装合时行星齿轮轴8的4个轴颈装在两半差速器壳组成的十字形孔中，每个轴颈上松套着一个行星直齿锥齿轮4。两个半轴齿轮3与4个行星齿轮啮合。半轴齿轮用其轴颈支承在差速器壳相应的孔中，其内花键与半轴相连。行星齿轮背面大都做成球面与差速器壳的凹球面配合，保证良好的对中性，与半轴齿轮啮合正确。行星齿轮、半轴齿轮背面与壳体相应的摩擦面间装有软钢、青铜或尼龙制成的减磨垫片7和2。磨损后可通过更换垫片来调整齿轮的啮合间隙。

资源5-6 差速器的构造

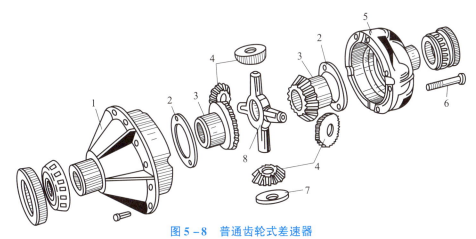

图 5-8 普通齿轮式差速器

1,5—差速器壳；2—半轴齿轮垫片；3—半轴齿轮；4—行星齿轮；
6—螺栓；7—行星齿轮垫片；8—行星齿轮轴

十字轴的4个装配孔是在左右差速器壳装合后加工成形的，故在拆卸装配时应注意装配标记。差速器靠主减速器壳内的齿轮油来润滑，因此差速器壳上开有供润滑油进出的窗孔。为了保证行星齿轮与十字轴轴颈之间的润滑，在十字轴轴颈上铣有平面，并在行星齿轮的齿间钻有油孔与其中心孔相通。同样，半轴齿轮齿间也钻有油孔，与其背面相通，以加强背面与差速器壳之间的润滑。

微型、轻型载货汽车和大部分轿车的车桥，因主减速器输出的转矩不大，可使用两个行星齿轮，因而行星齿轮轴相应为一根直销轴，差速器壳也不必分成左右两半，而是制成整体式，其前后两侧都开有大窗孔，以便拆装行星齿轮和半轴齿轮，轿车轮间差速器如图5-9所示。两个行星锥齿轮13通过弹性圆柱销12固定齿轮轴于差速器壳体中，两半轴齿轮和两个行星齿轮背面的垫片制成一整体球形耐磨垫片11。

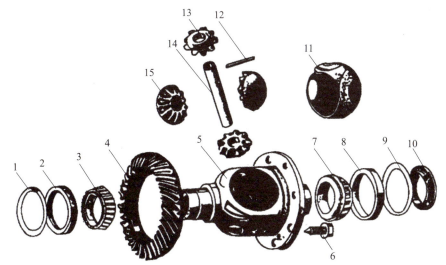

图 5-9 轿车轮间差速器

1,9—左、右调整垫片；2,8—左、右轴承外座圈；3,7—左、右轴承；4—从动锥齿轮；5—差速器壳；
6—从动锥齿轮螺栓；10—速度表圆磁铁；11—球形耐磨垫片；12—弹性圆柱销；
13—行星锥齿轮；14—行星齿轮轴；15—半轴锥齿轮

工作时，传至差速器壳的动力依次经十字轴、行星齿轮和半轴齿轮传给半轴，再由半轴传给驱动轮，根据左右两驱动轮遇到阻力的情况不同，差速器使其等速转动或不等速转动。

4. 普通圆锥齿轮式差速器的工作原理

普通圆锥齿轮式差速器的工作原理如图 5-10 所示、差速器的转矩分配原理如图 5-11 所示。主减速器传来的动力带动差速器壳（转速为 n_0）转动，经过行星齿轮轴、行星齿轮、半轴齿轮、半轴（转速分别为 n_1 和 n_2），最后传给两侧驱动车轮。

资源 5-7　差速器的工作原理

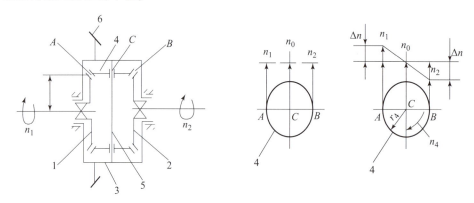

图 5-10　普通圆锥齿轮式差速器的工作原理

1，2—半轴齿轮；3—差速器壳；4—行星齿轮；5—行星齿轮轴；6—主减速器从动齿轮

差速器中的行星齿轮可能有三种运动情况：绕半轴中心公转、绕自身中心自转和既公转又自转。

（1）汽车直线行驶时。

此时两侧驱动车轮所受到的地面阻力相同，并经半轴、半轴齿轮反作用于行星齿轮两啮合点 A 和 B（图 5-10）。这时行星齿轮相当于等臂杠杆，即行星齿轮不自转，只随差速器壳和行星齿轮轴一起公转，两半轴无转速差，即 $n_1 = n_2 = n_0$，$n_1 + n_2 = 2n_0$。

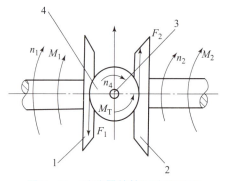

图 5-11　差速器的转矩分配原理

1，2—半轴齿轮；3—行星齿轮轴；4—行星齿轮

同样，由于行星齿轮相当于等臂杠杆，主减速器传到差速器壳体上的转矩 M_0 等分给两半轴齿轮（半轴），即 $M_1 = M_2 = M_0/2$。

（2）汽车转向行驶时。

此时两侧驱动车轮所受的地面阻力不同。如果车辆右转，右侧（内侧）驱动车轮所受的阻力大，左侧（外侧）驱动车轮所受的阻力小。这两个阻力经半轴、半轴齿轮反作用于行星齿轮两啮合点 A 和 B（图 5-10），使行星齿轮除了随差速器壳公转外还顺时针自转，设自转转速为 n_4，则左半轴齿轮的转速增加，右半轴齿轮的转速降低，且左半轴齿轮增加的转速等于右半轴齿轮降低的转速。设半轴齿轮的转速变化为 Δn，则 $n_1 = n_0 +$

资源 5-8　差速原理

Δn，$n_2 = n_0 - \Delta n$，即汽车右转时，左侧（外侧）车轮转得快，右侧（内侧）车轮转得慢，实现纯滚动。此时依然有 $n_1 + n_2 = 2n_0$，此方程式为两半轴齿轮直径相等的对称式锥齿轮差速器的运动特性方程式。它表明两侧半轴齿轮的转速之和等于差速器壳转速的两倍，而与行星齿轮转速无关，此即为差速器的运动特性，因此，在汽车转弯行驶或其他行驶情况下，都可以借行星齿轮以相应转速自转，使两侧驱动车轮以不同转速在地面上滚动而无滑动。

可见，只要两侧驱动轮受到的行驶阻力不相等或两轮的滚动半径不等，差速器就开始起差速作用。

由于行星齿轮的自转，行星齿轮孔与行星齿轮轴轴径间以及齿轮背部与差速器壳体之间都产生摩擦。行星齿轮所受的摩擦力矩 M_T 方向与其自转方向相反，并传到左、右半轴齿轮，使转得快的左半轴的转矩减小，转得慢的右半轴的转矩增加。所以当左、右驱动车轮存在转速差时，$M_1 = (M_0 - M_T)/2$，$M_2 = (M_0 + M_T)/2$。但由于有推力垫片的存在，实际中的 M_T 很小，可以忽略不计，因此可以认为，无论左右驱动轮转速是否相等，其转矩基本上总是平均分配的，即 $M_1 = M_2 = M_0/2$。

（三）半轴与桥壳

1. 半轴

（1）功用。

半轴的功用是将差速器传来的动力传给驱动轮，因其传递的转矩较大，常制成实心轴。如果半轴断裂则汽车无法起步、行驶。

（2）构造。

半轴的结构因驱动桥结构形式的不同而有所区别，整体式驱动桥中的半轴为一个刚性整轴。而转向驱动桥和断开式驱动桥中的半轴则分段并用万向节连接，半轴内端一般制有外花键与半轴齿轮连接。半轴外端有的直接在轴端锻造出凸缘盘；有的制成花键与单独制成的凸缘盘滑动配合；还有的制成锥形并通过键和螺母与轮毂固定连接。

（3）支承形式。

现代汽车常采用全浮式和半浮式两种半轴支承形式。

①全浮式半轴支承。

全浮式半轴支承广泛应用于各型货车上。图 5-12 所示为全浮式半轴支承示意图。半轴外端锻造有半轴凸缘，用螺栓紧固在轮毂上，轮毂用一对圆锥滚子轴承支承在半轴套管上，半轴套管与空心梁压配成一体，组成驱动桥壳。这种支承形式，半轴与桥壳没有直接联系。半轴内端用花键与半轴齿轮套合，并通过差速器壳支承在主减速器壳的座孔中。

资源 5-9 北京 2020 型汽车全浮式半轴支承

这种半轴支承形式，半轴只在两端承受转矩，不承受其他任何反力和弯矩，所以称为全浮式半轴支承。路面对轮胎的各种作用力反映到车桥上的情况是：除切向反力 F_x 作为该轮的牵引力传到半轴使半轴受转矩作用外，切向反力 F_x、垂直反力 F_z、侧向反力 F_y 以及由它们所产生的弯矩都经轴承 5 直接传到桥壳上，由桥壳承受。

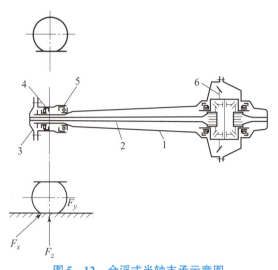

图 5-12　全浮式半轴支承示意图

1—桥壳；2—半轴；3—半轴凸缘；4—轮毂；5—轮毂轴承；
6—主减速器从动锥齿轮

全浮式半轴支承广泛应用于各种类型的载货汽车上。图 5-13 所示为一中型载货汽车的全浮式半轴支承外端与轮毂及桥壳的连接装配图。半轴 6 外端锻出凸缘，借助轮毂螺栓 7 和轮毂 9 连接。轮毂 9 通过两个相距较远的圆锥滚子轴承 8 和 10 支承在半轴套管 1 上。半轴套管与桥壳 12 压配成一体。

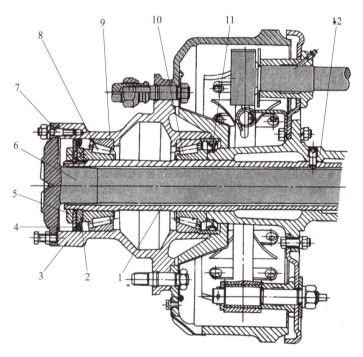

图 5-13　中型载货汽车的全浮式半轴支承

1—半轴套管；2—调整螺母；3—油封；4—锁紧垫圈；5—锁紧螺母；6—半轴；
7—轮毂螺栓；8，10—圆锥滚子轴承；9—轮毂；11—油封；12—桥壳全浮式半轴支承便于拆装，只需拧下半轴凸缘上的轮毂螺栓，即可将半轴抽出，车轮和桥壳照样能支持住汽车。

②半浮式半轴支承。

图5-14所示为半浮式半轴支承示意图。半轴外端制成锥形，锥面上铣有键槽，最外端制有螺纹。轮毂以其相应的锥孔与半轴上锥面配合，并用键连接，用锁紧螺母紧固。半轴用一个圆锥滚子轴承直接支承在桥壳凸缘的座孔内。车轮与桥壳之间无直接联系，而支承于悬伸出的半轴外端，因此，地面作用于车轮的各种反力都须经半轴外端的悬伸部分传给桥壳，使半轴外端不仅要承受转矩，而且还要承受各种反力及其形成的弯矩。半轴内端通过花键与半轴齿轮连接，不承受弯矩。故称这种支承形式为半浮式半轴支承。

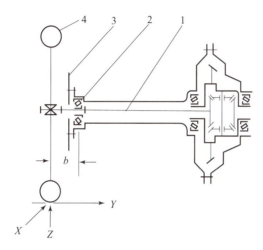

资源5-10　半浮式半轴支承形式的驱动桥

图5-14　半浮式半轴支承示意图
1—半轴；2—圆锥滚子轴承；3—轴承盖；4—车轮

图5-15所示为轿车驱动桥的半浮式半轴支承。其半轴2内端的支承与全浮式支承相同，即内端不受弯矩。半轴外端安装车轮的轮毂8，用锁紧螺母锁紧。半轴2用圆锥滚子轴承4直接支承在桥壳1内。显然，此时作用在车轮上的各反力都必须通过半轴传给桥壳。当半轴外端支承在一个圆锥滚子轴承上时（图5-15（b）），向外的轴向力由轴承承受，而向内作用的轴向力则由两半轴之间的滑块（传力块）6传给另一半轴的外端轴承。也有装用可以承受双向作用轴向力的向心推力球轴承的结构（图5-15（a）），但这种轴承的使用寿命较短。

半浮式半轴支承结构简单，但半轴受力情况复杂且拆装不便，多用于反力、弯矩较小的各类轿车及微型、轻型汽车上。

2. 桥壳

（1）功用。

驱动桥壳既是传动系统的组成部分，也是行驶系统的组成部分。作为传动系统的组成部分，其功用是安装并保护主减速器、差速器和半轴；作为行驶系统的组成部分，其功用是安装悬架或轮毂，和从动桥一起支承汽车悬架以上各部分重量，承受驱动轮传来的反力和力矩，并在驱动轮与悬架之间传力。

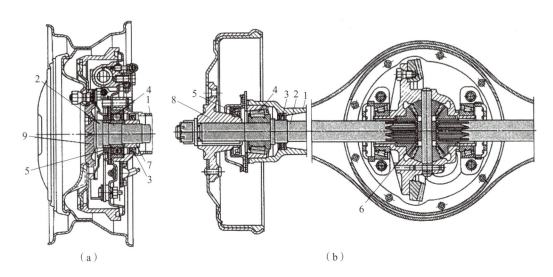

图 5-15 半浮式半轴支承

(a) 外端以凸缘与轮盘及制动鼓固定；(b) 外端以圆锥面及键与轮毂固定支承在一个圆锥滚子轴承上

1—桥壳；2—半轴；3、5—油封；4—轴承；6—滑块（传力块）；7—油封座环；8—轮毂；9—凸缘

由于桥壳需要承受较复杂的载荷，因此要求桥壳应具有足够的强度和刚度，重量轻，还要便于主减速器的拆装和调整。

（2）类型。

驱动桥壳可分为整体式桥壳和分段式桥壳两种类型。

整体式桥壳一般是通过整体铸造、钢板冲压焊接、中段铸造压入钢管等形式制造而成，优点是具有较大的强度和刚度，且便于主减速器的拆装和调整；缺点是质量大，铸造质量不易保证，因此，适用于中型以上货车，图 5-16 所示为东风 EQ1090 汽车的整体式驱动桥壳。

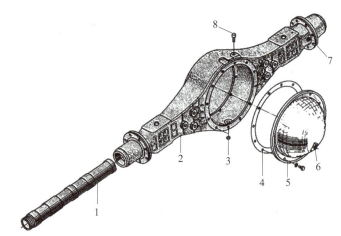

图 5-16 东风 EQ1090 汽车的整体式驱动桥壳

1—半轴套管；2—后桥壳；3—放油孔；4—后桥壳垫片；5—后盖；6—加油孔；7—凸缘盘；8—通气塞

资源 5-11 整体式驱动桥壳

资源 5-12 分段式驱动桥壳

分段式桥壳一般分为两段，由螺栓将两段连成一体。分段式桥壳最大的缺点是拆装、维修主减速器、差速器十分不便，必须把整个驱动桥从车上拆下来，现已很少应用（图 5-17）。

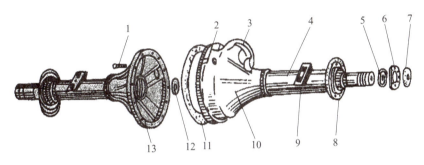

图 5-17 分段式桥壳

1—螺栓；2—加油孔；3—主减速器壳颈部；4—半轴套管；5—调整螺栓；6—止动垫片；7—锁紧螺母；
8—凸缘盘；9—钢板弹簧座；10—主减速器壳；11—垫片；12—油封；13—盖

二、任务实施

项目（一） 东风雪铁龙爱丽舍轿车减速器及差速器的拆装

1. 项目说明

汽车减速器是重要的负荷承载部件，因此在使用中如果超载或维护不当，会出现打齿、异响等故障，严重时会导致汽车减速器报废，因此应熟练掌握减速器及差速器的拆装作业。

2. 技术要求与标准

（1）一名学员能够在 30 min 内独立完成此项目。
（2）螺栓紧固力矩见手动变速器部分见表 2-4。
（3）注意人身及设备安全。

3. 设备器材

（1）东风雪铁龙爱丽舍轿车手动变速器。
（2）拆装架、零件架。
（3）差速器分解及油封拆卸专用工具，如图 5-18 所示，其他工具同变速器部分。

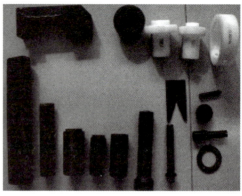

图 5-18 差速器分解及油封拆卸专用工具

4. 作业准备

（1）检查设备及拆装架。　　　　　　　　　　□ 任务完成

（2）准备工具。　　　　　　　　　　　　　　□ 任务完成

（3）将变速器装到拆装架上。　　　　　　　　□ 任务完成

5. 操作步骤

（1）拆卸。

①将变速器装到拆装架上，分解变速器到拆卸中盖及倒挡锁销。

②拆下减速器从动齿轮及差速器总成，如图 5-19 所示，减速器主动齿轮如图 5-20 所示。

图 5-19 拆下减速器从动齿轮及差速器总成

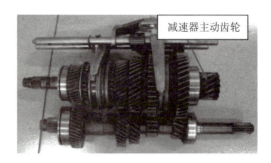

图 5-20 减速器主动齿轮

③拆卸行星齿轮轴定位卡环，分解差速器（图 5-21）。
④用轴承拉器拉出差速器壳两端支承轴承（图 5-22）。

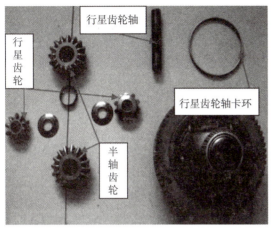

图 5-21　分解差速器

图 5-22　拉出差速器壳两端支承轴承

（2）安装。
①用轴承压具在压力机上压装差速器壳体支承轴承，如图 5-23 所示。
②润滑行星齿轮、半轴齿轮及减磨垫圈并装复。
③安装行星齿轮轴卡环。
④安装减速器及差速器总成。
⑤安装倒挡锁销，安装中盖。
⑥装复变速器齿轮传动及操纵机构。
注意：安装时要注意螺栓的拧紧力矩和润滑部位。

图 5-23　压装差速器壳体支承轴承

6. 记录与分析

相关记录与分析见表 5–1。

表 5–1 记录与分析

基本信息	班级		姓名		日期	
	车型		设备名称		项目	减速器及差速器的拆装
拆装记录与分析	故障情境描述： 拆装注意事项： 拆装步骤：					

项目（二） 东风雪铁龙爱丽舍轿车差速器油封的拆装

1. 项目说明

在前驱动轿车的使用中，由于离地间隙较小，传动轴会出现碰擦现象，另外又因为这类轿车前桥是转向驱动桥，因此传动轴的防护罩在使用中会由于频繁变形而损坏，这样就必须拆卸传动轴进行维修，而汽车维修手册要求，只要拆卸传动轴，就必须更换差速器油封，因此应熟练掌握差速器油封的拆装作业。

2. 技术要求与标准

（1）一名学员能够在 20 min 内独立完成此项目。

（2）注意人身及设备安全。

3. 设备器材

（1）东风雪铁龙爱丽舍轿车的手动变速器。

（2）拆装架、零件架。

（3）差速器油封拆卸工具，如图 5-24 所示。

图 5-24　差速器油封拆装工具

4. 作业准备

（1）检查设备及拆装架。　　　　　　□ 任务完成

（2）准备工具。　　　　　　　　　　□ 任务完成

（3）将变速器装到拆装架上。　　　　□ 任务完成

5. 操作步骤

（1）拆卸。

①用油封拉拔器 0338C 拆卸右传动轴油封，如图 5-25 所示。

②用锤子和冲子向内敲击左油封一边沿，用手拉住油封另一边，将油封拉出，拆卸左传动轴油封，如图 5-26 所示。

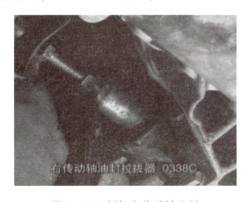
图 5-25　拆卸右传动轴油封

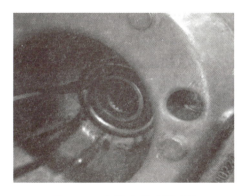
图 5-26　拆卸左传动轴油封

（2）安装。

①在油封刃口涂一些自动变速器油，注意油封密封面无须涂油。

②将右油封装到专用工具 0338J1 上，如图 5-27 所示。

③利用专用工具将右油封安装到输出轴上，如图 5-28 所示。

图 5-27 将右油封安装到专用工具 0338J1 上

图 5-28 将右油封安装到输出轴上

④将左油封安装到专用工具 0338H2 上,如图 5-29 所示。

⑤将左油封连同安装导管定位到输出轴上,再用锤子敲击专用工具,使左油封安装到位,取下专用工具,用工具 0338H1 安装左油封,如图 5-30 所示。

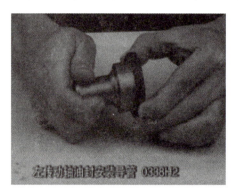
图 5-29 将左油封安装到专用工具 0338H2 上

图 5-30 用工具 0338H1 安装左油封

6. 记录与分析

相关记录与分析见表 5-2。

表 5-2 记录与分析

基本信息	班级		姓名		日期	
	车型		设备名称		项目	差速器油封的拆装
拆装记录与分析	故障情境:					
	注意事项:					

续表

拆装记录与分析	拆装步骤：

三、拓展学习

下面介绍其他形式的减速器和差速器。

(一) 减速器

为充分提高汽车的动力性和燃油经济性，有些重型汽车上采用具有两种主减速比，且可根据行驶条件来选择其挡位的双速主减速器。双速主减速器由两级齿轮减速构成，第一级减速都采用一对螺旋锥齿轮或双曲面齿轮，而根据第二级减速形式的不同，又分为锥齿轮－行星齿轮式双速减速器和锥齿轮－圆柱齿轮式双速减速器。

1. 双速主减速器

图 5-31 所示为锥齿轮－行星齿轮式双速减速器结构示意图，它由一对圆锥齿轮和一个行星齿轮机构组成。齿圈 8 和从动锥齿轮 7 连成一体，行星架 9 则与差速器 6 的壳体刚性连接。动力由锥齿轮副经行星齿轮机构传给差速器，最后由半轴传给驱动轮。在左半轴 2 上滑套着一个接合套 1，接合套上有短齿接合齿圈 A 和长齿接合齿圈 D（即太阳轮）。

在一般行驶条件下，用高速挡传动。此时，拨叉 3 将接合套 1 保持在左方位置（图 5-31 (a)）。接合套短齿接合齿圈 A 与固定在主减速器壳上的接合齿圈 B 分离，而长齿接合齿圈 D 与行星齿轮 4 和行星架 9 的齿圈 C 同时啮合，从而使行星齿轮不能自转，行星齿轮机构不起减速作用。于是，差速器壳与从动锥齿轮 7 以相同转速旋转。显然，高速挡主传动比即为从动锥齿轮齿数与主动锥齿轮齿数之比。

当行驶条件要求有较大的牵引力时，驾驶员可通过气压或电动操纵系统拨动拨叉 3，将

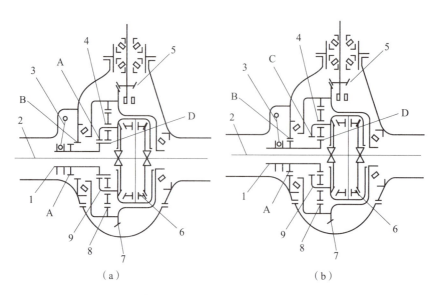

图 5-31 锥齿轮-行星齿轮式双速主减速器结构示意图
(a) 高速挡单级传动；(b) 低速挡双级传动
1—接合套；2—半轴；3—拨叉；4—行星齿轮；5—主动锥齿轮；6—差速器；
7—从动锥齿轮；8—齿圈；9—行星架

接合套 1 推向右方（图 5-31（b）），使接合套的短齿接合齿圈 A 与齿圈 B 接合，使接合套与主减速器壳体连为一体。其长齿接合齿圈 D 与行星架的内齿圈 C 分离，而仅与行星齿轮 4 啮合，于是太阳轮被固定。动力由从动锥齿轮 7 传到齿圈 8，再由齿圈驱动行星架（此时太阳轮固定），行星架传到差速器壳，即在这期间行星齿轮机构起到了二次减速的作用。

图 5-32 为锥齿轮-圆柱齿轮式双速主减速器。它由一对螺旋锥齿轮或双曲面齿轮与两对具有不同减速比的圆柱齿轮（通常为斜齿圆柱齿轮）及一个接合器组成。主减速比的转换是通过操纵接合器选择不同的圆柱齿轮副进行啮合来实现的。

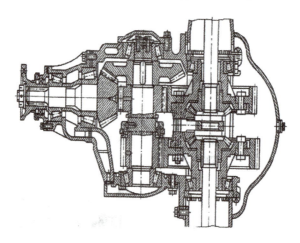

图 5-32 锥齿轮-圆柱齿轮式双速主减速器

这种锥齿轮-圆柱齿轮式双速主减速器变型为普通的双级主减速器也极为方便，只要更换主动圆柱齿轮轴，去掉一副圆柱齿轮即可。

2. 贯通式驱动桥

有些多轴越野汽车,为使结构简化、部件通用性好以及便于形成系列产品,常采用贯通式驱动桥,延安 SX2150 型汽车贯通式中驱动桥如图 5-33 所示。后面或前面两驱动桥的传动轴是串联的,传动轴从距分动器较近的驱动桥中穿过,通往另一驱动桥,这种布置方案中的驱动桥,称为贯通式驱动桥。

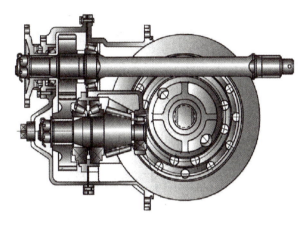

图 5-33 延安 SX2150 型汽车贯通式中驱动桥

另外对于中、重型多桥驱动的汽车而言,由于主减速比较大,也多采用贯通式驱动桥。

(二)差速器

普通锥齿轮式差速器转矩等量分配的特性对于汽车在路况良好的路面上行驶是有利的,但汽车在路况不佳的路面上行驶时却会严重影响其通过能力。例如当汽车的一个驱动轮处于泥泞路面因附着力小而原地打滑时,即使另一驱动轮处于附着力大的路面上未滑转,汽车仍不能行驶,这是因为附着力小的路面只能对驱动车轮作用一个很小的反作用力矩,而驱动转矩也只能等于这一很小的反作用力矩,由于差速器等量分配转矩的特性,附着力好的驱动轮也只能分配到同样小的转矩,以至于总牵引力不足以克服行驶阻力,汽车不能前进。

为了提高汽车通过路况不佳路面的能力,可采用防滑差速器。当汽车某一侧驱动轮发生滑转时,差速器的差速作用即被锁止,并将大部分或全部转矩分配给未滑转的驱动轮,充分利用未滑转车轮与地面之间的附着力,以产生足够的牵引力使汽车继续行驶。

汽车上常用的防滑差速器有强制锁止式和自锁式两大类。前者通过驾驶员操纵差速锁,人为地将差速器暂时锁住,使差速器不起差速作用;后者是在汽车行驶过程中,根据路面情况自动改变驱动轮间的转矩分配。自锁式差速器又有摩擦片式、滑块凸轮式和托森差速器等多种形式。

1. 强制锁止式差速器

强制锁止式差速器是在普通差速器上加一个差速锁止机构。差速锁由接合器及其操纵机构两部分组成。

当汽车在路况良好的路面上行驶时不需要锁止差速器,接合器的固定接合套与滑动接合套不嵌合,即处于分离状态,此时为普通行星锥齿轮差速器。

当汽车通过路况不佳的路面,需要锁止时,通过驾驶员的操纵,可将半轴和差速器壳连成一个整体,则左右半轴被联锁成一体随壳一起转动,即差速器被锁止,不起差速作用。这样,转矩可全部分配给路况良好的路面上的车轮。与此同时,差速器指示灯开关接通,驾驶室内指示灯亮,以提醒驾驶员差速器处于锁止状态,汽车驶出路况不佳的路面后应及时摘下差速器锁。

强制锁止式差速器结构简单,易于制造,但操纵不便,一般要在停车时进行。

图5-34为瑞典斯堪尼亚LT110型汽车用强制锁止式差速器。其端面上有接合齿的外、内接合器9和10分别用花键与半轴和差速器壳左端相连。前者可沿半轴轴向滑动;后者则以锁圈8固定其轴向位置。

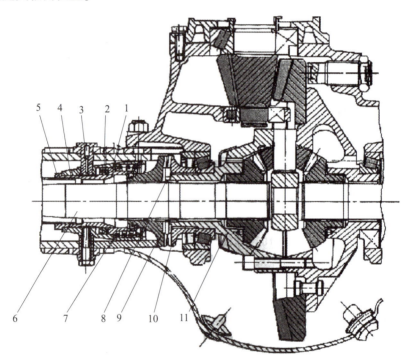

图5-34 瑞典斯堪尼亚LT110型汽车用强制锁止式差速器
1—活塞;2—活塞皮碗;3—气路管接头;4—工作缸;5—套管;6—半轴;
7—压力弹簧;8—锁圈;9—外接合器;10—内接合器;11—差速器壳

该汽车采用电控气动方式操纵差速锁。当一侧车轮滑转时可按下仪表板上的按钮,使电磁阀接通压缩空气管路,压缩空气从管接头3进入工作缸4,推动活塞1克服弹簧7弹力推动外接合器9右移,使之与内接合器10接合。结果,左半轴6与差速器壳11成为刚性连接,差速器不起差速作用,即左右半轴被联锁成一体,一起旋转。

2. 摩擦片式自锁差速器

摩擦片式自锁差速器是在普通行星锥齿轮差速器的基础上发展而成的,在半轴齿轮与差速器壳1之间装有摩擦片组2,以增加差速器的内摩擦力矩,如图5-35所示。十字轴由两根互相垂直的行星齿轮轴组成，其端部均切出V形面6，相应地差速器壳孔上也有凹V形面，两根行星齿轮轴的V形面反向安装。每个半轴齿轮的背面有推力压盘3和摩擦片组2。摩擦片组2由薄钢片7和若干间隔排列的主动摩擦片8及从动摩擦片9组成。推力压盘以内花键与半轴相连，而轴颈处用外花键与从动摩擦片连接，主动摩擦片则用两耳花键与差速器壳1的内键槽相连。

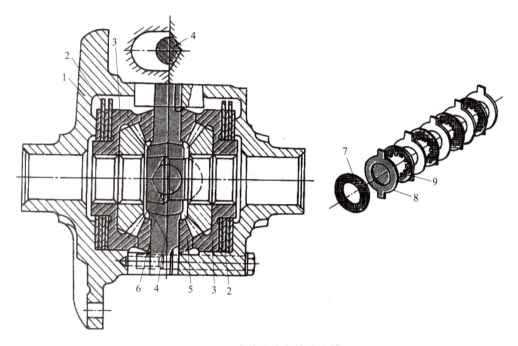

图 5-35　摩擦片式自锁差速器
1—差速器壳；2—主、从动摩擦片组；3—推力压盘；4—十字轴；5—行星齿轮；
6—V形面；7—薄钢片；8—主动摩擦片；9—从动摩擦片

当汽车直线行驶时，转矩平均分配给两半轴。由于差速器壳通过斜面对行星齿轮轴两端压紧，斜面上产生的轴向力迫使两行星齿轮轴分别向外略微移动，通过行星齿轮使推力压盘压紧摩擦片，此时，转矩经两条路线传给半轴，一路经行星齿轮轴、行星齿轮和半轴齿轮，将大部分转矩传给半轴；另一路则由差速器壳经主、从动摩擦片和推力压盘传给半轴。

当汽车转弯或一侧车轮在路面上滑转时，行星齿轮自转，起差速器作用，左、右半轴齿轮的转速不等。由于转速差及轴向力的存在，主、从动摩擦片间将产生摩擦力矩，其数值大小与差速器传递的转矩和摩擦片数量成正比，而其方向与快转半轴的旋向相反，与慢转半轴的旋向相同。较大数值的内摩擦力矩作用的结果，使慢转半轴传递的转矩明显增加。

摩擦片式差速器结构简单，工作平稳，常用于轿车和轻型汽车上。大众高尔夫轿车即采用摩擦片式差速器。

3. 滑块凸轮式自锁差速器

滑块凸轮式高摩擦差速器是一种应用较广泛的防滑差速器。根据滑块安置方向的不同和安置排数的多少，在结构上又可分为径向滑块式、轴向滑块式、单排滑块式和双排滑块式几种（图 5-36）。其中径向滑块式比轴向滑块式应用更为广泛，且多采用双排滑块式结构。

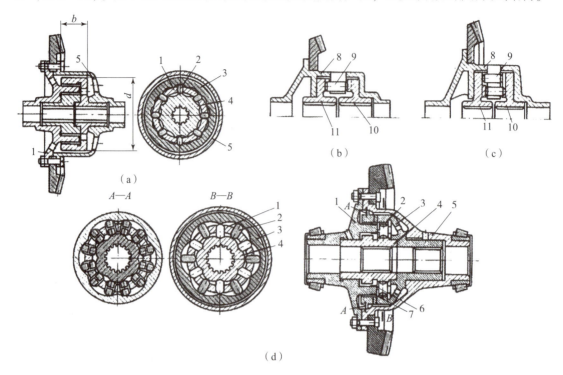

图 5-36　滑块凸轮式高摩擦差速器

(a) 单排径向滑块式；(b) 单排轴向滑块式；(c) 双排轴向滑块式；(d) 双排径向滑块式

1—差速器左壳；2，9—滑块；3—凸轮套；4—凸轮；5—差速器右壳；
6，7—卡环；8—差速器壳；10—右凸轮；11—左凸轮

单排径向滑块式高摩擦差速器如图 5-36（a）所示，其主动套（套环）与差速器左壳制成一体，其上沿圆周均匀分布着 8 个径向孔即滑块的座孔。滑块与座孔之间采用精度较高的滑动配合。滑块内端和以花键孔与左半轴花键连接的凸轮表面相接触，而其外端则和以花键孔与右半轴花键连接的凸轮套的具有凸轮槽的内表面接触。转矩由差速器壳经滑块传给凸轮和凸轮套，进而传给左、右半轴。

双排径向滑块凸轮式高摩擦差速器如图 5-36（d）所示，其主动套与差速器左壳为一体，主动套上有两排沿圆周均匀分布且交错布置的 12 个径向孔即滑块座孔。滑块与座孔间也要采用精度较高的滑块配合。每排滑块的内、外端分别与凸轮、凸轮套的工作表面接触，而且凸轮、凸轮套以花键分别与左、右半轴相连。转矩由差速器左壳上的主动套经滑块传给凸轮及凸轮套，进而传给左、右半轴。在这种双排滑块结构中，凸轮外表面上的凸轮块数和凸轮套内表面上的凸轮槽是相等的。

当左、右半轴的角速度相等时，滑块相对于主动套及凸轮、凸轮套的工作表面不动并带动凸轮与凸轮套一起旋转。当汽车转弯或一侧车轮滑转时，左、右驱动车轮有转速差，滑块凸轮式差速器起差速作用。例如当左、右驱动轮的转速 ω_1、ω_2 不等，且 $\omega_1 > \omega_0 > \omega_2$ 时，由于快转轮一侧凸轮表面的角速度 ω_1 比主动套的角速度 ω_0 转得快，而慢转轮一侧凸轮表面的角速度 $\omega_2 < \omega_0$，因此滑块将由慢转凸轮表面移向快转凸轮表面，并且滑块对快转凸轮表

面的摩擦力形成的摩擦力矩与 ω_1 的方向相反，而滑块对慢转凸轮表面的摩擦力形成的摩擦力矩与 ω_2 的方向相同，因此，快转驱动车轮的转矩将减小，而慢转驱动车轮的转矩将增大。

4. 托森差速器

图 5-37 所示为奥迪 A4 全轮驱动轿车前、后驱动桥之间采用的新型托森差速器的结构。"托森"表示"转矩-灵敏"，它是一种轴间自锁差速器，装在变速器后端。转矩由变速器输出轴传给托森差速器，再由差速器直接分配给前驱动桥和后驱动桥。

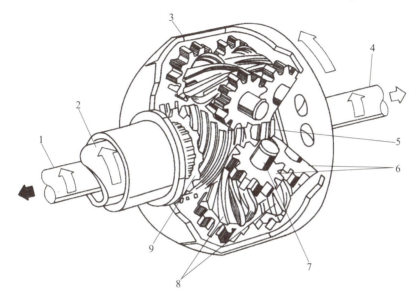

图 5-37 托森差速器的结构

1—差速器齿轮轴；2—空心轴；3—差速器外壳；4—驱动轴；5—后轴蜗杆；
6—直齿圆柱齿轮；7—蜗轮轴；8—蜗轮；9—前轴蜗杆

托森差速器由差速器壳、6 个蜗轮、6 根蜗轮轴、12 个直齿圆柱齿轮及前、后轴蜗杆组成。当前、后驱动桥无转速差时，蜗轮绕自身轴自转。各蜗轮、蜗杆与差速器壳一起等速转动，差速器不起差速作用；当前、后驱动桥需要有转速差，例如汽车转弯时，因前轮转弯半径大，差速器起差速作用，此时，蜗轮除公转传递动力外，还要自转。由于直齿圆柱齿轮的相互啮合，前后蜗轮自转方向相反，从而使前轴蜗杆转速增加，后轴蜗杆转速减小，实现了差速。托森差速器起差速作用时，由于蜗杆蜗轮啮合副之间的摩擦作用，转速较低的后驱动桥比转速较高的前驱动桥所分配到的转矩大。若后桥分配到的转矩大到一定程度而出现滑转，则后桥转速升高一点，转矩又立刻重新分配给前桥一些，所以驱动力的分配可根据转弯的要求自动调节，使汽车转弯时具有良好的驾驶性；当前、后驱动桥中某一桥因附着力小而出现滑转时，差速器起作用，将转矩的大部分分配给附着力好的另一驱动桥（最大可达 3.5 倍），从而提高汽车通过路况不佳的路面的能力。

学习任务 6
转向系统结构与拆装

一辆上汽大众朗逸轿车在行驶过程中发生碰撞后出现转向沉重、操纵费力的故障。车主将车开到4S店，请分析并解决本车故障。

1. 能够描述转向系统的功用；
2. 能够叙述机械转向系统、动力转向系统的基本组成和工作原理；
3. 根据维修手册，正确选用维修工具和专用设备，在规定时间内安全规范地进行转向器和转向节的拆装，操作过程中严格执行"5S"管理；
4. 向客户解释拆装作业的必要性及结果。

> **牢记**：一个人只有将自身的发展同国家、民族的未来结合起来，到国家最需要的地方去才能最大化地体现自身的价值。作为国家的希望、民族的未来，青年一代要勇于肩负起时代赋予的使命。

一、知识准备

（一）转向系统概述

1. 转向系统作用

按照驾驶员对车辆行驶方向的要求，通过操纵转向轮的偏转角度以控制行车方向的机构称为转向系统（Steering System）。汽车转向系统的功能就是按照驾驶员的意愿控制汽车的行驶方向，它对汽车的行驶安全至关重要。

资源6-1 转向系统概述

2. 转向系统类型

汽车转向系统分为两大类：机械转向系统和动力转向系统。

机械转向系统：完全靠驾驶员的体力作为转向能源的转向系统。

动力转向系统：借用动力来操纵的转向系统。动力转向系统又可分为液压动力转向系统和电动助力转向系统。

3. 汽车转向原理

（1）转向特性。

驾驶员将转向盘偏转一定角度，并保持车辆以稳定车速转向，此时车辆的状态称为转向特性。双轴汽车转向示意图如图 6-1 所示，汽车在转向状态下，内外车轮的转向角度不一样。如果汽车转弯半径越来越大，称为不足转向；若转弯半径越变越小，称为过度转向；若转弯半径不变，则称为中性转向。实验表明，汽车具有适度的不足转向时，可获得良好的操纵稳定性。

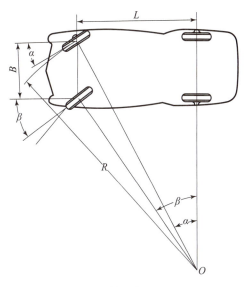

图 6-1 双轴汽车转向示意图

（2）转向系统角传动比。

转向盘转角与安装在转向盘同侧的转向轮偏转角的比值，称为转向系统角传动比，用 i_w 表示。而转向盘转角和转向摇臂摆角之比 i_1 称为转向器角传动比。转向摇臂摆角与同侧转向节带动的转向轮偏转角之比 i_2 称为转向传动机构角传动比。显然 $i_w = i_1 i_2$。i_w 越大，转向操纵越轻便，但操纵灵敏性越差，所以 i_w 不能过大。

（3）转向时车轮的运动规律。

汽车转向时，内侧车轮和外侧车轮滚过的距离是不等的。对于一般汽车而言，后桥左右两侧的驱动轮由于差速器的作用，能够以不同的转速滚过不同的距离。但前桥左右两侧的转向轮要滚过不同的距离，必然要引起车轮沿路面边滚动边滑动，致使转向时的行驶阻力增大，轮胎磨损增加。为避免这种现象，要求转向系能保证在汽车转向时，所有车轮均做纯滚动。显然，只有在转向时，所有车轮的轴线都交于一点方能实现。此交点 O 称为汽车的转向中心，双轴汽车转向如图 6-1 所示。由图 6-1 可以看出，汽车转向时内侧转向轮偏转角 β 大于外侧转向轮偏转角 α。α 与 β 的关系是：

$$\cot\alpha = \cot\beta + \frac{B}{L} \tag{6-1}$$

式中：B 为两侧主销中心距（略小于转向轮轮距）；L 为汽车轴距。

上式称为转向梯形理论特性关系式。从式中可以看出，每对应一个内轮偏转角 β，就有一个对应的外轮偏转角 α。这个关系是由转向梯形一定的底角即所谓"前展"来保证的。"前展"是内外轮转角存在余切差的关系。

从转向中心 O 到外侧转向轮与地面接触点的距离 R 称为汽车转弯半径。转弯半径 R 愈小，则汽车转向所需要的场地就愈小，汽车的机动性也愈好。从图 6-1 中可以看出，当外侧转向轮偏转角达到最大值 α_{max} 时，转弯半径 R 最小。

汽车内侧转向轮的最大偏转角一般为 35°~42°。汽车的最小转弯半径一般为 5~12 m。

（二）机械转向系统

1. 机械转向系统概述

机械转向系统以驾驶员的体力作转向动力源。机械转向系统由转向操纵机构、转向器和转向传动机构三大部分组成，其机件名称和一般布置情况如图6-2所示。

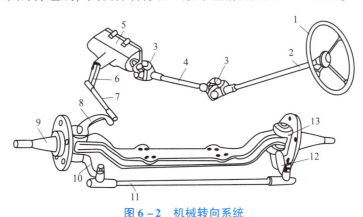

图6-2 机械转向系统

1—转向盘；2—转向轴；3—转向万向节；4—转向传动轴；5—转向器；6—转向摇臂；7—转向直拉杆；
8—转向节臂；9—左转向节；10、12—梯形臂；11—转向横拉杆；13—右转向节

汽车转向时，驾驶员转动转向盘1，通过转向轴2、转向万向节3和转向传动轴4，将转向力矩输入转向器5。从转向盘1到转向传动轴4这一系列部件即属于转向操纵机构。

2. 转向器

转向器是转向系统中的减速增矩传动装置，其功用是增大转向盘传到转向节的力并改变力的传递方向。现代汽车的转向器已演变定型，中型和重型汽车多采用循环球式转向器，小型车多采用齿轮齿条式转向器。

资源6-2 循环球式转向器文字说明　　资源6-3 循环球式转向器动画演示　　资源6-4 齿轮齿条式转向器文字说明　　资源6-5 齿轮齿条式转向器动画演示

当作用力从转向盘传到转向摇臂时称为正向传动（相应的传动效率称为正传动效率）；反之，转向摇臂所受到的道路冲击力传到转向盘时，称为逆向传动（相应的传动效率称为逆传动效率）。

作用力较容易地由转向盘经转向器传到转向摇臂，而转向摇臂所受的路边冲击力也较容易地经转向器传到转向盘，这种转向器称为可逆式转向器，其正、逆传动效率都很高。可逆式转向器有利于汽车转向后转向轮自动回正，但也容易将坏路对车轮的冲击力传到转向盘，出现"打手"现象。

当作用力较容易地由转向盘经转向器传到转向摇臂，而转向摇臂所受的路边冲击力只有

很大时，才能经转向器传到转向盘，即正效率远大于逆效率的转向器称为极限可逆式转向器。采用这种转向器时，驾驶员能有一定的路感，转向轮自动回正也可以实现，而且路面冲击力只有很大时方能部分地传到转向盘。

无论哪一类型的转向器，各连接零件之间和传动副之间总是存在间隙，汽车由直线行驶转弯，转动转向盘消除这些间隙和克服机件的弹性变形使车轮开始偏转前，这期间转向盘转过的角度称为转向盘自由行程。转向盘自由行程对于缓和路面冲击及避免驾驶员过度紧张是有利的，但过大的自由行程会影响转向灵敏性。一般规定对于车速低于100 km/h的车辆，转向轮处于直线行驶位置，转向盘向左、向右的自由行程不超过15°；对于车速高于100 km/h的车辆，转向轮处于直线行驶位置，转向盘向左、向右的自由行程不超过10°。

3. 转向操纵机构

转向操纵机构的作用是将驾驶员作用在转向盘上的转向力矩传给转向器，转向器带动拉杆系运动，以实现汽车转向。转向操纵机构由转向盘、转向轴管和转向轴组成，转向轴管的作用是将转向轴等支承在汽车上，转向轴的作用是传递转矩。

（1）转向盘。

转向盘的作用是将驾驶员的转向力矩传给转向轴，使转向轴转动，从而使汽车转向。转向盘如图6-3所示，转向盘由轮缘1、轮辐2和轮毂3组成。转向盘由金属骨架成型，在骨架的外面包有柔软的合成橡胶或树脂，较高级的车上包有皮革，这样使转向盘具有良好的手感，而且还可以防止手出汗时握转向盘打滑。

图6-3 转向盘
1—轮圈；2—轮辐；3—轮毂

当汽车发生碰撞时，从安全性考虑，不仅要求转向盘应具有柔软的外表皮，可以起到缓冲的作用，而且还要求转向盘在撞车时，其骨架能产生变形，以吸收冲击能量，减轻驾驶员受伤程度。

（2）安全式转向柱。

为了保证驾驶员的安全，同时也为了更加舒适、可靠地操纵转向系统，现代汽车（特别是轿车）通常在转向操纵机构上增设相应的安全、调节装置，这些装置主要反应在转向轴和转向柱管的结构上。为了叙述方便，将转向轴和转向柱管统称为转向柱。安全式转向柱分为可分离式安全操纵机构和缓冲吸能式转向操纵机构两种。

资源6-6 安全式转向柱文字说明

资源6-7 安全式转向柱动画演示

4. 转向传动部分

转向传动机构的功用是将转向器输出的力传给转向轮，且使两轮的偏转角按照一定的关系变化，以实现汽车的顺利转向。

汽车在行驶过程中，转向传动机构除传递转向力外，还要承受转向轮由于在路况不佳的地面上行驶所产生的冲击和振动。为此，转向传动机构中设有吸振缓冲装置，并能自动消除磨损后出现的间隙。由于它是在车桥和车架之间的空间运动杆系，转向摇臂、主拉杆及转向节臂的相对运动不在一个平面内，为避免发生运动干涉，它们之间的连接都采用了球形铰链连接。

转向传动机构根据悬架不同可分为与非独立悬架配用的转向传动机构和与独立悬架配用的转向传动机构两大类。

资源6-8　与非独立悬架配用的转向传动机构

资源6-9　与独立悬架配用的转向传动机构

（三）动力转向系统

重型汽车或装有超低压轮胎的轿车转向时阻力较大，为了减轻驾驶员的疲劳强度，改善转向系统的技术性能，采用了动力转向系统。采用动力转向系统的汽车，在转向时所需的转向能量在正常情况下只有小部分是驾驶员提供的体能，而大部分是发动机输出的机械能。

1. 动力转向的类型

（1）动力转向按照动力源分类。

①液压式动力转向：以液压为动力源，目前应用广泛，液压式动力转向如图6-4所示。

②气压式动力转向：以压缩空气为动力源，仅限于重型且采用气压制动的车。

③电动式动力转向：以电动机为动力源驱动车轮转向。

（2）按动力缸、控制阀及转向器的相对位置分类。

①整体式动力转向：其机械转向器和动力缸设计成一体，并与转向控制阀装在一起。

②分体式动力转向：其转向控制阀同机械转向器组合成一体，而转向动力缸则作为一个独立的部件存在。

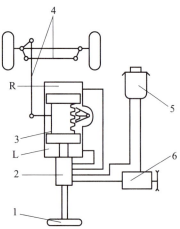

图6-4　液压式动力转向

1—转向操纵机构；2—转向控制阀；
3—机械转向器与转向动力缸总成；
4—转向传动结构；5—转向油罐；
6—转向油泵；R—转向动力缸
右腔；L—转向动力缸左腔

③转向加力器：其机械转向器独立，而将转向控制阀和转向动力缸组合成一体。

2. 液压式动力转向系统

（1）组成。

以上汽大众朗逸轿车的动力转向系统为例，该车转向系统是在原机械式齿轮齿条转向器基础上增加了储油罐、液压泵、控制阀及动力缸。转向器和动力缸、控制阀组合成一体，故称为整体式动力转向器。液压式动力转向系统结构如图6-5所示。

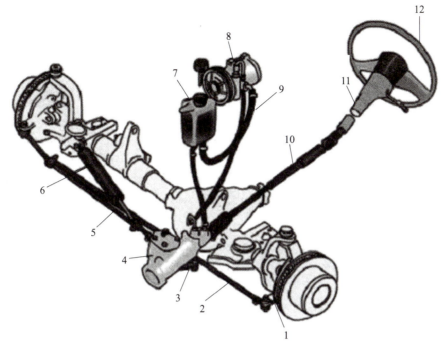

图 6-5 液压式动力转向系统结构

1—转向节臂；2—转向横拉杆；3—转向摇臂；4—整体式转向器；5—转向直拉杆；6—转向减震器；7—转向油罐；8—转向油泵；9—转向油管；10—转向中轴；11—转向轴；12—转向盘

（2）工作原理。

当汽车直线行驶时，转向盘处于中间位置，阀心和阀套之间也处于中间位置，所有的控制口接通，液压油流经控制阀的阻力很小，液压泵处于空转状态，工作油缸不起作用。当向右转动转向盘时转向齿轮轴带动阀芯相对于阀套运动，改变了阀的控制口位置：右边旋转柱塞阀芯下降，打开进油通道，关闭回油通道；左边旋转柱塞阀心上移，关闭进油通道，打开回油通道。根据右边旋转柱塞阀芯进油通道开度的大小，来控制流入工作缸左边的液压油的流量和油压，油压推动活塞向右运动，起到助力作用。同时，工作缸右边的液压油在活塞的作用下，通过打开的回油槽返回储油罐（液压式动力转向系统工作原理如图 6-6 所示）。

资源 6-10 动力转向器控制阀示意动画

控制阀为常流转阀式，上部的阀体为滑阀结构，阀体与小齿轮设计加工为一体。阀芯上有控制槽，阀芯通过转向齿轮轴上的拨叉来拨动。转向齿轮轴用销钉与阀中弹性扭力杆相连，扭力杆的刚度决定了阀的特性曲线，同时起到阀的中心定位作用。

液压泵（叶片泵）的额定流量为 6 L/min，额定工作压力为 100 bar ± 5 bar，为了保证轿车在高速行驶时有较强的路感，泵的流量随发动机转速的提高呈下降趋势。为了保证转向系统的工作，防止液压系统工作压力超过允许的最大工作压力，在泵内装有一限压阀，当工作压力超过限压阀的额定值时，压力油通过限压阀卸压返回到吸油口。发动机驱动液压泵由液压泵的压力油通过控制阀作用于转向器的齿轮、齿条上来实现转向。

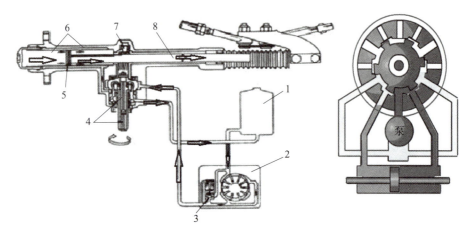

图 6-6　液压式动力转向系统工作原理

1—储液罐；2—液压泵；3—限压阀；4—弹性扭力杆；5—活塞；
6—工作主缸；7—齿轮；8—齿条

3. 电动液压助力转向系统

（1）电动液压助力转向系统概述。

目前轿车使用的多是 TRW 转向系统公司和 KOYO 公司提供的产品。电动液压助力转向系统（Electrically Powered Hydraulic Steering，EPHS）以 Lupo FSI 最为著名。在保持传统液压转向系统优良性能的同时，这套新的助力转向系统与传统的助力转向系统相比有以下四个优点：

①更舒适。车辆在规定速度范围内行驶时，转向盘转动轻松，但车辆在高速行驶时，转向比较费力。

②节约燃料。能量的输入量与消耗量一致，这与内燃机的工作状态无关。在实际行驶中，燃油节约量可达约 0.2 L/100 km。

③最多能节约 85% 的能源。车辆在高速公路上行驶时，传统的助力转向由于发动机转速高，在旁通阀上产生较多的功率损失。也就是说，当转向角速度小，发动机转速大时，助力泵将多余的流量输送掉。

④较为环保。通过少的能源消耗、少的能量供应以及减少液压系统的油量实现保护环境的目的。

电动液压助力转向系统有以下四个特点：

①转向助力所需的系统压力由液压泵产生。传统的助力转向系统是由车辆的发动机直接驱动液压泵，因此发动机常常要损失部分功率。

②在需要最大转向助力的瞬间转弯时，发动机转速达到最小值，泵功率设计时要考虑这种情况。转向速度越快，泵的转速越大，流量也越大，当发动机转速较高时，多余的泵功率通过一个旁路被分流。

③新的转向系统虽然也靠液压来帮助驾驶员转向，但液压泵、齿轮泵都通过电动马达驱动，与车辆在机械上毫无关系。

④液压控制的转向系统与传统的转向系统结构相同，只有转向角以及行驶速度相关的转向助力不同，为此在旋转分流阀上加装了一个转向角传感器，它把转向角速度传送到电子控制装置上。转向角的信息通过传感器导线直接传送到控制单元。

资源6-11 POLO轿车转向系统

（2）电动液压助力转向系统及零部件。

以POLO轿车电动液压助力转向系统为例学习其组成及工作过程，如图6-7所示。

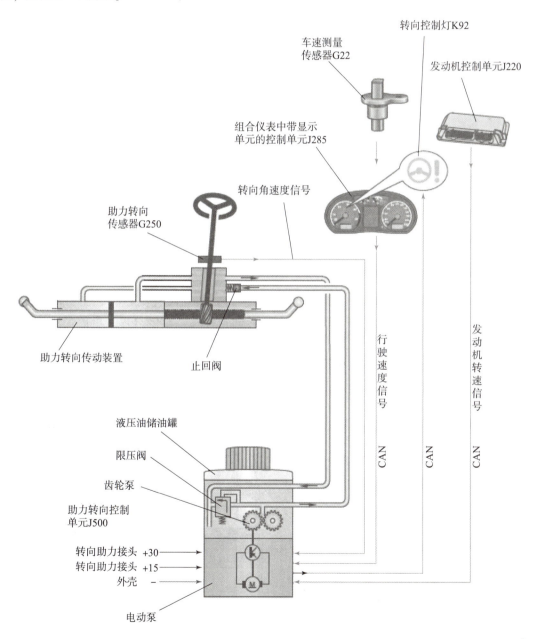

图6-7 电动液压助力转向系统结构及工作过程

①转向控制灯 K92。

车辆点火后,转向控制灯 K92 亮,这时车辆进行内部检测,如图 6-8 所示。如果发动机发动及测试结束后,控制灯依然亮着,则电动液压助力转向系统可能有故障。

图 6-8　转向控制灯 K92

②助力转向传感器 G250。

该传感器安装在助力转向传动装置的上方,且装于转向传动装置输入轴上,它测定转向角并计算出转向角速度。它不是一个绝对角度传感器(转向盘角度与转向盘转过的角度成正比)。在传感器出现故障(失灵)时,助力转向系统即进入程序设定的紧急运行状态,转向功能也能得到保证,但转向较重。该传感器出现故障时,其故障记忆以代码形式储存在助力转向控制单元 J500 内。

③转向角传感器 G85。

转向角传感器 G85 安装在转向臂转接件和转向轮之间的转向柱上。该传感器装在有电控汽车稳定行驶系统(ESP)的车型上,同时,转向角传感器 G85 外形及电路如图 6-9 所示,不再使用助力转向传感器 G250。ABS 控制单元 J04 和助力转向控制单元 J500 都利用通过 CAN 总线传输的转向角信号来驱动转向轮。该传感器协同车速及发动机转速一起来确定泵的转速并进而确定流过助力转向控制单元 J500 的流量。

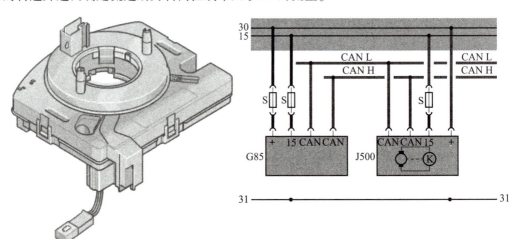

图 6-9　转向角传感器 G85 外形及电路

当转向角传感器 G85 失灵时,助力转向系统进入程序设定的紧急运行状态,此时转向功能得以保证,但转向较重。

④助力转向控制单元 J500。

控制单元集成在电动泵总成中,助力转向控制单元 J500 是电动泵总成的组件,它根据转向角速度和车辆行驶速度发出信号,驱动齿轮泵,电动泵总成外形如图 6-10 所示。瞬时供油量从控制单元中储存的通用特性场图中读取。控制单元能识别并储存运行中的故障,并具有再接通保护和助力转向温度保护两项扩展功能。电动液压助力转向系统在受到干扰、故障或撞车后具有一种再接通保护。在发生撞车的情况下,这种再接通保护只需要用一个诊断仪即可被去除。在出现其他故障时,再接通保护可以通过中断点火及发动机的重新启动来消除。如果发生这种情况,则为了使电动泵总成在过热之后能得到冷却,必须等待大约 15 min。这段时间过后,如果再接通保护不能通过发动机的起动被消除,则说明在车载网络中有故障或电动泵总成已损坏。在这种情况下,必须进行自诊断,并且有时要更换电动泵总成。

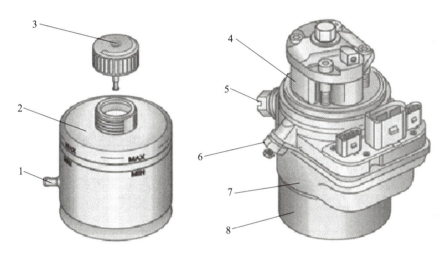

图 6-10 电动泵总成外形
1—回油口;2—储液罐;3—密封盖;4—齿轮泵;5—压力软管接口;
6—橡胶轴承;7—助力转向控制器;8—电动机

⑤电动泵总成。

电动泵总成是一个紧密的构件。电动泵总成的一个专用支架在发动机室左侧,用螺栓固定连接在减震器和轮壳之间的车架纵梁上。电动泵总成用橡胶轴承弹性地悬挂在支架上并且用一个消声罩包封,如图 6-10 所示。

电动泵总成中包括:

a. 带有齿轮泵、限压阀及电动机的液压单元。

b. 液压油的储液罐。

c. 助力转向控制单元。

电动泵总成无须维护,其内部润滑由液压油来完成,它不可拆卸且不提供修理说明。泵通过压力管道与助力转向传动装置相连接液压油的回油管道通向储液罐。

⑥液压控制单元。

液压控制单元的结构如图6-11所示。与一般的助力转向系统相类似，在液压控制单元中有一根扭杆。它一方面与旋转分流阀相连，另一方面又与传动齿轮和控制套筒相连。

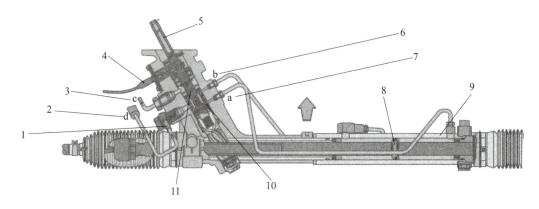

图6-11 液压控制单元的结构

1—止回阀；2—来自齿轮泵；3—回油口；4—助力转向传感器G250；5—扭杆；6—到工作左缸；
7—到工作右缸；8—活塞；9—工作缸；10—控制套筒；11—旋转分流阀
a—到工作缸右腔出油管；b—到工作缸左腔出油管；c—回油管；d—进油管

当车辆直线行驶时，扭杆处于旋转分流阀和控制套筒的中间位置。助力转向装置传感器测不出转向角速度。油液几乎是无压力地通过液压控制单元经回油道流回储液罐。旋转分流阀和控制套筒的控制槽位于中央位置，两者控制槽的相互作用使液压油可以进入工作缸的左右两腔，并能相应地经控制套筒的回油道回到储液罐。其工作过程如图6-12所示。

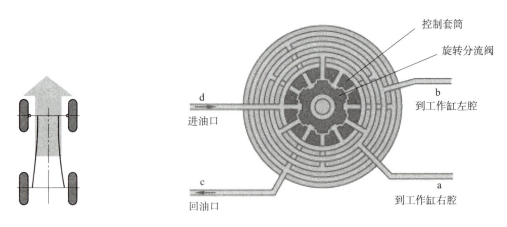

图6-12 车辆直线行驶时液压控制单元的工作过程

当车辆左转行驶时，旋转分流阀通过扭杆的变形相对于控制套筒旋转，旋转分流阀控制槽的相互作用使液压油可以进入工作缸的左右两腔，并能相应地经控制套筒的回油道回到储液罐，其工作过程如图6-13所示。

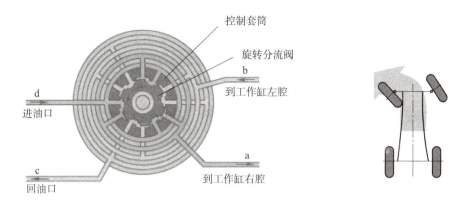

图 6-13 车辆左转行驶时液压控制单元的工作过程

二、任务实施

项目（一） 转向器的拆装

1. 项目说明

在汽车行驶过程中，转向系统不可避免地会因维护调整不当、磨损松旷、碰撞变形等原因，出现转向沉重、行驶跑偏、单边转向不足、高速摆头等故障。经检查确定是转向系统的故障后，则需拆卸转向器进行检修。拆装过程要严格按照各个车型的维修手册执行。下面以东风雪铁龙爱丽舍轿车为例，介绍其拆装过程。

2. 技术要求与标准

（1）一名学员能够在 50 min 内独立完成此项目。

（2）各部分螺栓（图 6-14 和图 6-15）拧紧力矩见表 6-1 所示。

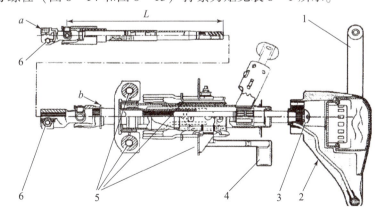

图 6-14 东风雪铁龙爱丽舍轿车转向柱

1—转向盘；2—安全气囊固定螺栓；3—转向盘固定螺栓；
4—调节手柄；5—转向柱支架固定螺栓；6—伸缩节固定螺栓；
a—白色表示方向盘右置，蓝色表示方向盘左置；b—限位挡块；L—转向器齿轮轴长度

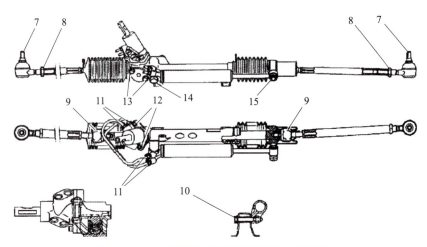

图 6-15 东风雪铁龙爱丽舍轿车助力转向器

7—横拉杆球头；8—横拉杆调节固定螺栓；9—球销；10—固定托架；11—管接头；
12—转向控制阀外壳固定螺栓；13—调整块盖固定螺栓；14、15—转向减震器固定螺栓

表 6-1 东风雪铁龙爱丽舍轿车助力转向系统螺栓拧紧力矩

序号	机件名称	拧紧力矩/Nm	序号	机件名称	拧紧力矩/Nm
2	安全气囊固定螺栓	8	11	管接头	24
3	转向盘固定螺栓	33	12	转向控制阀外壳固定螺栓	12
5	转向柱支架固定螺栓	23	13	固定法兰盘	12
6	伸缩节固定螺栓	23	14、15	转向减震器固定螺母	55
7	横拉杆球销螺母	40	8	横拉杆调节固定螺母	45
9	球销	60	10	固定托架	70

3. 设备器材

（1）东风雪铁龙爱丽舍轿车。

（2）球销拆卸工具 ZX1892-T。

（3）举升机。

（4）常用工具一套。

4. 作业准备

（1）检查举升机。　　　　　　　　　□任务完成

（2）车辆开进工位。　　　　　　　　□任务完成

（3）顶好车位置。　　　　　　　　　□任务完成

（4）稍微举升车辆。　　　　　　　　□任务完成

（5）检查车辆是否平稳。　　　　　　□任务完成

5. 操作步骤

（1）拆卸。

①断开蓄电池负极、举起车辆、前轮悬空、拆下前轮,如图 6-16 所示。
②拆下左右横拉杆球销螺母,如图 6-17 所示。

图 6-16 拆下前轮

图 6-17 拆下左右横拉杆球销螺母

③用球销拆卸工具(图 6-18)卸开球销,如图 6-19 所示。

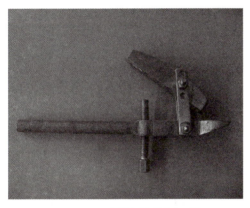

图 6-18 球销拆卸专用工具

图 6-19 拆球销

④松开连接转向轴和转向器的卡子 1,拆下螺母 2 及螺栓,将转向器置于中间位置。标注万向节 3 的位置,脱开转向万向节 3,如图 6-20 所示。

⑤用举升架支撑前托架 4,拆下螺栓 5,如图 6-21 所示,小心降下前托架,如图 6-22 所示。

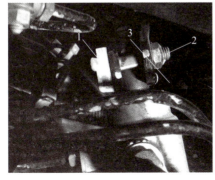

图 6-20 拆卡子

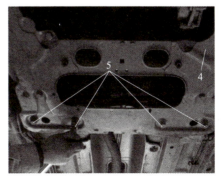

图 6-21 拆前托架连接螺栓

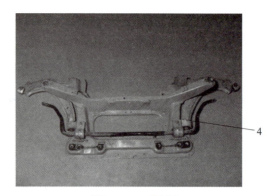

图 6-22 前托架

⑥断开油管 6，如图 6-23 所示，小心拆下隔热板。从车辆左侧拆下转向器，如图 6-24 所示。

图 6-23 拆油管螺母

图 6-24 转向器

（2）安装。

转向器的安装是转向器各机件全部修复后进行的重要程序，直接影响着转向器的正常工作，因此应注意转向器的装配问题。按与拆卸相反的顺序装转向器，但应注意下列问题：

①转向横拉杆球销不得有间隙、凸出物、凹坑或裂缝。每次拆装应更换新的尼龙自锁螺母。
②螺栓套筒漏装会造成发动机托架变形。
③拧紧力矩符合表 6-1 要求。
④螺栓在装复时应涂防松胶。

6. 记录与分析

相关记录与分析见表 6-2。

表 6-2 记录与分析

基本信息	班级		姓名		日期	
	车型		设备名称		项目	东风雪铁龙爱丽舍轿车转向器的拆装
拆装记录与分析	故障情境描述：					

续表

拆装记录与分析	初步检查分析：
	注意事项：
	拆装过程记录：

项目（二） 转向角传感器 G85 零位设定

1. 项目说明

如果更换转向角传感器 G85、转向机总成（含助力转向控制单元 J500、转向柱开关总成含控制单元 J527），做过一次车轮定位的调整，断过电或出现故障代码："00778"，则需要做转向零位（中间）设定。本项目以上汽大众途观轿车为例讲解转向角传感器 G85 的零位设定过程。

2. 技术要求与标准

每组学员能够在 30 min 内配合完成此项目。

3. 设备器材

（1）上汽大众途观轿车。
（2）上汽大众专用诊断仪 VAS6150C。
（3）蓝牙。

4. 作业准备

（1）将车停放在空旷的平地上。　　　　　　　□ 任务完成
（2）接好蓝牙。　　　　　　　　　　　　　　□ 任务完成

5. 操作步骤

（1）进入诊断程序 ODIS，选择制动电子装置 03，选择引导型功能，如图 6-25 所示。

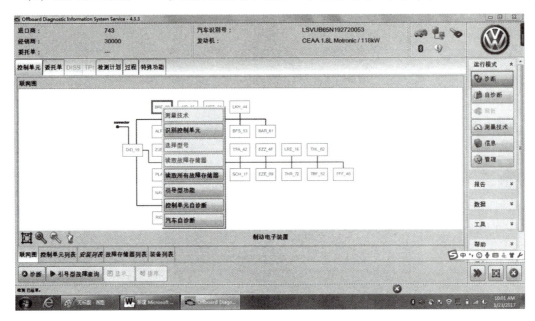

图 6-25　选择引导型功能

（2）从引导型功能中选择转向角传感器 G85 基本设置，如图 6-26 所示。

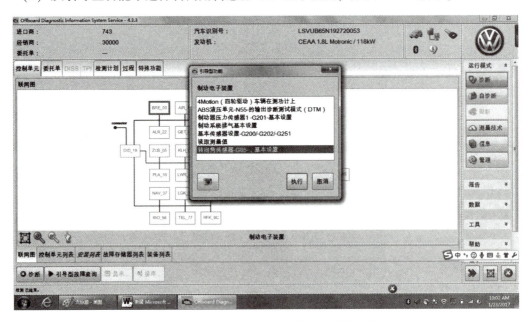

图 6-26　选择转向角传感器 G85 基本设置

（3）按照程序中提示的转向角传感器 G85 基本设置的步骤进行操作，转向角传感器设定操作步骤如图 6-27 所示。

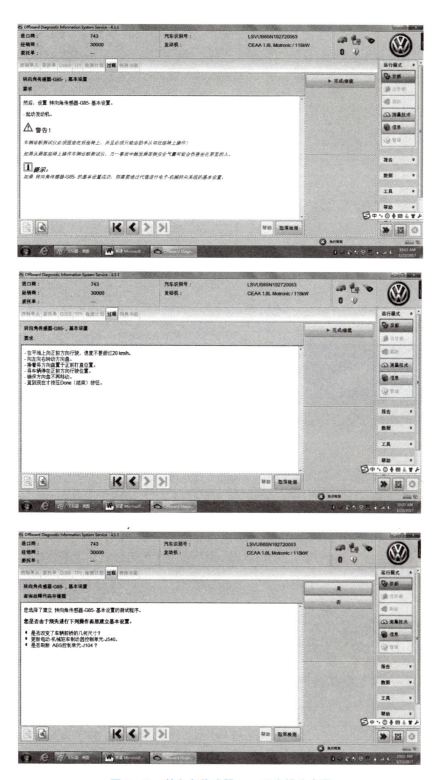

图 6 – 27　转向角传感器 G85 设定操作步骤

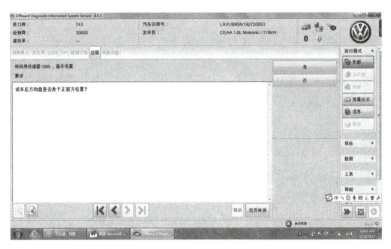

图 6–27 转向角传感器 G85 设定操作步骤（续）

6. 记录与分析

相关记录与分析见表 6–3。

表 6–3 记录与分析

基本信息	班级		姓名		日期	
	车型		设备名称		项目	上汽大众途观轿车的转向角传感器 G85 零位设定
拆装记录与分析	故障情境描述：					
	初步检查分析：					
	注意事项：					
	G85 零位设定过程记录：					

三、拓展学习

普通动力转向系统的助力特性是不变的，而且与车速无关，造成停车及车速很低时，转向盘操纵很重，中速时较轻快，当车速增高时更加轻快。如果考虑停车及低速时的轻便性，则使高速时操纵力过小，路感下降，易出现转向过头。反之会使停车及低速时操纵力过大，转向沉重，效率下降。为了实现在各种行驶条件下转向盘上所需要的力都是最佳值，必须采用更先进的动力转向方式——电动助力转向系统。电动助力转向系统（Electric Power Steering，EPS）是一种直接依靠电动机提供辅助扭矩的动力转向系统，与传统的液压助力转向系统 HPS（Hydraulic Power Steering）相比，EPS 具有很多优点：它可以协助驾驶员行车，减轻身体和心理负担，而且它仅在需要时进行工作，也就是说只有当驾驶员需要转向助力时才会提供帮助。电动助力转向系统借助于电动机来完成驾驶员的转向运动，电动机驱动蜗轮蜗杆传动机构，转向助力与车速、转向力矩和转向角有关。这个受速度影响的系统将直接的转向感觉在不受地面影响的情况下传递给驾驶员。

（一）电动助力转向系统的组成及工作原理

1. 电动助力转向系统的组成及特点

带双小齿轮的电动助力转向系统的总体部件包括：转向盘、转向柱、带转向角传感器 G85 的组合开关、电动助力转向系统马达 V187，连接机械式转向机构的十字万向轴、转向力矩传感器 G269、助力转向控制单元 J500 等组成，如图 6 - 28 所示，其特点有：

图 6 - 28　电动助力转向系统的总体部件

1—转向盘；2—转向柱；3—十字万向轴；4—转向力矩传感器 G269；
5—助力转向控制单元 J500；6—转向器；7—电动助力转向系统马达 V187

（1）随着电动助力转向系统的使用，电动液压助力转向系统可以被取消了。由于不再使用液压油，该转向系统在环保方面做出了重大贡献。

（2）所使用的电动助力转向系统是一种双小齿轮结构，它是以两只小齿轮（转向和驱动小齿轮）命名的。在它们的帮助下，需要的转向力被传递到齿条上。

（3）提供转向助力时，电子控制单元将根据需要控制电动助力转向系统马达 V187。该系统为驾驶员提供了由行驶条件决定的转向助力（Servotronic–电控助力转向系统）。

（4）电动助力转向系统在"主动回位"功能下，支持转向系统回位到正前行驶位置。这就可以在任何行驶状态下，提供出色的正中感觉和格外精确的线性导向。

（5）当车辆处于持续侧向风冲击或倾斜的路面上时，正前行驶修正功能将产生一个助力的力矩，可以减轻驾驶员在正前行驶时的负担，避免在行车时不断地通过转动转向盘来修正车辆的行驶方向。

2. 电动助力转向系统转向过程的功能说明

（1）转向助力过程说明（图 6–29）。

①转向助力过程从驾驶员转动转向盘起开始。

②利用转向盘上的扭矩转动转向器上的扭转棒。转向力矩传感器 G269 探测到转动，并将测得的转向力矩发送给助力转向控制单元 J500。

③转向角传感器 G85 发送当前的转向角信号，转子转速传感器发送当前的转向速度信号。

④助力转向控制单元 J500 根据转向力矩、车速、发动机转速、转向角和转向速度，以及在控制单元中设置的特性曲线，确定需要的助力扭矩，并控制电动马达转动。

⑤转向助力是通过第二只平行于齿条发生作用的小齿轮来完成的。该小齿轮是由电动马达驱动的。该马达通过涡轮传动并驱动小齿轮作用到齿条上，从而传送助力转向力。

⑥转向盘扭矩和助力扭矩的总和是转向器上引起齿条运动的有效扭矩，如图 6–29 所示。

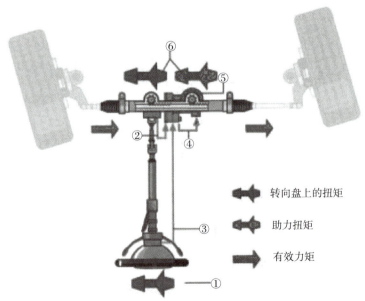

图 6–29　转向过程的功能说明

（2）车辆在停车时的转向过程（图6-30）。

①停车时，驾驶员用力转动转向盘。

②扭转棒被扭转。转向力矩传感器G269探测到扭转，并通知助力转向控制单元J500，在转向盘上已经施加了较大的转向力矩。

③转向角传感器G85发送大的转向角信号，转子转速传感器发送当前的转向速度信号。

④助力转向控制单元J500根据大的转向力矩、车速（$v=0$ km/h）、发动机转速、大的转向角、转向速度和在控制单元中设置的$v=0$ km/h时的特性曲线，测定需要较大的助力扭矩，并对电动马达进行控制。

⑤这样就可以在停车时，通过第二只平行于齿条发生作用的小齿轮提供最大的转向助力。

⑥转向盘扭矩和最大助力扭矩总和是停车时，在转向器上引起齿条运动的有效扭矩。

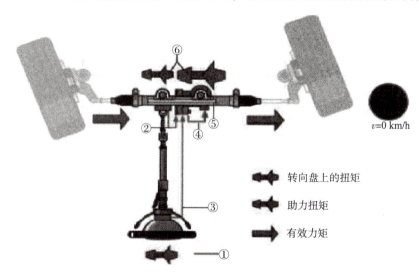

图6-30 车辆在停车时的转向过程

（3）车辆在市区行驶时的转向过程（图6-31）。

①车辆在市区中转弯行驶时，驾驶员转动转向盘。

②扭转棒被扭转。转向力矩传感器G269探测到扭转，并通知助力转向控制单元J500，在转向盘上已经施加了中等力度的转向力矩。

③转向角传感器G85发送中等转向角信号，转子转速传感器发送当前的转速信号。

④助力转向控制单元J500根据中等力度的转向力矩、车速（50 km/h）、发动机转速、中等的转向角、转向速度和控制单元中设置的$v=50$ km/h时的特性曲线，测定需要中等幅度的助力扭矩，并对电动助力系统马达进行控制。

⑤这样就可以在转弯时，通过第二只平行于齿条发生作用的小齿轮，提供中等力度的转向力矩。

⑥转向盘扭矩和中等助力扭矩的总和是车辆市区内转弯行驶时，在转向器上引起齿条运动的有效扭矩。

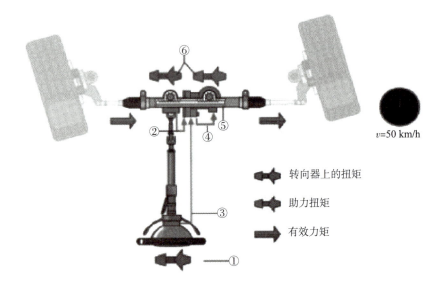

图 6-31　车辆在市区行驶时的转向过程

（4）车辆在高速公路行驶时的转向过程（图 6-32）。

①车辆变换车道时，驾驶员轻微转动方向盘。

②扭转棒被扭转。转向力矩传感器 G269 探测到扭转，并通知控制单元 J500，在转向器上已经施加了少量的转向力矩。

③转向角传感器 G85 发送小的转向角信号，转子转速传感器发送当前转向速度信号。

④助力转向控制单元 J500 根据小的转向力矩、车速（100 km/h）、发动机转速、小的转向角、转向速度和助力转向控制单元 J500 中设置的 $v=100$ km/h 时的特性曲线，测定需要较小的助力扭矩，或无须助力扭矩，并对电动动力系统马达进行控制。

⑤这样就可以在高速公路转向过程中，通过第二只平行于齿条发生作用的小齿轮，提供少量的转向助力，或不提供转向助力。

⑥转向盘扭矩和最小的助力扭矩的总合是变换车道时，在转向器上引起齿条运动的有效扭矩，车辆在高速公路行驶时的转向过程如图 6-32 所示。

（5）转向助力的主动回位功能（图 6-33）。

①如果驾驶员在转弯行驶过程中，降低了转向力矩，则扭转棒会自动松开。

②根据下降的转向力矩和转向角与转向速度之间的关系，计算出额定的快退速度，然后将此速度与转向角速度相比较，由此得出回位扭矩。

③车桥的几何结构（车轮定位）会在转向的车轮上产生回位力，但转向系统和车桥内存在摩擦力，因此回位力通常很小，不能使车轮回位至正前行驶位置。

④助力转向控制单元 J500 通过分析转向力矩、车速、发动机转速、转向角、转向速度和助力转向控制单元 J500 中设定的特性曲线，计算出回位所需要的电动助力转向系统马达 V187 助力扭矩。

⑤在这种情况下，助力转向控制单元 J500 会控制电动马达，并使车轮回位至正前行驶位置。

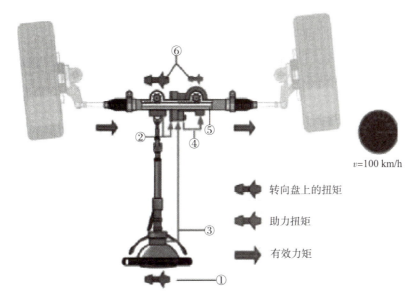

图 6-32　车辆在高速公路行驶时的转向过程

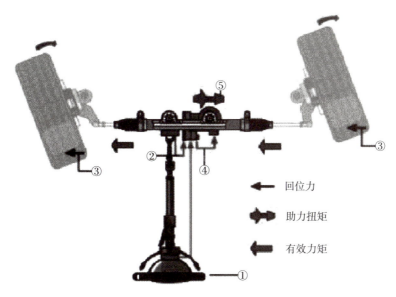

图 6-33　转向助力的主动回位功能

（6）正前行驶修正功能。

正前行驶修正是由主动回位形成的一种功能，这时将产生一个助力扭矩，可使车辆回到无扭矩的正前行驶位置。它可以分为长时算法和暂时算法。长时算法：其任务是补偿长期存在的正前行驶误差，例如：从夏季轮胎更换到新使用的（旧的）冬季轮胎时出现的误差；暂时算法：利用暂时算法可以修正短时的误差，这样可以减轻驾驶员的负担，例如：当遇到持续侧风而必须进行持续的"补偿转向"时。正前行驶修正功能如图 6-34 所示。

①持续侧面作用力，如侧风等施加在车辆上。

②驾驶员转动转向盘，使车辆保持在正前行驶方向上。

③助力转向控制单元 J500 通过分析转向力矩、车速、发动机转速、转向角、转向速度和控制单元中设定的特性曲线，计算出正前行驶修正所需要的电动助力系统马达扭矩。

④助力转向控制单元 J500 控制电动马达动作，使汽车回位至正前行驶位置。驾驶员不再需要"补偿转向"。

（二）电动助力转向系统主要部件结构原理介绍

在带双小齿轮的电动助力转向系统（图 6 – 35）上，需要的转向力是通过转向小齿轮和驱动小齿轮传送到齿条中。转向小齿轮负责传送驾驶员施加的转向力矩，驱动小齿轮则通过一只蜗轮传动装置传送由电动助力系统马达提供的助力扭矩。转向器由一只转向力矩传感器、一根扭转棒、一只转向和驱动小齿轮、一只蜗轮传动装置以及一只带助力转向控制单元 J500 的电动助力系统马达组成。电动助力转向系统的核心部件是一根齿条，它有两只花键啮合在转向器中。该电动助力系统马达具有用于转向助力的助力转向控制单元 J500 和传感装置，安装在第二只小齿轮上。这种结构可以使转向盘和齿条之间形成机械连接。所以当伺服马达失灵时，车辆还能够进行机械转向。

图 6 – 34 正前行驶修正功能

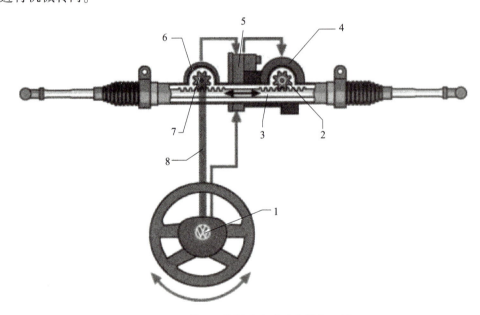

图 6 – 35 带双小齿轮式电动动力转向系统

1—转向角传感器 G85；2—驱动齿轮；3—齿条；4—电动助力转向系统马达 V187；
5—助力转向控制单元；6—转向力矩传感器 G269；7—转向小齿轮；8—转向柱

（1）转向角传感器 G85。

转向角传感器 G85 安装在复位环的后面，与安全气囊的滑环安装在一起，如图 6 – 36 所示。它位于组合开关和转向盘之间的转向柱上。转向角传感器 G85 通过 CAN 总线向转向柱电子系统控制单元 J527 提供信号，以便测算转向角。在转向柱电子系统控制单元 J527 中设有电子系统，用于分析转向角传感器 G85 输送的信号，然后通过数据总线将该信号传送给 J500。

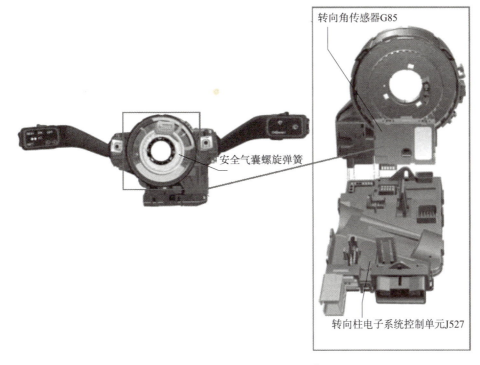

图 6-36　转向角传感器 G85 安装位置

当转向角传感器 G85 失灵时，补偿功能起作用，即其紧急运行程序立即被启动。缺损的信号被设置成一个替代值。此时，转向系统完全保持转向助力，但设置在组合仪表中的带有转向盘符号的警告灯 K161 会以黄色点亮显示。

（2）转向力矩传感器 G269。

利用转向力矩传感器 G269，可以直接在转向小齿轮上计算转向盘扭矩，该传感器（属于有源传感器）以磁阻的功能原理工作，它被设计成双保险（备用），以保证获得最高的安全性。如图 6-37 所示，在扭矩传感器上，转向柱和转向器通过一根扭转棒相互连接。在连接转向柱的连接件外径上，装有一只磁性极性轮，在其上面被交替划分出 24 个不同的极性区。每次分析扭矩时，使用两根磁极。辅助配合元件是一只有源的磁阻传感元件，它被固定在连接转向器的连接件上。当操作转向盘时，两只连接件会根据施加的扭矩做相对转动。由于此时磁性极性轮也相对于传感器元件旋转，因此可以测量施加的转向力矩，并将其信号发送给助力转向控制单元 J500。

资源 6-12　转向角传感器 G85 的工作原理

失灵时的补偿作用：

当转向力矩传感器 G269 发生故障时，必须更换转向力矩传感器总成。当控制单元识别到故障时，将关闭转向助力，关闭的过程不是突然进行的，而是"缓慢地"进行的。为了实现"缓慢"关闭，控制单元将根据转向角和电动助力系统马达的转子角度，计算出转向力矩的替代信号。故障将通过设置在组合仪表中带有转向盘符号的警告灯 K161，以红色点亮显示。

（3）转子转速传感器。

转子转速传感器是电动助力转向系统马达 V187 的一个组成元件，从外部无法接触到它。转子转速传感器是根据磁阻功能原理工作的，在结构上与转向力矩传感器 G269 相同。它探测到电动助力转向系统马达 V187 的转子转速，并将转速信号反馈给助力转向控制单元 J500，以便其精确控制电动助力转向系统马达 V187 的动作。

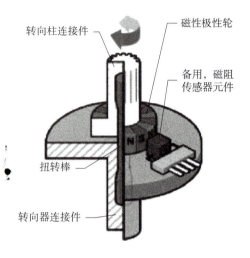

图 6-37 转向力矩传感器 G269

当该传感器失灵时，会将转向角速度用作替代信号。转向助力将安全地缓慢降低。从而避免由于传感器的失灵而造成突然关闭转向助力。故障将通过设置在组合仪表中带有转向盘符号的警告灯 K161 以红色点亮显示。

（4）车速信号。

车速信号由 ABS 控制单元 J104 通过数据总线提供给助力转向控制单元 J500。当车速信号失灵时，紧急运行程序被启动。驾驶员可以获得完全的转向助力，但是没有电控转向助力系统功能。故障将通过设置在组合仪表中带有转向盘符号的警告灯 K161 以黄色点亮显示。

（5）发动机转速传感器 G28。

发动机转速传感器 G28 是一只霍尔传感器，它用螺栓拧紧在曲轴密封凸缘外壳内，如图 6-38 所示。

发动机控制单元根据发动机转速传感器 G28 的信号，探测到发动机的转速和曲轴的准确位置。然后，再将该信号通过 CANBus 数据总线输送给助力转向控制单元 J500，以便其用于调节转向助力的力矩大小。

当发动机转速传感器失灵时，转向系统通过总线端 15 运行，故障将不会通过设置在组合仪表中带有转向盘符号的警告灯 K161 点亮显示。

（6）电动助力转向系统马达 V187。

图 6-38 发动机转速传感器 G28

电动助力转向系统马达 V187 为无刷异步马达，如图 6-39 所示。工作时，它能够产生最大 4.1 Nm 扭矩的转向助力。

无刷异步马达没有永久磁场或电磁激励。顾名思义，无刷异步马达在所施加的电压频率和马达旋转频率之间有一个偏差。这两个频率不相同，因此叫作异步马达。

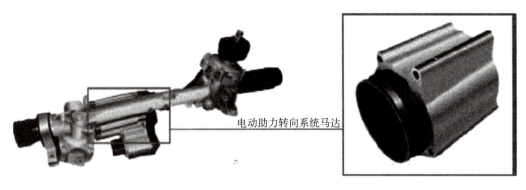

图 6 – 39　电动助力转向系统马达 V187

异步马达的结构简单（无炭刷），因此运行非常安全，响应性能非常短，所以也适用于最快的转向运动。电动助力转向系统马达 V187 安装在铝合金的壳体内，它通过蜗轮传动与驱动小齿轮作用在齿条上。控制侧的轴端部有一块磁铁，助力转向控制单元 J500 用它来探测转子的转速，并利用该信号计算出转向速度。异步马达的优点在于，它可以在无电压状态下通过转向器运转。这说明，即使当马达出现故障，以及因此而引起转向助力失灵时，也只需要少量用力来运转转向系统。甚至当短路时，马达也不会被锁止。故障将通过设置在组合仪表中带有转向盘符号的警告灯 K161 以红色点亮显示。

（7）助力转向控制单元 J500。

助力转向控制单元 J500（图 6 – 40）直接固定在电动助力转向系统马达 V187 上，因此无须铺设连接转向助力器部件的管路。

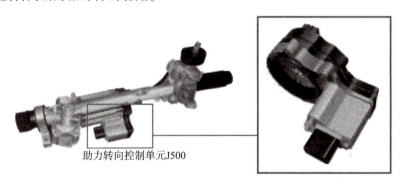

图 6 – 40　助力转向控制单元 J500

助力转向控制单元根据如下输入信号进行控制：
- 转向角度传感器 G85 的转向角信号。
- 发动机转速传感器 G28 的转速信号。
- 转向力矩和转子的转速。
- ABS 的车速信号。
- 组合仪表中带显示单元的组合仪表控制单元 J285 用于识别点火钥匙的信号，探测到当前的转向助力需要，计算出激励电流的电磁强度并控制驱动电动助力转向系统马达 V187。

(8) 设置在组合仪表中的警告灯 K161。

警告灯 K161 被设置在组合仪表内的显示单元内,如图 6-41 所示,它用于显示电动助力转向系统的功能失灵或故障。

警告灯 K161 在功能失灵时,可以亮起两种颜色:当黄色灯亮起表示这是一种轻量警告;当红色灯亮起时,必须立刻将车开到维修站查询故障。在警告灯 K161 亮起红色灯的同时,还会发出 3 声报警音,作为声音警告信号。

在接通点火开关时,警告灯 K161 亮起红灯属于正常情况,因为电动助力转向系统正在进行自检。只有当助力转向控制单元 J500 收到系统工作正常的信号时,警告灯 K161 才会自动熄灭。这种自检过程需要的时间大约为 2 s。发动机起动时,警告灯 K161 会立刻熄灭。

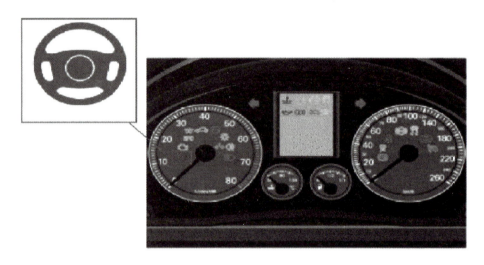

图 6-41 警告灯 K161

电动助力转向系统的电子控制器还具有自我修正的控制功能:当电动助力转向系统出现故障时,可自动断开电动机的输出电流,恢复到通常的转向功能,同时速度表内的电动助力转向系统报警灯点亮,以通知驾驶员,电动助力转向系统发生故障。

学习任务 7
行驶系统结构与拆装

一辆 2013 年生产的上汽大众新桑塔纳轿车，装有 1.6 L CPD 发动机，行驶 62 537 km 后，驾驶员反映车速高于 80 km/h 时车辆有横向摆动的情况，轮胎存在异常磨损。车主已将车开到 4S 店，请分析并排除此故障。

1. 描述车架的功用、类型；
2. 描述悬架、各种弹性元件的基本组成和功用；
3. 描述车轮和轮胎基本组成和功用；
4. 描述车桥基本组成和功用；
5. 根据维修手册，正确选用维修工具和专用设备，在 100 min 内安全规范地进行前悬架的拆装、减震器的分解、车轮的定位，操作过程中严格执行"5S"管理。

> **牢记**：中华民族的伟大复兴是每一个中国人更好地生活和工作的强大保障，就像汽车的高效平稳行驶需要安全高效的系统保障一样。

一、知识准备

汽车行驶系统由车架、悬架、车桥和车轮等组成，如图 7-1 所示。车轮通过轴承安装在车桥两边，车桥通过悬架与车架（或车身）连接，车架（或车身）是整车的装配基体。行驶系统的作用可概括为：支承车重并承受、传递路面作用在车轮上的各种力；接收传动系统传来的转矩并转化为汽车行驶的牵引力；缓和冲击，减少震动，保证汽车平稳行驶。

资源 7-1 行驶系统的讲解

（一）车架

1. 车架的功用

车架俗称"大梁"，它是汽车的装配基体，汽车绝大多数的零部件、总成都要安装在车架上。另外，车架不仅承受各零部件、总成的载荷，还要承受汽车行驶时来自路面的各种复

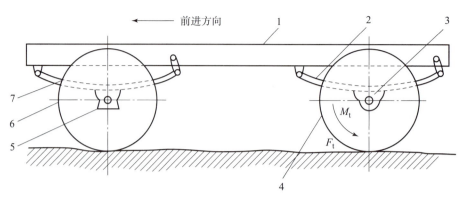

图 7-1 汽车行驶系统的组成
1—车架；2—后悬架；3—驱动桥；4—后轮；5—转向桥；6—前轮；7—前悬架

杂载荷的作用力，如汽车加速、制动时的纵向力，汽车转弯、侧坡行驶时的侧向力，路况不佳的路面传来的冲击等。所以车架的功用可以概括为两点：一是支承、连接汽车各零部件、总成；二是承受车内外各种载荷的作用力。

2. 车架的类型和构造

汽车上采用的车架有四种类型：边梁式车架、中梁式车架、综合式车架和无梁式车架，目前汽车上多采用边梁式车架和无梁式车架。

（1）边梁式车架。

边梁式车架如图 7-2 所示，它由两根纵梁和若干根横梁构成。纵梁和横梁之间通过铆接或焊接的方法连接起来，这种车架结构简单、便于整车的布置，所以在汽车上应用广泛。

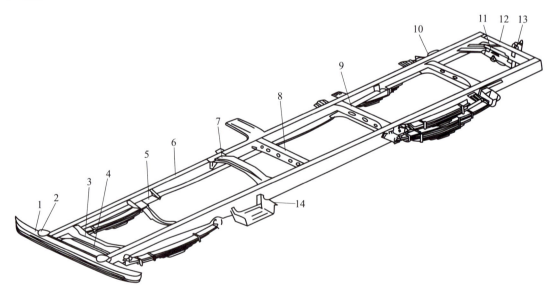

图 7-2 边梁式车架
1—保险杠；2—挂钩；3—前横梁；4—发动机前悬置横梁；5—发动机后悬支架及横梁；6—纵梁；
7—驾驶室后悬置横梁；8—第四横梁；9—后钢板弹簧前支架横梁；10—后钢板弹簧后支架横梁；
11—角撑横梁组件；12—后横梁；13—拖钩；14—蓄电池托架

边梁式车架纵梁的结构具有以下特点：一是从宽度上看有前窄后宽、前宽后窄和前后等宽三种形式，前窄使前轮具有足够的偏转角度，提高了车辆的机动性能，后窄用于重型车辆，便于布置双胎；二是从平面度上看有水平的和弯曲的两种形式，水平的纵梁便于零部件、总成的安装和布置，弯曲的纵梁可以降低车辆重心；三是从断面形状上看有槽形、Z字形、工字形和箱形几种，这些形状主要为了满足车架在重量小的前提下，具有足够的强度和刚度，以承受各种载荷。横梁多为槽形。

（2）无梁式车架。

无梁式车架是用车身兼做车架，汽车的所有零部件、总成都安装在车身上，车身要承受各种载荷的作用力，因而这种车身又称为承载式车身，广泛应用于轿车和客车上，如图 7-3 所示。

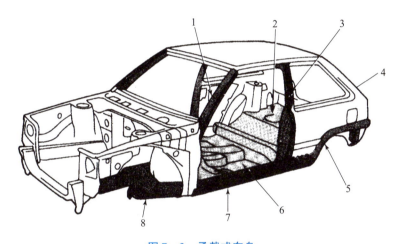

图 7-3 承载式车身

1—A 柱；2—行李舱底板；3—B 柱；4—后围侧板；5—后纵梁；
6—底板；7—车门栏板；8—前纵梁

（3）中梁式车架和综合式车架。

中梁式车架和综合式车架分别如图 7-4 和图 7-5 所示，这两种车架由于结构复杂，加工制造及维修困难，目前很少应用。

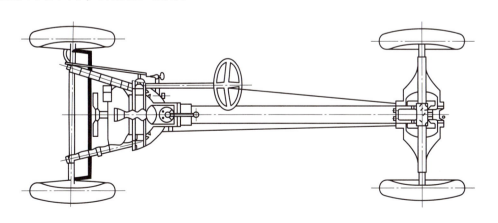

图 7-4 中梁式车架

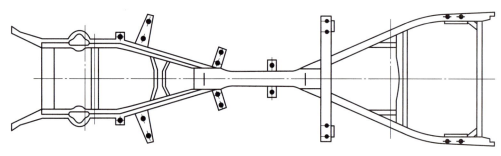

图 7-5 综合式车架

(二)悬架概述

1. 悬架的组成

悬架是车架(或车身)与车桥(或车轮)之间一切传力连接装置的总称。现代汽车的悬架虽有不同的结构形式,但一般都由弹性元件、减震器、导向机构等组成,轿车一般还有横向稳定器,悬架的组成如图 7-6 所示。

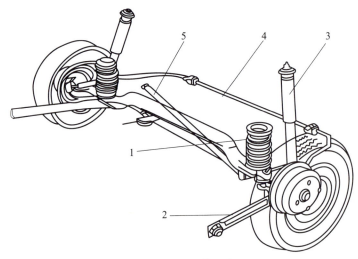

图 7-6 悬架的组成

1—弹性元件(螺旋弹簧);2—纵向推力杆;3—减震器;4—横向稳定器;5—横向推力杆

弹性元件使车架(或车身)与车桥(或车轮)之间做弹性连接,可以缓和由于路面不平带来的冲击,并承受和传递垂直载荷。减震器可以迅速衰减由于路面冲击产生的振动。

导向机构包括纵向推力杆和横向推力杆,用于传递纵向载荷和横向载荷,并保证车轮相对于车架(或车身)的运动关系。

横向稳定器可以防止车身在转向等情况下发生过大的横向倾斜。

2. 悬架的功用

从悬架的组成,我们可以总结出悬架具有如下功用:
(1) 连接车架(或车身)和车轮,把路面作用到车轮的各种力传给车架(或车身)。
(2) 缓和冲击、衰减振动,使乘坐舒适,具有良好的平顺性。

（3）保证汽车具有良好的操纵稳定性。

第（2）、（3）项功用与弹性元件的刚度和减震器的阻尼力有关。通俗地讲就是只有悬架系统软、硬合适才能使车辆乘坐舒适、操纵稳定。

3. 悬架的分类

如图7-7所示，悬架分为非独立悬架和独立悬架两种类型。

非独立悬架的结构特点是两侧车轮安装在一个整体式车桥上，车轮和车桥一起通过弹性悬架悬挂在车架（或车身）下面，所以当一侧车轮发生位置变化后会导致另一侧车轮的位置也发生变化。独立悬架的两侧车轮分别独立地与车架（或车身）弹性相连，与其配用的车桥为断开式车桥，所以两侧车轮的运动是相对独立、互不影响的。

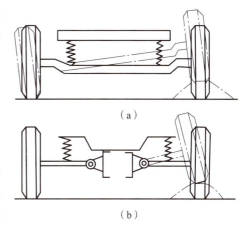

图7-7 非独立悬架与独立悬架
(a) 非独立悬架；(b) 独立悬架

（三）弹性元件

汽车上的弹性元件指的是各种弹簧类零件。常用的包括钢板弹簧、螺旋弹簧、扭杆弹簧和气体弹簧等。

1. 钢板弹簧

钢板弹簧广泛应用于汽车的非独立悬架中，其构造如图7-8所示。钢板弹簧除了起到弹性元件的功用外，还起到了减震器和导向机构的功用。

钢板弹簧由若干片长度不等的合金弹簧钢片叠加而成，构成一根近似等强度的弹性梁。最长的一片称为主片，其两端卷成卷耳，内装衬套，以便用弹簧销与固定在车架上的支架或吊耳作铰链连接。

各弹簧片用中心螺栓连接，并保证各片的相对位置。中心螺栓距两端卷耳中心的距离可以是相等的，称为对称式钢板弹簧，如图7-8（a）所示；也可以是不相等的，称为非对称式钢板弹簧，如图7-8（b）所示。

为了防止汽车在行驶过程中各弹簧片分开，在钢板弹簧上装有若干弹簧夹，以免主片独自承载。弹簧夹通过铆钉与最下片弹簧片相连，弹簧夹两边通过螺栓相连，螺栓上有套管，装配时要求螺母朝向轮胎，以免螺栓脱落时刮伤轮胎，甚至飞崩伤人。

钢板弹簧在载荷作用下变形时，各弹簧片之间会相对滑动而产生摩擦，这可以衰减车架的振动。但摩擦会加速弹簧片的磨损，所以在装配钢板弹簧时，各弹簧片之间要涂抹石墨润滑脂或装有塑料垫片以减少磨损。

2. 螺旋弹簧

螺旋弹簧广泛应用于独立悬架，有些轿车的后轮非独立悬架也采用螺旋弹簧做弹性元件。由于螺旋弹簧只能承受垂直载荷，且变形时不产生摩擦力，所以悬架中必须装有减震器和导向机构。螺旋弹簧如图7-9所示，由特殊的弹簧钢棒卷制而成，可以制成圆柱形或圆

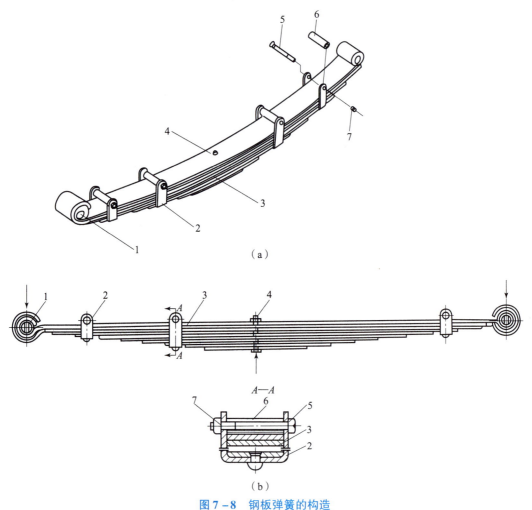

图 7-8 钢板弹簧的构造

(a) 对称式钢板弹簧；(b) 非对称式钢板弹簧

1—卷耳；2—弹簧夹；3—钢板弹簧；4—中心螺栓；5—螺栓；6—套管；7—螺母

锥形，也可以制成等螺距或不等螺距。圆柱形等螺距螺旋弹簧的刚度是不变的，圆锥形或不等螺距螺旋弹簧的刚度是可变的。

3. 扭杆弹簧

扭杆弹簧是由弹簧钢制成的杆件，如图 7-10 所示。扭杆的断面通常为圆形，少数为矩形或管形，其两端制成花键、方形、六角形等形状，以便一端固定在车架上，另一端固定在悬架的摆臂上。摆臂与车轮相连，当车轮跳动时，摆臂绕扭杆轴线摆动，使扭杆产生扭转弹性变形，以保证车轮与车架的弹性联系。

4. 气体弹簧

气体弹簧分为空气弹簧（图 7-11）和油气弹簧（图 7-12）两种，空气弹簧又有囊式空气弹簧（图 7-11 (a)）和膜式空气弹簧（图 7-11 (b)）两种形式。

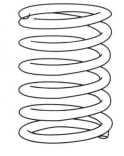

图 7-9 螺旋弹簧

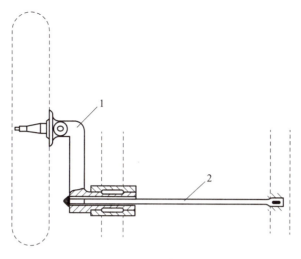

图 7-10 扭杆弹簧
1—摆臂；2—杆

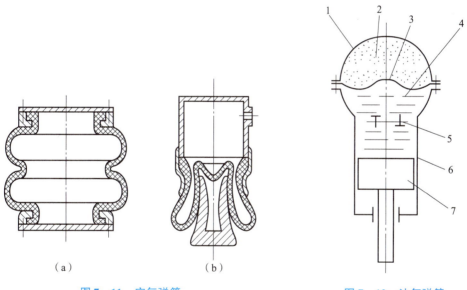

图 7-11 空气弹簧
（a）囊式空气弹簧；
（b）膜式空气弹簧

图 7-12 油气弹簧
1—球形室；2—气体；3—隔膜；4—油液；
5—阻尼阀；6—工作缸；7—活塞

空气弹簧的结构、原理都很简单，下面仅介绍油气弹簧的结构、原理。油气弹簧如图 7-12 所示，它的球形室固定在工作缸上，室的内腔用橡胶油气隔膜隔开，充入高压氮气的一侧为气室，与工作缸相通并充满油液的一侧为油室，工作缸内装有活塞、阻尼阀及其阀座。

当载荷增加且车架与车桥相互靠近时，活塞上移，使工作缸内容积减小，油压升高，油液顶开阻尼阀进入球形室，推动隔膜向气室方向移动，使气室容积减少，氮气压力升高，油气弹簧的刚度增大；当载荷减小时，在高压氮气的作用下隔膜向油室方向移动，室内油液经阻尼阀流回工作缸，推动活塞下移，这时气室容积增大，氮气压力下降，弹簧刚度减小；当氮气压力通过油液传递作用在活塞上的力与载荷平衡时，活塞便停止移动。随着载荷的变化，气室内的氮气也随之变化，相应地活塞处于工作缸中不同位置。可见，油气弹簧具有变刚度的特性。

（四）减震器

目前，汽车中广泛使用液压减震器，其基本原理如图 7 – 13 所示，当车架与车桥做往复相对运动时，减震器中的油液反复经过活塞上的阀孔，由于阀孔的节流作用及油液分子间的内摩擦力便形成了衰减振动的阻尼力，使振动的能量转变为热能，并由油液和减震器壳体吸收，然后散到大气中。

资源 7 – 2　汽车液压减震器

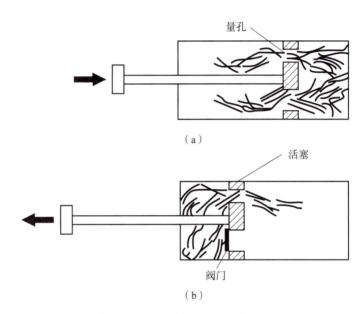

图 7 – 13　液压减震器的基本原理
（a）压缩行程；（b）伸张行程

说明：阀门越大，阻尼力越小，反之亦然；相对运动速度越大，阻尼力越大，反之亦然。

阻尼力越大，振动的衰减越快，但悬架弹性元件的缓冲效果不能发挥，乘坐也不舒适，因此弹性元件的刚度与减震器的阻尼力要合理搭配，才能保证乘坐舒适性和操纵稳定性的要求。目前汽车上应用最广泛的是双向作用筒式减震器。近年来，有的高级轿车采用充气式减震器。

1. 双向作用筒式减震器

双向作用筒式减震器的基本组成如图 7 – 14 所示，它有三个同心钢筒，外面的钢筒是防尘罩，其上部的吊耳与车架相连；中间是储油缸筒，内部装有一定量的油液，其下端的吊耳与车桥相连；里面是工作缸筒，其内装满油液。它还有四个阀：即压缩阀、伸张阀、流通阀和补偿阀。流通阀和补偿阀是一般的单向阀，其弹簧很弱，当阀上的油压作用力与弹簧弹力同向时，阀处于关闭状态，不通油液；而当油压作用力与弹簧弹力反向时，只要很小的油压，阀便能开启；压缩阀和伸张阀是卸载阀，弹簧较硬，预紧力较大，只有当油压增高到一定程度时，阀才能开启；而当油压减低到一定程度时，阀即自行关闭。

双向作用筒式减震器的工作原理可用压缩和伸张两个行程加以说明。

（1）压缩行程。

当车桥移近车架（或车身）时，减震器受压缩，活塞下移，使其下方腔室容积减小，油压升高。具有一定压力的油液顶开流通阀进入活塞上方腔室，由于活塞杆占去上腔室的部分容积，使上腔室增加的容积小于下腔室减小的容积，因此还有一部分油液不能进入上腔室而只能压开压缩阀，流回储油缸筒。油液流经上述阀孔时，受到一定的节流阻力，为克服这种阻力而消耗了振动能量，使振动衰减。

（2）伸张行程。

当车桥相对远离车架（或车身）时，减震器受拉伸，活塞上移，使其上腔室油压升高，上腔室的油液便推开伸张阀流入下腔室。同样由于活塞杆的存在，上腔室减小的容积小于下腔室增力的容积，因而从上腔室流出来油液不足以充满下腔室所增加的容积，使下腔室产生一定的真空度，这时储油缸筒中的油液在真空度的作用下推开补偿阀流进下腔室进行补充。

从上面的原理可以得知，这种减震器在压缩、伸张两个行程都能起减振作用，因此称为双向作用减震器。

2. 充气式减震器

充气式减震器的基本组成如图 7 – 15 所示，其结构特点是在缸筒的下部装有一个浮动活塞，高压的氮气充在浮动活塞与缸筒一端形成的密闭气室里。在浮动活塞的上面是减震器油液。O 形密封圈把油和气完全分开，因此活塞也叫封气活塞。工作活塞上装有压缩阀和伸张阀，这两个阀都是由一组厚度相同、直径不等、由大到小排列的弹簧钢片组成。

当车轮上下跳动时，工作活塞在油液中做往复运动，使工作活塞的上、下腔之间产生油压差，压力油便推开压缩阀或伸张阀而来回流动，而阀孔对压力油产生较大的阻尼力，使振动衰减。

（五）传统悬架系统介绍

1. 非独立悬架

非独立悬架广泛应用于货车的前、后悬架和轿车的后悬架。按照采用弹性元件的不同，非独立悬架可以分为钢板弹簧式非独立悬架和螺旋弹簧式非独立悬架。

（1）钢板弹簧式非独立悬架。

这种悬架的钢板弹簧一般纵向布置，所以也称为纵置板簧式非独立悬架。

图 7 – 16 所示为解放 CA1092 汽车的前悬架。钢板弹簧中部通过 U 形螺栓（骑马螺栓）固定在前桥上。钢板弹簧的前端卷耳通过弹簧销与前支架相连，形成固定式铰链支点，起传力和导向作用；而后端卷耳则用吊耳销与可在车架上摆动的吊耳相连，形成摆动式铰链支点，从而保证了弹簧变形时两卷耳中心线间的距离有改变的可能。

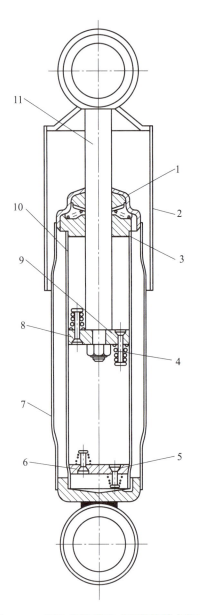

图 7-14 双向作用筒式减震器的基本组成
1—油封；2—防尘罩；3—导向座；
4—流通阀；5—补偿阀；6—压缩阀；
7—储油缸筒；8—伸张阀；9—活塞；
10—工作缸筒；11—活塞杆

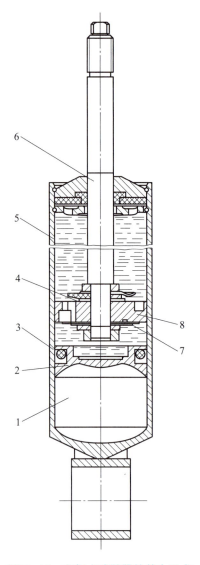

图 7-15 充气式减震器的基本组成
1—密封气室；2—浮动活塞；
3—O形密封圈；4—压缩阀；
5—工作缸；6—活塞杆；
7—工作活塞；8—伸张阀

减震器的上、下两个吊环通过橡胶衬套和连接销分别与车架上的上支架和车桥上的下支架相连接。盖板上装有橡胶缓冲块，以限制弹簧的最大变形，并防止弹簧直接碰撞车架。

图 7-17 所示为某中型货车后悬架，由主、副钢板弹簧叠合而成，其刚度是可变的，以适应装载质量的不同。

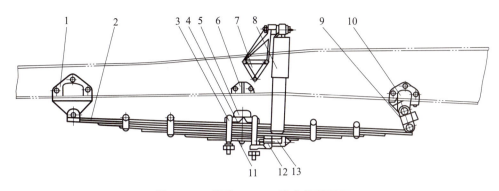

图 7-16 解放 CA1092 汽车的前悬架

1—钢板弹簧前支架；2—前钢板弹簧；3—U 形螺栓（骑马螺栓）；4—盖板；5—缓冲块；
6—限位块；7—减震器上支架；8—减震器；9—吊耳；10—吊耳支架；
11—中心螺栓；12—减震器下支架；13—减震器下部连接螺栓

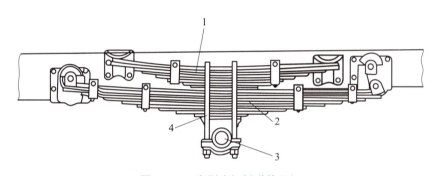

图 7-17 变刚度钢板弹簧悬架

1—副钢板弹簧；2—主钢板弹簧；3—车桥；4—U 形螺栓

当汽车空载或实际装载质量不大时，副钢板弹簧不承受载荷而由主钢板弹簧单独工作。在重载或满载情况下，车架相对车桥下移，使车架上副簧滑板式支座与副簧接触，主、副簧共同参加工作，一起承受载荷而使悬架刚度增大，以保证车身振动频率不致因载荷增大而变化过大。

南京依维柯轻型货车的后悬架采用渐变刚度的钢板弹簧，如图 7-18 所示。主簧由五片较薄钢板弹簧片组成，副簧由五片较厚的弹簧片组成，用中心螺栓将它们固定在一起，主簧在上，副簧在下。

图 7-18 渐变刚度的钢板弹簧后悬架

在小载荷时，仅主簧起作用，而当载荷增加到一定值时，副簧开始与主簧接触，悬架刚度随之相应提高，弹簧特性变为非线性。当副簧全部接触后，弹簧特性又变为线性的。这种渐变刚度钢板弹簧的特点是副簧逐渐地起作用，因此悬架刚度的变化比较平稳，从而改善了汽车行驶平顺性。

（2）螺旋弹簧式非独立悬架。

螺旋弹簧式非独立悬架一般只用于轿车的后悬架。图 7-19 所示为上海大众新桑塔纳轿车后悬架。两根纵向推力杆的中部与后桥焊接为一体，前端通过带橡胶的支承座与车身做铰链连接，后端与轮毂相连接，纵向推力杆用以传递纵向力及其力矩。整个后桥、纵向推力杆及车轮可以绕支承座的铰支点连线相对于车身做上、下纵向摆动。螺旋弹簧的上端装在弹簧上座中，下端则支承在减震器外壳上的弹簧下座上，它只承受垂直力。减震器的上端与弹簧上座一起装在车身底部的悬架支座中，下端则与纵向推力杆相连接。

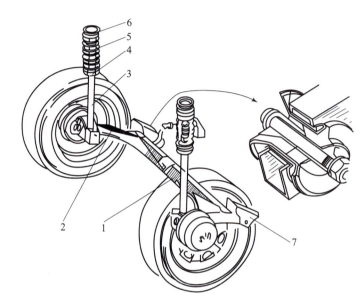

图7-19　上汽大众新桑塔纳轿车后悬架

1—后桥；2—纵向推力杆；3—减震器；4—弹簧下座；5—螺旋弹簧；6—弹簧座；7—支承座

2. 独立悬架

现代汽车，特别是轿车上广泛采用独立悬架。由于独立悬架能使两侧车轮各自独立地与车架或车身弹性连接。

（1）功用。

①由于左右车轮运动相对独立、互不影响，从而可以减少行驶时车架或车身的振动，同时可以减弱转向轮的偏摆。

②独立悬架的非簧载质量小，可以减小来自路面的冲击和振动，提高行驶的平顺性。簧载质量是指汽车上由弹性元件支承的质量；而非簧载质量是指弹性元件下吊挂的质量。对于非独立悬架，整个车桥和车轮都属于非簧载质量，而对于独立悬架，只有部分车桥是非簧载质量，而主减速器、差速器、壳体等都装在车架或车身上，成了簧载质量，所以独立悬架的非簧载质量要比非独立悬架的小。

③独立悬架是与断开式车桥配用，可以降低汽车的重心，提高汽车行驶的平顺性。

（2）类型。

独立悬架的结构类型很多，一般按车轮的运动方式可分为三类，如图7-20所示。

①横臂式独立悬架：车轮在汽车横向平面内摆动的悬架，如图7-20（a）所示。

②纵臂式独立悬架：车轮在汽车纵向平面内摆动的悬架，如图7-20（b）所示。

③烛式悬架和麦弗逊式悬架，车轮沿主销移动的独立悬架，分别如图7-20（c）、图7-20（d）所示。

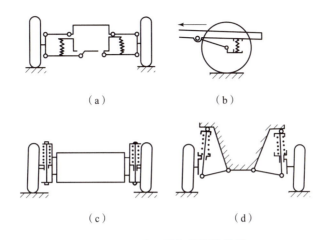

图 7-20 独立悬架的结构类型
(a) 横臂式独立悬架；(b) 纵臂式独立悬架；(c) 烛式悬架；(d) 麦弗逊式悬架

(3) 横臂式独立悬架。

横臂式独立悬架分为单横臂式独立悬架（图 7-7（b））和双横臂式独立悬架两种。目前单横臂式独立悬架应用较少，下面仅介绍双横臂式独立悬架。

双横臂式独立悬架如图 7-21 所示，其两个横摆臂有等长的（图 7-21（a））和不等长的（图 7-21（b））。摆臂等长的独立悬架在车轮上下跳动时，虽然车轮平面不倾斜、主销轴线的方向也不发生变化，但轮距发生较大的变化，这将引起车轮的侧滑和轮胎的磨损；而摆臂不等长的独立悬架在车轮上下跳动时，虽然车轮平面、主销轴线、轮距都发生变化，但都可以控制在允许范围内，所以这种形式的双横臂式独立悬架应用较多。

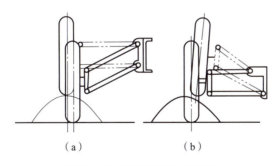

图 7-21 双横臂式独立悬架
(a) 摆臂等长的独立悬架；(b) 摆臂不等长的独立悬架

图 7-22 所示为凌志 LS400 的前悬架，其车轮外倾角和主销后倾角是可以调整的，如图 7-23 所示。

上摆臂内端通过上摆臂轴用螺栓与车架相连，上摆臂轴与车架之间夹有前、后调整垫片，同时增加或减少调整垫片的厚度可以调整车轮外倾角；前、后垫片厚度一处增加、另一处减少，可以调整主销后倾角。

(4) 纵臂式独立悬架。

纵臂式独立悬架分为单纵臂式和双纵臂式两种。

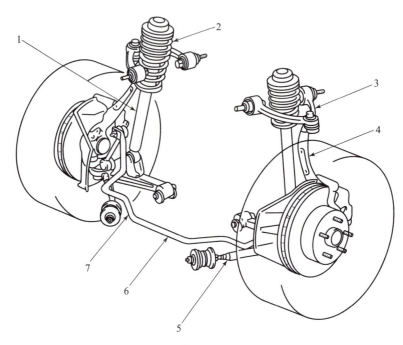

图 7-22 凌志 LS400 的前悬架

1—减震器；2—螺旋弹簧；3—上臂；4—转向节；5—支承杆；6—稳定杆；7—下臂

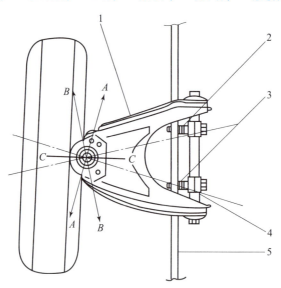

图 7-23 车轮外倾角和主销后倾角的调整

1—上摆臂；2—前调整垫片；3—后调整垫片；4—上摆臂轴；5—车架

① 单纵臂式独立悬架。

单纵臂式独立悬架如果用于前轮，车轮上下跳动时会使主销后倾角变化很大，如图 7-24 所示，所以单纵臂式独立悬架都用于后轮，用于后轮的单纵臂式独立悬架如图 7-25 所示。纵摆臂是一片宽而薄的钢板，一端与半轴套管铰接，另一端带有套筒，套筒通过花键与扭杆弹簧的外端相连，扭杆的内端固定在车架上。

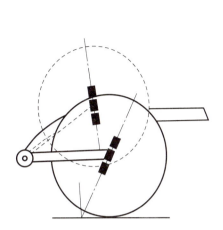

图 7-24 单纵臂式独立悬架

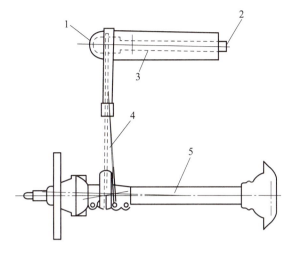

图 7-25 用于后轮的单纵臂式独立悬架
1—套筒；2—扭杆弹簧；3—套管；4—纵摆臂；5—半轴套管

②双纵臂式独立悬架。

图 7-26 所示为用于前轮的双纵臂式独立悬架。转向节和两个纵摆臂做铰链连接，在车架的两根管式横梁的内部装有由若干层矩形端面的薄弹簧钢片叠成的扭杆弹簧。两根扭杆弹簧的内端用螺栓固定在横梁中部，而外端则插入纵臂轴的矩形孔中。纵臂轴用衬套支承在管式横梁内，轴和纵臂刚性连接。

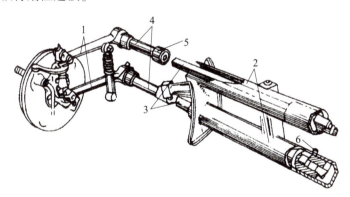

图 7-26 用于前轮的双纵臂式独立悬架
1—纵臂；2—横梁；3—扭杆弹簧；4—摆臂轴；5—衬套；6—螺钉

这种悬架当车轮上下跳动时，车轮外倾角、轮距和主销后倾角都不发生变化，所以适用于前轮。

（5）车轮沿主销移动的独立悬架。

车轮沿主销移动的独立悬架可以分为两种形式，一种是车轮沿固定不动的主销移动的烛式独立悬架，另一种是车轮沿摆动的主销轴线移动的麦弗逊式独立悬架。

①烛式独立悬架。

图 7-27 所示为烛式独立悬架，主销的上下两端刚性地固定在车架上，套在主销上的套管固定在转向节上，套管的中部固定装着螺旋弹簧的下支座。筒式减震器的下端与转向节相

连，上端与车架相连。悬架的摩擦部分套着防尘罩。通气管与防尘罩内腔相通，以免罩中空气被密封而影响悬架的弹性。

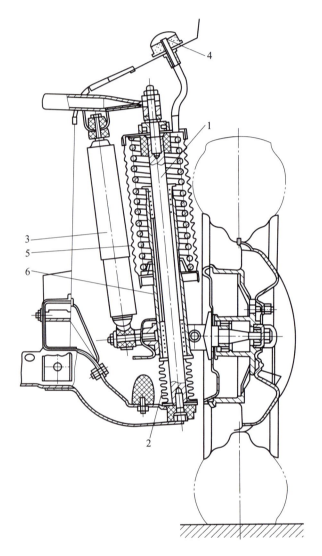

图 7-27 烛式独立悬架
1—主销；2、4—防尘罩；3—套筒；5—减震器；6—通气管

汽车在路况不好的路面上行驶时，车轮、转向节一起沿主销的轴线移动。螺旋弹簧只承受垂直载荷，而车轮上所受的纵向力、侧向力及其力矩则由转向节、套筒经主销传给车架，使得套筒与主销之间的磨损严重。

②麦弗逊式独立悬架。

麦弗逊式独立悬架目前在轿车中应用很广泛，结构如图 7-28 所示。其由减震器、螺旋弹簧、横摆臂、横向稳定杆（图中未画出）等组成。减震器与套在它外面的螺旋弹簧合为一体，构成悬架的弹性支柱，支柱上端与车身挠性连接，支柱的下端与转向节刚性连接。横摆臂的外端通过球头销 B 与转向节的下部连接，内端与车身铰接。

麦弗逊式独立悬架没有传统的主销实体，转向轴线为上下铰接中心的连线 AB（一般与弹性支柱的轴线重合）。当车轮上下跳动时，B 点随横摆臂摆动，因而主销轴线 AB 随之摆动（弹性支柱也摆动）。这说明车轮沿着摆动的主销轴线而运动。

麦弗逊式独立悬架结构较简单，布置紧凑，用于前悬架时能增大两前轮内侧的空间，故多用于发动机前置前轮驱动的轿车上。

前轮采用麦弗逊式独立悬架时，前轮各定位参数的变化较小，除前束可调整外，其他参数有的车型规定不可调整，有的车型则规定可以调整，麦弗逊式独立悬架前轮定位调整如图 7-29 所示。常见的调整部位及调整方法如下：

a. 改变转向节与横摆臂外端的位置。如图 7-29（a）所示，松开转向节球头销与横摆臂的连接螺栓，左右横向移动球头销及转向节，可以改变车轮外倾角。上汽大众新桑塔纳轿车即采用这种结构形式。

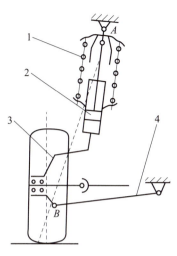

图 7-28　麦弗逊式独立悬架

1—螺旋弹簧；2—减震器；
3—转向节；4—横摆臂

b. 改变弹性支柱上支座的位置。如图 7-29（a）所示，悬架的弹性支柱上支座用螺栓固定在车身上，松开螺栓，左右横向移动上支座，可以调整车轮外倾角。一汽奥迪 100 型轿车即采用这种结构形式。

c. 改变转向节上端的位置。如图 7-29（b）所示，由减震器和螺旋弹簧组成的弹性支柱下端通过上、下两个螺栓与转向节上端固定，其中上螺栓经偏心凸轮将两者连接在一起，转动上螺栓可使偏心凸轮转动，从而带动转向节上端左右横向（A 向）移动，进而改变车轮外倾角。丰田花冠轿车即采用这种结构形式。

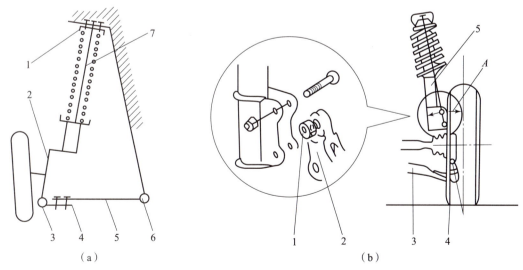

图 7-29　麦弗逊式独立悬架前轮定位调整

(a) 1—上支座；2—转向节；3—球头销；4—螺栓；5—横摆臂；6—偏心轴销；7—减震器
(b) 1—偏心轴销；2—转向节；3—横摆臂；4—球头销；5—减震器

（六）车轮和轮胎

汽车车轮总成如图 7-30 所示，由车轮和轮胎两大部分组成，是汽车行驶系统的重要部件。其主要功用是：支承整车重量，缓和由路面传递来的冲击载荷；通过轮胎和路面之间的附着作用为汽车提供驱动力和制动力；产生平衡汽车转向离心力的侧向力，以便顺利转向；通过轮胎产生的自动回正力矩使车轮具有保持直线行驶的能力。

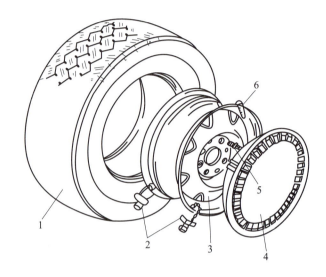

图 7-30 汽车车轮总成
1—轮胎；2—平衡块；3—车轮；4—装饰罩；5—螺栓；6—气门嘴

此外，车轮和轮胎（特别是轿车轮胎）还是汽车重要的安全件。几乎所有的汽车行驶性能都与轮胎有关。

1. 车轮的功用、组成

车轮是介于轮胎和车桥之间承受负荷的旋转组件，其功用是安装轮胎，承受轮胎与车桥之间的各种载荷的作用。

车轮一般由轮毂、轮辋和轮辐组成，如图 7-31 所示。轮毂通过圆锥滚子轴承装在车桥或转向节轴径上，用于连接车轮与车桥；轮辋用于安装和固定轮胎；轮辐用于将轮毂和轮辋连接起来，并通过螺栓与轮毂相连接。

2. 车轮的构造

（1）轮辐。

按轮辐结构的不同，车轮可以分为辐板式车轮和辐条式车轮两种形式。

①辐板式车轮。

普通轿车和轻、中型货车普遍采用辐板式车轮，车轮中用以连接轮毂和轮辋的钢质圆盘称为辐板，大多是冲压制成的，少数是和轮毂铸成一体，后者主要用于重型汽车。

货车辐板式车轮如图 7-32 所示，由挡圈、轮辋、辐板和气门嘴伸出口组成。辐板与轮辋通过焊接或铆接的方式固定成为一个整体，辐板通过螺栓安装在轮毂上，辐板上的孔可以

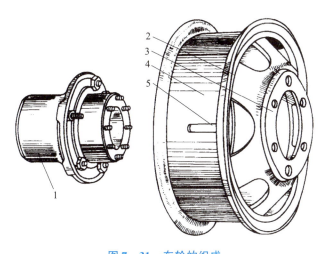

图 7-31 车轮的组成

1—轮毂；2—挡圈；3—轮辐（辐板式）；4—轮辋；5—气门嘴出口

减轻重量，有利于制动鼓的散热，方便于接近气门嘴，同时可作为安装时的把手处。6个孔加工成锥形，以便在用螺栓把辐板固定在轮毂上时对正中心。

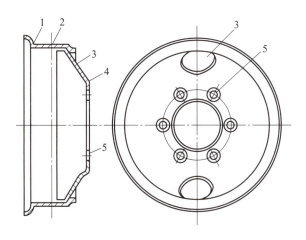

图 7-32 货车辐板式车轮

1—轮辋；2—气门嘴伸出口；3—辐板孔；4—辐板；5—螺栓孔

  货车后桥负荷比前桥大得多，为使后轮轮胎不致过载，后桥一般装用双式车轮，在同一轮毂上安装了两套辐板和轮辋，货车双式车轮如图 7-33 所示。为了防止汽车在行驶中固定辐板的螺母自行松脱，汽车两侧车轮上的辐板固定螺栓一般采用旋向不同的螺纹，左侧用左旋螺纹，右侧用右旋螺纹。目前在一些载货汽车上（如黄河 JN1150D 型汽车）采用了球面弹簧垫圈，可以防止螺母的自行松脱，故汽车左右车轮上固定辐板的螺栓均可用右旋螺纹，从而减少了零件的种类。

  轿车的辐板所用板料较薄，常冲压成起伏多变的形状以提高其刚度，轿车的辐板式车轮如图 7-34 所示。目前广泛应用的轿车车轮为铝合金车轮（图 7-35），且多为整体式的，即轮辋和轮辐铸成一体。它重量轻、尺寸精度高、生产工艺好，而且美观大方，可以明显改善车轮的空气动力学特性，降低汽车油耗。

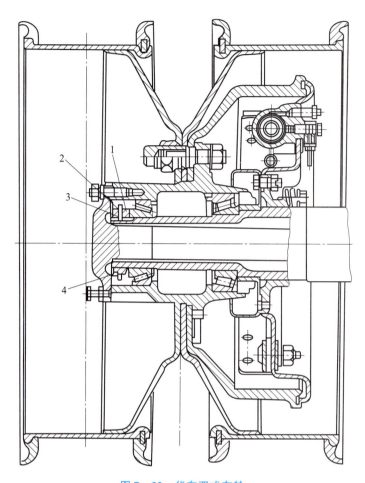

图 7-33 货车双式车轮
1—调整螺母；2—锁止垫片；3—锁紧螺母；4—销钉

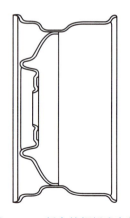

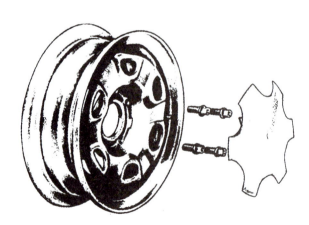

图 7-34 轿车的辐板式车轮　　　　图 7-35 轿车的铝合金车轮

②辐条式车轮。

按辐条结构的不同，辐条式车轮又分为钢丝辐条式车轮和铸造辐条式车轮，如图 7-36 所示。钢丝辐条式车轮的结构与自行车车轮完全一样，由于其价格昂贵、维修安装不便，故仅用于赛车和某些高级轿车上，另外，辐条式车轮还不能与无内胎轮胎组合使用。铸造辐条式车轮常用于重型货车上，辐条与轮毂铸成一体，轮辋是用螺栓和特殊形状的衬块固定在辐条上，为了使轮辋和辐条很好地对中，在轮辋和辐条上都加工出配合锥面。

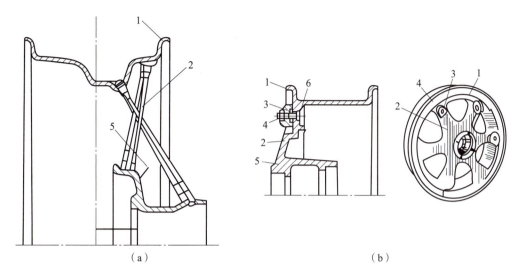

图 7-36　辐条式车轮
（a）钢丝辐条式车轮；（b）铸造辐条式车轮
1—轮辋；2—辐条；3—衬块；4—螺栓；5—轮毂；6—配合锥面

（2）轮辋。

①轮辋的类型和结构。

轮辋用于安装和固定轮胎，其常见结构形式有：深槽轮辋、平底轮辋和对开式轮辋，如图 7-37 所示。此外，还有半深槽轮辋、深槽宽轮辋、平底宽轮辋、全斜底轮辋等。

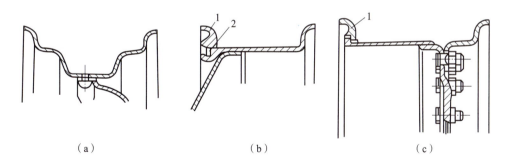

图 7-37　轮辋的常见结构形式
（a）深槽轮辋；（b）平底轮辋；（c）对开式轮辋
1—挡圈；2—锁圈

深槽轮辋如图 7-37（a）所示，这种轮辋主要用于轿车及轻型越野车，适宜安装尺寸小、弹性较大的轮胎。因为尺寸较大、较硬的轮胎很难装进这样的整体轮辋内。深槽轮辋有带肩的凸缘，用以安放外胎的胎圈，其肩部通常略向中间倾斜，倾斜部分的最大直径即称为轮胎胎圈与轮辋的着合直径。为便于外胎的拆装，断面的中部制成深凹槽。深槽轮辋的结构简单,刚度大,重量较轻。

平底轮辋如图7-37(b)所示,多用于货车。其挡圈是整体的,且用一个开口锁圈来防止挡圈脱出。在安装轮胎时,先将轮胎套在轮辋上,而后套上挡圈,并将它向内推,直至越过轮辋上的环形槽,再将开口的弹性锁圈嵌入环形槽中。东风EQ1090E和解放CA1091型汽车均采用这种形式的轮辋。

对开式轮辋如图7-37(c)所示,这种轮辋由内外两部分组成,其内外轮辋的宽度可以相等,也可以不相等,二者用螺栓连成一体,拆装轮胎时拆卸螺栓上的螺母即可,图中所示挡圈是可拆的。有的无挡圈,与内轮辋制成一体的轮缘代替挡圈的作用,内轮辋与辐板焊接在一起。这种轮辋主要用于载重量较大的重型货车和大型客车。

近几年来,为了适应提高轮胎负荷能力的需要,国内外均朝宽轮辋的方向发展,如美国的货车已全部采用宽轮辋,欧洲各国也在积极普及宽轮辋,我国也在正在进行由窄轮辋向宽轮辋的过渡。实验表明,采用宽轮辋可以提高轮胎的使用寿命,并可改善汽车的通过性和行驶稳定性。

②国产轮辋规格的表示方法。

国产轮辋规格用一组数字、字母和符号组合表示,分为几部分,各部分的含义及具体内容如下:

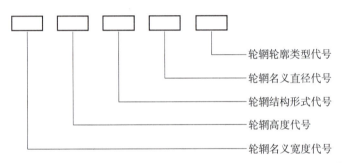

a. 轮辋宽度代号:以数字表示,一般取小数点后两位,单位为英寸[①](当以mm表示时,要求轮胎与轮辋的单位一致)。

b. 轮辋高度代号:用一个或几个拉丁字母表示,如C、D、E、F、J、K、L、V等。轮辋的高度代号及相应高度值见表7-1。

表7-1 轮辋的高度代号及相应高度值　　　　mm

代号	C	D	E	F	G	H	J	K
高度	15.88	17.45	19.81	22.23	27.94	33.73	17.27	19.26
代号	L	P	R	S	T	V	W	
高度	21.59	25.40	28.58	33.33	38.10	44.45	50.80	

c. 轮辋结构形式代号:用符号"×"表示一件式轮辋;用"—"表示多件式轮辋。一件式轮辋是指轮辋为整体式的,只有一件,而多件式轮辋由轮辋体、挡圈、锁圈等多个部件组成。

---

① 1英寸=2.54 mm。

d. 轮辋含义直径代号：以数字表示，单位为英寸（当以 mm 表示时，要求轮胎与轮辋的单位一致）。

e. 轮辋轮廓类型代号：用几个字母表示，轮辋轮廓类型代号如图 7-38 所示。

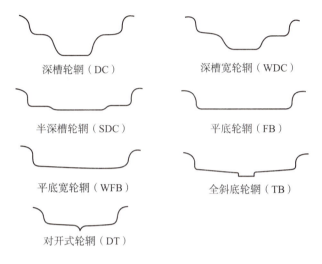

图 7-38 轮辋轮廓类型代号

对于不同形式的轮辋，以上代号不一定同时出现。例如，解放 CA1092 汽车轮辋的规格为 6.5J—20，表明该轮辋宽度为 6.5 英寸，轮辋直径为 20 英寸，轮辋高度为 17.27 mm，属于多件式轮辋；上汽大众朗逸轿车轮辋的规格为 6.5 J×16，表明其轮辋宽度为 6.5 英寸，轮辋高度为 17.27 mm，轮辋直径为 16 英寸，属于一件式轮辋；上汽大众新帕萨特轿车轮辋的规格为 7 J×17，表明其轮辋宽度为 7 英寸，轮辋高度为 17.27 mm，轮辋直径为 17 英寸，属于一件式轮辋。

3. 轮胎的功用和类型

（1）功用。

现代汽车都采用充气式轮胎，轮胎安装在轮辋上，直接与路面接触，它的功用是：

①支撑汽车的重量，承受路面传来的各种载荷的作用。

②和汽车悬架共同来缓和汽车行驶中所受到的冲击，并衰减由此而产生的振动，以保证汽车有良好的乘坐舒适性和行驶平顺性。

③保证车轮和路面有良好的附着性，以提高汽车的动力性、制动性和通过性。

总结：概括起来，轮胎的功用可以简记为支撑、缓冲、减震和提高附着性。

（2）类型。

①按轮胎内空气压力的大小，轮胎分为高压胎（0.5~0.7 MPa）、低压胎（0.2~0.5 MPa）和超低压胎（0.2 MPa 以下）三种。高压胎主要用于中型或重型载货汽车，在此主要介绍用于轿车的低压胎和超低压胎；低压胎弹性好、减振性能强、壁薄散热性好、与地面接触面积大而附着性好，因此广泛用于轿车；超低压胎在松软路面上具有良好的通过能力，多用于越野汽车及部分高级轿车。

②按照有无内胎，轮胎分为有内胎轮胎和无内胎轮胎（俗称真空胎）两种。目前轿车

上普遍采用的是无内胎轮胎。

③按胎体帘布层结构的不同,轮胎分为斜交轮胎和子午线轮胎。目前子午线胎在汽车上广泛应用。

4. 轮胎的结构

(1) 有内胎轮胎。

有内胎轮胎由外胎、内胎和垫带等组成,使用时安装在汽车车轮的轮辋上,如图7-39所示。

内胎是一个环形的橡胶管,上面装有气门嘴,以便充入或排出空气,为使内胎在充气状态下不产生褶皱,其尺寸应稍小于外胎的内壁尺寸。

垫带是一个环形的橡胶带,它垫在内胎与轮辋之间,以保护内胎不被轮辋和胎圈磨伤。

(2) 无内胎轮胎。

无内胎轮胎俗称真空胎,在外观上与普通轮胎相似,但是没有内胎及垫带。它的气门嘴用橡胶垫圈和螺母直接固定在轮辋上,空气直接充入外胎中,其密封性由外胎和轮辋来保证,无内胎轮胎如图7-40所示。

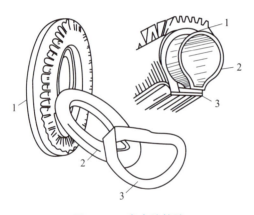

图7-39 有内胎轮胎
1—外胎;2—内胎;3—垫带

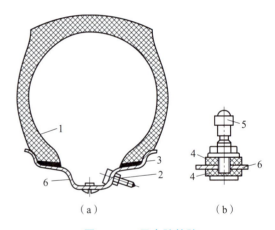

图7-40 无内胎轮胎
(a) 无内胎轮胎结构;(b) 气门嘴结构
1—橡胶密封层;2—气门嘴;3—胎圈橡胶密封层;
4—橡胶垫圈;5—气门螺母;6—轮辋

无内胎轮胎的内壁有一层橡胶密封层,有的在该层下面还有一层自粘层,能自行将刺穿的孔黏合。在胎圈外侧也有一层橡胶密封层,用以加强胎圈与轮辋之间的气密性。无内胎轮胎一旦被刺破,穿孔不会扩大,故漏气缓慢,胎压不会急剧下降,仍能继续行驶一定距离,可避免爆胎的危险。因无内胎,所以摩擦生热少、散热快,适用于高速行驶。此外,虽然结构简单,重量较轻,维修也方便,但密封层和自粘层易漏气,途中修理也较困难。无内胎轮胎必须配用深槽轮辋,故目前在轿车上应用较多。

(3) 外胎的结构。

外胎由胎面、帘布层、缓冲层和胎圈组成,如图7-41所示。

①胎面。

胎面是轮胎的外表面，可分为胎冠、胎肩和胎侧三部分。

胎冠与路面直接接触，并产生附着力，使车辆行驶和制动。为使轮胎与地面有良好的附着性能，防止纵、横向滑移，在胎面上制有各种形状的花纹。胎面花纹如图 7-42 所示，主要有普通花纹、组合花纹、越野花纹等类型。普通花纹中的纵向折线花纹（图 7-42（a））最适合于在较好的硬路面上高速行驶，广泛应用于轿车、客车及货车等各种车辆；横向花纹（图 7-42（b））仅用于货车；组合花纹（图 7-42（c））由纵向折线花纹和横向花纹组合而成，在路况良好的路面和路况不佳的路面上都可提供稳定的驾驶性能，广泛应用于客车和货车；越野花纹（图 7-42

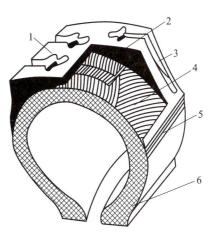

图 7-41 外胎的结构
1—胎冠；2—缓冲层；3—胎肩；
4—帘布层；5—胎侧；6—胎圈

(d)）的凹部深而粗，在松软路面上与地面附着性好，越野能力强，适用于矿山、建筑工地及其他一些在松软路面上使用的越野汽车轮胎。

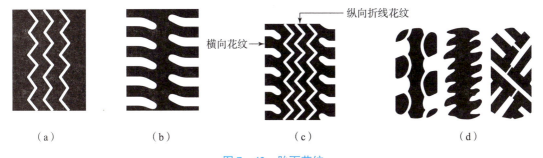

图 7-42 胎面花纹
(a) 纵向折线芯花纹；(b) 横向花纹；(c) 组合花纹；(d) 越野花纹

胎肩是较厚的胎冠和较薄的胎侧间的过渡部分，一般也制有各种花纹，以提高该部位的散热性能。

胎侧又称胎壁，它由数层橡胶构成，覆盖轮胎两侧，保护内胎免受外部损坏。胎侧在行驶过程中，不断地在载荷的作用下挠曲变形。胎侧上标有厂家名称、轮胎尺寸及其他资料。

②帘布层。

帘布层是外胎的骨架，主要用于承受载荷以及保持外胎的形状和尺寸，并使其具有足够的强度。帘布层通常由成双数的多层帘布用橡胶贴合而成，相邻层的帘线交叉排列。帘布层数越多，轮胎的强度越大，但弹性下降。帘线可以是棉线、人造丝、尼龙和钢丝。

按照帘布层帘线排列方式的不同，外胎可以分为斜交轮胎和子午线轮胎，如图 7-43 所示。

斜交轮胎帘布层的帘线按一定角度交叉排列，帘线与轮胎横断面的交角通常为 50°，如图 7-44（a）所示。子午线轮胎帘布层帘线排列的方向与轮胎横断面一致，即垂直于轮胎胎面中心线，类似于地球仪上的子午线。子午线轮胎胎侧比斜交轮胎软，在径向上容易变形，可以增加轮胎的接地面积，即使在充足气后，两侧壁上也有一个特殊的凸起部，如图 7-44（b）所示。

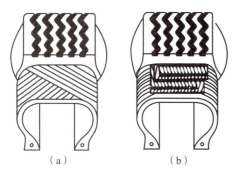

图 7-43 外胎的结构形式
（a）斜交轮胎；（b）子午线轮胎

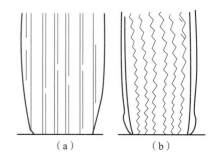

图 7-44 斜交轮胎与子午线轮胎胎侧比较
（a）斜交轮胎；（b）子午线轮胎

子午线轮胎与斜交轮胎相比较具有行驶里程长、滚动阻力小、节约燃料、承载能力大、减震性能好、附着性能好、不易爆胎等优势，目前在汽车上应用广泛。

③缓冲层。

缓冲层夹在胎面和帘布层之间，由两层或数层较稀疏的帘布和橡胶制成，弹性较大。其作用是加强胎面与帘布层之间的结合，防止汽车紧急制动时胎面与帘布层脱离，并缓和汽车行驶时所受到的路面冲击。

④胎圈。

胎圈由钢丝圈、帘布层包边和胎圈包布组成，有很大的刚度和强度，可以使外胎牢固地安装在轮辋上。

5. 常见轮胎品牌和轮胎规格的表示方法

（1）常见轮胎品牌。

世界著名的轮胎品牌主要有美国的固特异（Goodyear）、日本的普利司通（Bridgestone）和凡世通（Firestone）、英国的邓禄普（Dunlop）、法国的米其林（Michelin）、意大利的倍耐力（Pirelli）、韩国的韩泰（Hankook）和锦湖（Kumho Tire）、德国的马牌（Continental）、我国的回力等。

（2）轮胎规格的表示方法。

轮胎的尺寸标注如图 7-45 所示。

①斜交轮胎的规格。

我国和大多数国家一样，斜交轮胎的尺寸用 B 和 d 表示，载货汽车斜交轮胎和轿车斜交轮胎的尺寸 B 和 d 均使用英寸（in）为单位，例如 9.00-20.00（in）表示轮胎宽度为 9.00 英寸、轮胎内径为 20 英寸的斜交轮胎。

②子午线轮胎的规格。

以上汽大众朗逸轿车轮胎的规格 205/55 R 16 91 V 为例进行说明。

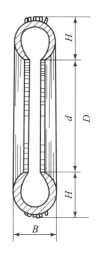

图 7-45 轮胎的尺寸标注
D—轮胎外径；d—轮胎内径或轮辋直径；B—轮胎宽度；H—轮胎高度

205 表示轮胎宽度 205 mm，货车子午线轮胎的宽度一般用英寸（in）为单位。

55 表示扁平比为 55%，扁平比为轮胎高度 H 与宽度 B 之比。

R 表示子午线轮胎，即"Radial"的第一个字母。

16 表示轮胎内径 16 英寸（in）。

91 表示荷重等级，即最大载荷质量。荷重等级为 91 的轮胎的最大载荷质量为 615 kg。常见的荷重等级及对应的最大载荷质量见表 7-2。

表 7-2 轮胎常见的荷重等级及对应的最大载荷质量

荷重等级	最大载荷质量/kg	荷重等级	最大载荷质量/kg
71	345	99	775
72	355	100	800
73	365	101	825
74	375	102	250
75	387	103	875
76	400	104	900
77	412	105	925
78	425	106	950
79	437	107	975
80	450	108	1 000
81	462	109	1 030
82	475	110	1 060
83	487	111	1 095
84	500	112	1 129
85	515	113	1 164
86	530	114	1 200
87	545	115	1 237
88	560	116	1 275
89	580	117	1 315
90	600	118	1 355
91	615	119	1 397
92	630	120	1 440
93	650	121	1 485
94	670	122	1 531
95	690	126	1 578
96	710	124	1 627
97	730	125	1 677
98	750		

V 表示速度等级，表明轮胎能够行驶的最高车速。常见的速度等级及对应的最高车速见表 7-3。

表 7-3　轮胎常见的速度等级及对应的最高车速

速度等级	最高车速/（km·h⁻¹）	速度等级	最高车速/（km·h⁻¹）
L	120	T	190
M	130	U	200
N	140	H	210
P	150	V	240
Q	160	Z	>240
R	170	W	<270
S	180	Y	<300

另外，在轮胎规格前加"P"表示轿车轮胎；在胎侧标有"REINFORCED"表示经强化处理，"RADIAL"表示子午线轮胎，"TUBELESS"（或 TL）表示无内胎（真空胎），"M + S"（Mud and Snow）表示适用于泥地和雪地，"→"表示轮胎旋向，不可装反。

（七）车桥

车桥位于悬架与车轮之间，其两端安装车轮，通过悬架与车架（或车身）相连，其功用是传递车架（或车身）与车轮之间各种载荷的作用力。

按悬架结构不同，车桥分为整体式和断开式两种。整体式车桥的中部是刚性实心或空心梁，与非独立悬架配用；断开式车桥为活动关节式结构，与独立悬架配用。

按车桥上车轮的作用不同，车桥分为转向桥、驱动桥、转向驱动桥和支持桥四种类型。其中转向桥和支持桥都属于从动桥。

在后轮驱动的汽车中，前桥不仅用于承载，而且兼起转向作用，称为转向桥；后桥不仅用于承载，而且兼起驱动的作用，称为驱动桥。

越野汽车和前轮驱动汽车的前桥，除了承载和转向的作用外，还兼起驱动作用，所以称为转向驱动桥。

只起支承作用的车桥称为支持桥，挂车的车桥就是支持桥。支持桥除不能转向外，其他功能和结构与转向桥相同。

1. 转向桥

转向桥通常位于汽车前部，能使装在其两端的车轮偏转一定的角度，以实现汽车转向，同时还要承受车架与车轮之间的作用力及其产生的弯矩和转矩。

各种车型的转向桥结构基本相同，主要由前轴、转向节和主销等组成，转向桥分解图如图 7-46 所示。

前轴是转向桥的主体，一般由中碳钢经模锻而成。其端面采用工字形断面以提高抗弯强度；接近两端逐渐过渡为方形，以提高抗扭刚度。中部加工出两处用以支承钢板弹簧弹簧座（图上未画出），其上钻有四个安装了 U 形螺栓（俗称骑马螺栓）的通孔和一个位于中心的

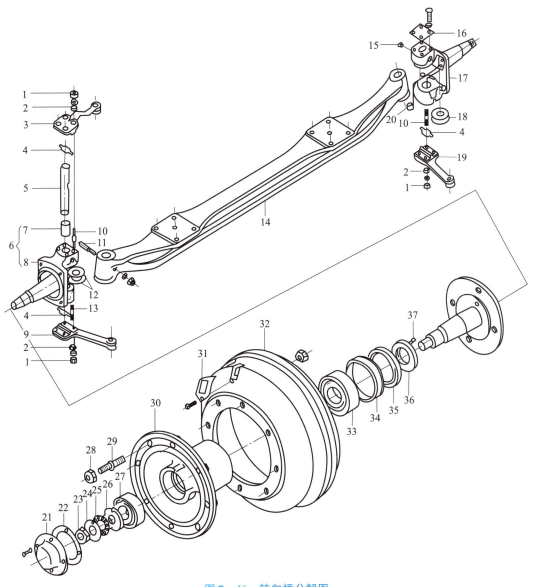

图 7-46 转向桥分解图

1—紧固螺母；2—锥套；3—转向节臂；4—密封垫；5—主销；6—左转向节总成；7—衬套；8—左转向节；9—左转向梯形臂；10，13—双头螺柱；11—楔形锁销；12—调整垫片；14—前轴；15—油嘴；16—右转向节上盖；17—右转向节；18—止推轴承；19—右转向梯形臂；20—限位螺栓；21—轮毂盖；22—衬垫；23—锁紧螺母；24—止动垫圈；25—锁紧垫圈；26—调整螺母；27—前轮毂外轴承；28—螺母；29—螺栓；30—车轮轮毂；31—检查孔堵塞；32—制动鼓；33—前轮毂内轴承；34—轮毂油封外圈；35—轮毂油封总成；36—轮毂油封内圈；37—定位销

钢板弹簧定位凹坑。中部向下弯曲，使发动机位置得以降低，从而降低了汽车质心，扩展了驾驶员视野，并减小了传动轴与变速器输出轴之间的夹角。前轴两端各有一个加粗部分，呈拳形，称为拳部，其中有通孔，主销即装入此孔内。用带有螺纹的楔形锁销将主销固定在拳部孔内，使之不能转动。

转向节是一个叉形部件，上下两叉制有同轴销孔，通过主销与前轴的拳部相连，使前轮可以绕主销偏转一定角度而使汽车转向。为减小磨损，转向节销孔内压入青铜衬套，衬套上的润滑油槽在上面端部是切通的，用装在转向节上的油嘴注入润滑脂润滑；为使转向灵活轻便起见，在转向节下耳与前轴拳部之间装有滚子推力轴承，在转向节上耳与拳部之间装有调整垫片，以调整其间的间隙。在左转向节的上耳上装有与转向节臂制成一体的凸缘，在下耳上则装有与转向梯形臂制成一体的凸缘，两凸缘上均有一矩形键，因此在左转向节的上、下耳上都有与之配合的键槽。转向节即通过矩形键及带有锥形套的双头螺栓与转向节臂及梯形臂相连。

车轮轮毂通过两个圆锥滚子轴承支承在转向节轴颈上，轴承的松紧度可用调整螺母加以调整，轮毂外端用冲压的金属罩盖住。转向节上还装有限位螺栓，与前轴上的限位凸台相配合，可以限制并调整转向轮的最大偏转角。

2. 转向驱动桥

越野汽车、前轮驱动汽车和全轮驱动（4WD）汽车的前桥，既起转向桥的作用，又兼起驱动桥的作用，故称为转向驱动桥。

转向驱动桥如图7-47所示，它同一般驱动桥一样，由主减速器、差速器、半轴和桥壳组成。但由于转向时转向车轮需要绕主销偏转一个角度，故与转向轮相连的半轴必须分成内外两段（内半轴和外半轴），其间用万向节（一般多用等角速万向节）连接，同时主销也因此而分制成两段（或用球头销代替）。转向节轴颈部分做成中空的，以便外半轴穿过其中。

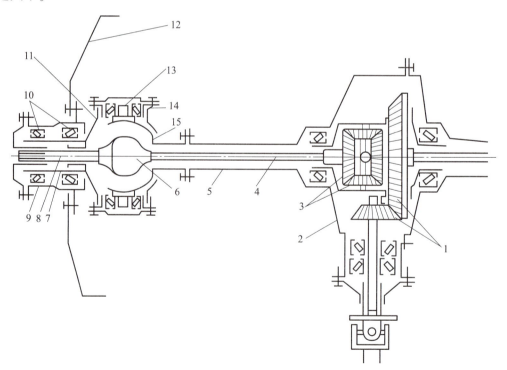

图7-47 转向驱动桥

1—主减速器；2—主减速器壳；3—差速器；4—内半轴；5—半轴套管；6—万向节；
7—转向节轴颈；8—外半轴；9—轮毂；10—轮毂轴承；11—转向节壳体；
12—车轮；13—主销；14—主销轴承；15—球形支座

下面以上汽大众新桑塔纳轿车的转向驱动桥为例介绍其构造。

3. 上汽大众新桑塔纳轿车转向驱动桥的构造

图 7 – 48 所示为上汽大众新桑塔纳轿车的转向驱动桥（主减速器和差速器未画出），其采用的是断开式、独立悬架转向驱动桥。

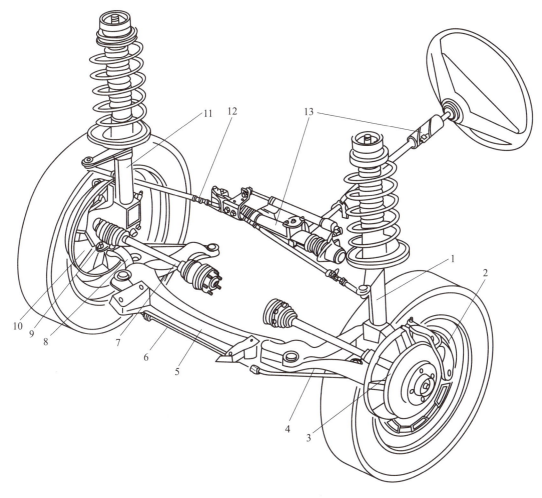

图 7 – 48　上汽大众新桑塔纳轿车的转向驱动桥（主减速器和差速器未画出）
1—悬架；2—前轮制动器总成；3—制动盘；4、8—下摆臂；5—副车架；
6—横向稳定器；7—传动半轴总成；9—球形接头；10—车轮轴承壳；
12—转向横拉杆；13—转向装置总成

车桥上端通过左、右悬架与承载式车身相连接，下端通过左、右下摆臂与固定在车身上的副车架相连接。悬架车轮轴承壳与下摆臂之间通过可移动球形接头连接，从而使前轮固定，并可通过下摆臂上的长孔调整车轮外倾角，为了减小车辆转向时的车身倾斜角度，在副车架与下摆臂之间还装有横向稳定器。

上汽大众新桑塔纳轿车的动力由主减速器、差速器经传动半轴驱动车轮旋转，传动半轴总成如图 7 – 49 所示。

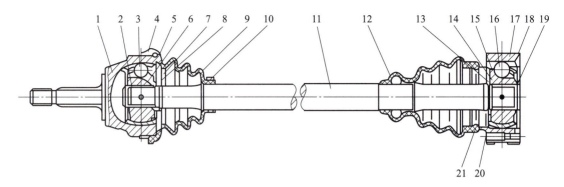

图 7-49 传动半轴总成

1—外万向节球形壳；2—卡簧；3、16—钢球；4、10、21—夹箍；5—外万向节球笼；
6—外万向节星形套；7—中间挡圈；8、13—碟形弹簧；9、12—橡胶护套；11—花
键轴；14—内万向节星形套；15—内万向节球笼；17—内万向节球形壳；
18—密封垫片；19—卡簧；20—内万向节护盖

4. 转向轮定位及调整

为了保证汽车直线行驶的稳定性和操纵的轻便性，减少轮胎和其他机件的磨损，转向轮、转向节和前轴三者与车架的安装应保持一定的相对位置关系，这种安装位置关系称为转向车轮定位，也称为前轮定位。

对于两端装有主销（图 7-50）的转向桥，汽车转向时，转向车轮会围绕主销轴线偏转，如图 7-50（a）所示。但在大多数断开式转向桥中没有主销，采用上、下球头销代替主销，上、下球头销球头中心的连心线相当于主销轴线，如图 7-50（b）所示。

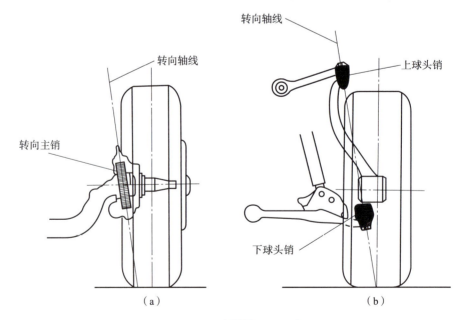

图 7-50 主销的不同形式

转向轮定位包括前轮外倾、主销后倾、主销内倾及前束四个参数。现以有主销的转向桥为例说明转向车轮定位。

(1) 主销后倾。

主销安装在前轴上,其上端略向后倾斜,这种现象称为主销后倾。在垂直于汽车支承平面的纵向平面内,主销轴线与汽车支承平面垂线之间的夹角 γ 叫作主销后倾角,如图 7-51 所示。

主销后倾的作用是形成回正力矩,保证汽车直线行驶的稳定性,并使汽车转向后回正操纵轻便。

主销后倾,使主销轴线的延长线与地面的交点 a 位于车轮与路面的接触点 b 之前,a、b 两点之间的距离称为主销后倾移距。设 b 点到主销轴线延长线之间的距离为 l,汽车直线行驶时,若转向轮偶然受到外力作用而偏转,汽车将偏离行驶方向而右转弯。由于汽车本身离心力的作用,在轮胎与路面接触点 b 处将产生一个路面对车轮的侧向反作用力 F,由于反作用力 F 没有通过主销轴线,因而形成了一个使车轮绕主销轴线旋转的力矩 F_1,其方向正好与车轮偏转方向相反。在力矩作用下,车轮回复到原来中间位置,从而保证了汽车直线行驶的稳定性。同理,在汽车转向后的回正过程中,此力矩具有帮助驾驶员使转向车轮回正的作用,使汽车转向后回正操纵轻便。

主销后倾角越大、车速越高,回正力矩越大,转向轮偏转后自动回正的能力也愈强。但主销后倾角也不宜过大,一般不超过 $2°\sim 3°$,否则在转向时为了克服此力矩,驾驶员需在转向盘上施加较大的力,使转向沉重。为了解决这个问题,现代轿车常采用 Vorlauf 几何结构,可使主销轴线偏移至车轮中心之后,Vorlauf 几何结构如图 7-52 所示,从而可以在不增加后倾移距的情况下,增大后倾角,以提高汽车直线行驶的稳定性。这样,可将主销后倾角增大。这种几何结构在凌志 LS400 型(UCFIO 系列)和 Celica 型(ST184 系列)轿车上都有应用。

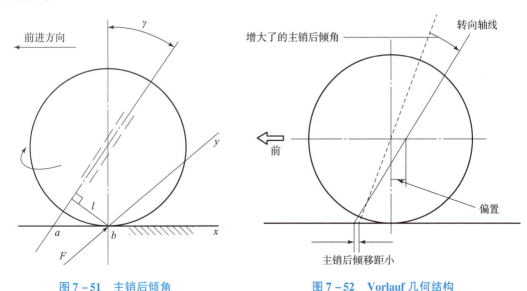

图 7-51 主销后倾角   图 7-52 Vorlauf 几何结构

此外,有些汽车由于采用超低压轮胎,弹性增加,转向时因轮胎弹性变形而使轮胎与路面的接触点后移,使回正力矩增加,故主销后倾角可以减小,甚至为负值(即主销前倾)。

主销后倾角一般是将前轴连同悬架安装在车架上时,使前轴向后倾斜而形成的。

（2）主销内倾。

主销安装在前轴上，其上端略向内侧倾斜，这种现象称为主销内倾。在垂直于汽车支承平面的横向平面内，主销轴线与汽车支承平面垂线之间的夹角 β 称为主销内倾角，如图 7-53 所示。主销内倾的作用是使转向轮自动回正，并使转向操纵轻便。

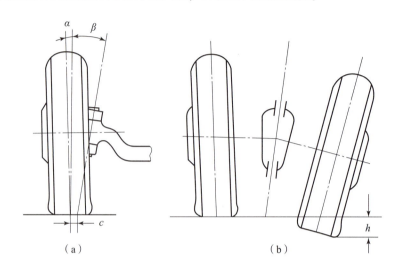

图 7-53 主销内倾

(a) 主销内倾角；(b) 转向时主销内倾引起的高度提升

主销内倾具有使转向轮转向操纵轻便的作用，如图 7-53（a）所示。由于主销内倾，主销轴线的延长线与地面的交点至车轮中心平面与地面交点之间的距离 c 缩短（在有些维修资料中将距离（称为偏置或磨胎半径），转向时，路面作用在转向轮上的阻力对主销轴线产生的力矩减小，从而可减少转向时驾驶员施加在转向盘上的力，使转向操纵轻便，同时还可以减小因路面不平而从转向轮传到转向盘上的冲击力。

主销内倾具有使转向轮自动回正的作用，如图 7-53（b）所示。当转向轮在外力作用下绕主销旋转（为了解释方便，假设旋转 180°，即由图 7-53（b）中左边位置转到右边位置）而偏离中间位置时，由于主销内倾，车轮的最低点将陷入路面以下 h 处，即车轮必须将路面压低距离 h 后才能旋转过来，但实际上路面不可能被压低，车轮下边缘不可能陷入路面之下，而是车轮连同整个汽车前部被向上抬起相应高度 h。一旦外力消失，转向轮就会在汽车前部重力作用下力图自动回正到旋转前的中间位置。主销内倾角越大、转向轮偏转角越大，汽车前部就抬起得越高，转向轮自动回正的作用就越大。

主销内倾角既不宜过大，也不宜太小。主销内倾角过大（偏置 c 减小），转向时，车轮在滚动的同时将与路面产生较大的滑动，增加轮胎与路面的摩擦阻力，这不仅使转向沉重，而且加速了轮胎的磨损，故主销内倾角一般不大于 8°，偏置一般为 40~60 mm；主销内倾角过小（偏置 c 增大），汽车行驶稳定性和制动稳定性将变差。在一些发动机前置前轮驱动的轿车上，为了使汽车具有良好的行驶稳定性，特别是制动稳定性，其主销内倾角均较大，见表 7-4。

整体式转向桥的主销内倾角是在制造前轴时将销孔轴线上端向内倾斜而获得的。

主销后倾和主销内倾都具有使车轮自动回正及保证汽车直线行驶稳定性的作用，但其区别在于：主销后倾角的回正作用随着车速的增高而增大，而主销内倾的回正作用几乎与车速无关。

资源 7-3　车轮外倾

（3）车轮外倾。

车辆行驶时，其旋转平面上端向外倾斜，这种现象称为车轮外倾（图 7-54）。车轮旋转平面与垂直于车辆支承面的纵向平面之间的夹角 α 称为车轮外倾角。

车轮外倾角的作用是提高车轮工作的安全性和转向操纵的轻便性。由于主销与衬套之间、轮毂与轴承等处都存在着装配间隙，若空车时车轮的安装正好垂直于路面，则满载时上述间隙将发生变化，车桥也因承载而变形，从而引起车轮向内倾斜。车轮内倾将使路面对车轮的垂直反作用力的轴向分力压向轮毂外端的小轴承，使该轴承及其锁紧螺母等件承受的载荷增大，降低它们的使用寿命，严重时会损坏锁紧螺母而使车轮脱落，为此，安装车轮时预先留有一定的外倾角，以防止上述不良影响。车轮外倾与主销内倾相配合可进一步缩短距离 c（图 7-53（a）），使汽车转向轻便。此外，车轮有一定的外倾角也可以与拱形路面相适应，但车轮外倾角不宜过大，否则会使轮胎产生偏磨损。一般前轮外倾角为 1°左右。

有的汽车前轮外倾角为负值（表 7-4），这样在汽车转向时可避免车身过分倾斜。

（4）前轮前束。

车轮安装在车桥上，两前车轮的中心平面不平行，其前端略向内侧收束，这种现象称为前轮前束。两前轮后端距离 A 大于前端距离 B，其差值 A-B 称为前轮前束值，前轮前束如图 7-55 所示。

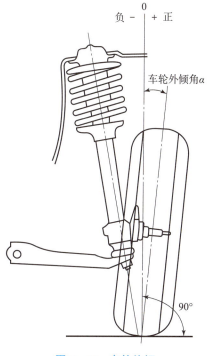

图 7-54　车轮外倾

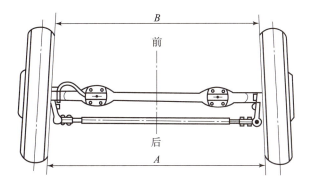

图 7-55　前轮前束

前轮前束的作用是消除因车轮外倾所造成的不良后果，保证车轮不向外滚动，防止车轮侧滑和减轻轮胎的磨损。

由于车轮外倾，汽车行驶时，两个车轮的滚动类似于两个锥体的滚动，其轨迹不再是直线而是逐渐向各自的外侧滚开，车轮外倾产生的车轮运动如图7-56所示，但因受车桥和转向横拉杆的约束，两侧车轮不可能向外滚开，这样，车轮在路面上滚动行驶的同时又被强制地拉向内侧，产生向内的侧滑，从而加剧轮胎的磨损。有了前束，车轮滚动的轨迹是向内侧偏斜，只要前束值与车轮外倾角配合适当，车轮向内、外侧滚动的偏斜量就会相互抵消，使车轮每一瞬间的滚动方向都朝着正前方，从而消除了侧滑，减轻了轮胎的磨损。

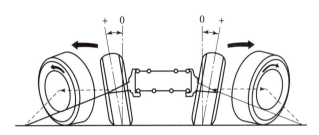

图7-56 车轮外倾产生的车轮运动

前轮前束值可以通过改变转向横拉杆的长度进行调整，常见的国产车轮定位参数见表7-4。

表7-4 常见的国产汽车车轮定位参数

车型	主销后倾	主销内倾	前轮外倾	前轮前束	后轮外倾	后轮前束
大众途安	7.6°	14.8°	-0.5°	0.1°	-1.3°	0.1°
本田飞度	5.0°	—	0.0°	0.0°	-1.5°	0.15°
丰田汉兰达	2.7°	11.0°	-0.6°	0.1°	-0.6°	0.0°
奥迪Q5	—	—	-0.4°	0.15°	-1.3°	0.15°
别克昂科威	4.5°	—	-0.5°	—	-0.5°	0.05°
福特蒙迪欧	3.3°	—	-0.6°	0.1°	-1.2°	0.15°

二、任务实施

项目（一） 前减震器支柱的拆装（以上汽大众新桑塔纳轿车为例）

1. 项目说明

汽车在行驶过程中，由于路面状况不佳，不可避免地会造成前悬架各元件的磨损、性能减弱以致失效，以致出现汽车起步发抖、振动和异响等故障。上汽大众新桑塔纳轿车装配的是麦弗逊式独立悬架，因此若出现开始故障情景中的现象，又经检查确认为前悬架故障后，则需拆卸前减震器支柱进行检修和调整。

2. 技术要求与标准

（1）两名学员配合能够在 50 min 内完成此项目。

（2）麦弗逊式前悬架如图 7 – 57 所示，技术要求参数见表 7 – 5。

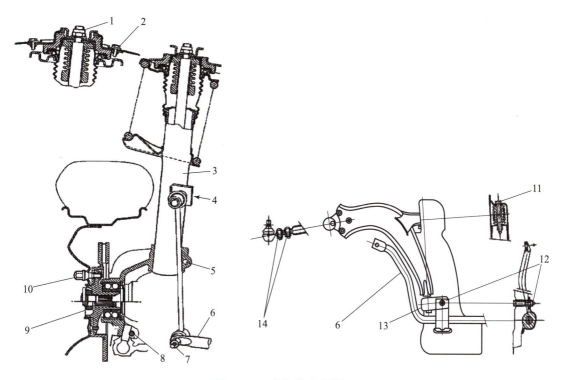

图 7 – 57　麦弗逊式前悬架

1—减震器螺母；2—减震器固定螺栓；3—减震器；4—稳定杆连接球销螺母；
5—转向节开口销紧固螺栓；6—横向稳定杆；7—横向稳定杆连接杆球销螺母；
8—转向节球销螺母；9—传动轴螺母；10—车轮螺栓；11—三角臂前铰接
螺栓；12—三角臂后铰接螺栓；13—三角臂后铰接下的螺栓；
14—三角臂与球销的紧固螺栓

表 7 – 5　麦弗逊式前悬架技术要求参数

序号	名称	扭紧力矩/Nm
1	减震器螺母	45
2	减震器固定螺栓	25
4	稳定杆连接球销螺母	40
5	转向节开口销紧固螺栓	45
7	横向稳定杆连接杆球销螺母	40
8	转向节球销螺母	40
9	传动轴螺母	425
10	车轮螺栓	90

续表

序号	名称	扭紧力矩/Nm
11	三角臂前铰接螺栓	85
12	三角臂后铰接螺栓	65
13	三角臂后铰接下的螺栓	30
14	三角臂与球销的紧固螺栓	45
	把托架固定在车身上的螺栓	80
	连接杆球头螺母	40
	制动软管固定支架螺母	25

3. 设备器材

（1）上汽大众新桑塔纳轿车。

（2）图7-58为固定工具Hazet 6630c-16等专用工具。

（3）座椅套、地板垫、转向盘套、翼子板布及前格栅布一套。

（4）举升机。

（5）常用工具一套。

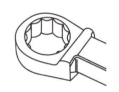

图7-58 专用工具 Hazet 6630c-16

4. 作业准备

（1）检查举升机。　　　　　□ 任务完成

（2）车辆开进工位。　　　　□ 任务完成

（3）停车，打开发动机盖。　□ 任务完成

（4）铺上护套。　　　　　　□ 任务完成

（5）顶好车位置。　　　　　□ 任务完成

（6）稍微举升车辆。　　　　□ 任务完成

（7）检查车辆是否平稳。　　□ 任务完成

5. 操作步骤

（1）拆卸。

①举升并固定车辆，使车轮悬空。

②拆卸前轮。

③使用工具拆卸螺栓，将稳定杆连接杆与减震器支柱脱开，如图7-59所示。

④将制动管路及轮速传感器线路从减震器支柱的固定位置脱开。

⑤拆卸轮毂中央螺栓，如图7-60所示。

⑥拆卸三颗下摆臂球头固定螺栓，如图7-61所示。

⑦将轮毂从传动轴上拉出。

⑧拆卸减震器支柱与转向节固定螺栓，如图7-62所示。

⑨拆卸减震器支柱上部固定螺栓，如图7-63所示。

图 7-59 拆卸螺栓,将稳定杆连接杆与减震器支柱脱开

图 7-60 拆卸轮毂中央螺栓

图 7-61 拆卸三颗下摆臂球头固定螺栓

图 7-62 拆卸减震器支柱与转向节固定螺栓

(2) 安装(注意:必须更换尼龙自锁螺母)。
按拆卸的相反顺序进行安装。
(3) 装上车轮,放下车辆,结束。

图 7-63 拆卸减震器支柱上部螺栓

6. 记录与分析

相关记录与分析见表 7-6。

表 7-6 记录与分析

基本信息	班级		姓名		日期	
	车型		设备名称		项目	前减震器支柱的拆装
拆装记录与分析	故障情境描述:					
	初步检查分析:					
	举升机的使用注意事项:					

续表

拆装记录与分析	拆装过程记录：

项目（二） 后减震器的拆装（以上汽大众新桑塔纳轿车为例）

1. 项目说明

汽车在行驶过程中，由于路面状况不佳，悬架系统部件产生损耗，对于后悬架来讲，最常见的任务是更换因漏油、异响或其他原因失效的后减震器。

2. 技术要求与标准

两名学员配合能在 60 min 内完成此项目。

3. 设备器材

（1）液压举升支架。
（2）CT10149 等专用工具。
（3）常用工具一套。

4. 作业准备

（1）上汽大众新桑塔纳轿车。　　　　　　□ 任务完成
（2）各种工具。　　　　　　　　　　　　□ 任务完成
（3）液压举升支架。　　　　　　　　　　□ 任务完成

5. 操作步骤

拆卸前先用米尺测量车辆在无负载质量时悬架的高度，测量悬架高度如图 7-64。

（1）拆卸。

①拆卸后轮，如图 7-65 所示，将车辆举升到合适高度。
②拆卸两颗后减震器上部固定螺栓，如图 7-66 所示。
③拆卸后减震器下部固定螺栓，如图 7-67 所示。
④取下后减震器，如图 7-68 所示。

图 7-64 测量悬架高度

图 7-65 拆卸后轮

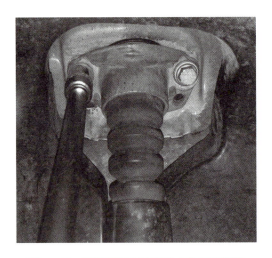

图 7-66 拆卸两颗后减震器上部固定螺栓

图 7-67 拆卸后减震器下部固定螺栓

图 7-68 取下后减震器

（2）安装。

按拆卸相反的顺序进行安装。

①安装后减震器下部螺栓（不要拧紧）。

②安装后减震器上部固定螺栓。

③使用专用工具 CT10149 和液压举升支架将后悬架压缩到无负载质量位置，如图 7-69 所示。

④拧紧后减震器下部固定螺栓至 40 Nm + 90°，如图 7-70 所示。

图 7-69　压缩后悬架到无负载质量位置

图 7-70　拧紧减震器下部固定螺栓至 40 Nm + 90°

⑤安装车轮，降下车辆。

6. 记录与分析

相关记录与分析见表 7-7。

表 7-7　记录与分析

基本信息	班级		姓名		日期	
	车型		设备名称		项目	后减震器的拆装
拆装记录与分析	故障情境描述：					

续表

拆装记录与分析	初步检查分析：
	拆装过程记录：

项目（三） 车轮定位参数的检测（以上海大众途安轿车为例）

1. 项目说明

汽车在行驶过程中，由于路面状况不佳，不可避免地会造成悬架系统元件的疲劳磨损、减弱，导致车轮定位参数发生变化，引起车辆行驶过程中抖动、跑偏等故障，因此若出现开始故障情景中的现象，又经检查确认悬架系统没有机械损伤，可对车辆的车轮定位参数进行检测。

2. 技术要求与标准

两名学员配合能够在 45 min 内完成此项目。

3. 设备器材

（1）车轮定位仪（大众 VAS6331）。

（2）常用工具一套。

4. 作业准备

（1）准备车辆。　　　　　　　　　□ 任务完成

（2）准备定位仪。　　　　　　　　□ 任务完成

5. 操作步骤

（1）定位前的准备工作。

①检查车轮悬架装置、车轮轴承、转向系统和转向拉杆是否有过大间隙或损坏。

②同一车桥上的左右两侧轮胎胎纹深度最多允许相差 2 mm。

③轮胎充气压力符合规定。

④车辆为无负载质量。

⑤燃油箱必须装满。

⑥备胎和随车工具必须放置在指定位置。

⑦风窗清洗系统和大灯清洗装置的洗涤液储液罐均注满。

⑧在进行车轮定位过程中，确保活动底座和转盘不触及止位块。

（2）定位参数的检测。

①如图 7-71 所示，将车辆停放到举升机上，确保前转盘和后滑动板锁定销到位；确保前轮胎置于转盘中心。将车轮楔放置在车辆后轮处。将车辆置于空挡，释放驻车制动。将举升机升到测量高度并锁定。

图 7-71　将车辆停放到举升机上

②如图 7-72 所示，安装目标盘夹具，安装自定中心目标盘夹具至车轮上，大的夹具安装在后轮上，小的夹具安装在前轮上。安装完成后，勾上保险弹簧绳。

③打开定位软件，单击红框运行智能化向导程序，如图 7-73 所示，选择车型，如图 7-74 所示。

④进行偏位补偿，如图 7-75 所示，将车辆向后移动约 20 cm。车辆到位后屏幕会有一个红色停止信号提醒操作者，使车辆保持稳定，直至停止信号消失。屏幕显示一个绿色箭头，提示操作人员将车辆向前移动，并使车辆回到其初始位置。车辆到位后屏幕会有一个红色停止信号提醒操作者，使车辆保持稳定，直至停止信号消失。

图7-72 安装目标盘夹具

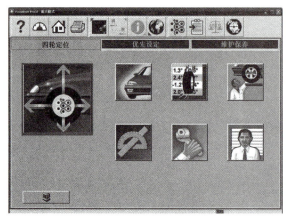

图7-73 打开定位软件,单击红框运行智能化向导程序

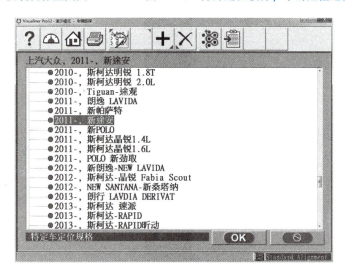

图7-74 选择车型

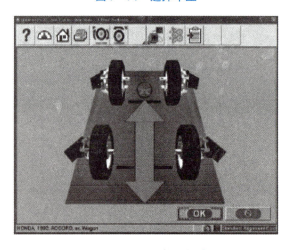

图7-75 进行偏位补偿

⑤安装制动踏板下压器并取出转角盘和后滑板锁定销，操作完毕后，单击"OK"可以进入下一画面，如图 7 – 76 所示。

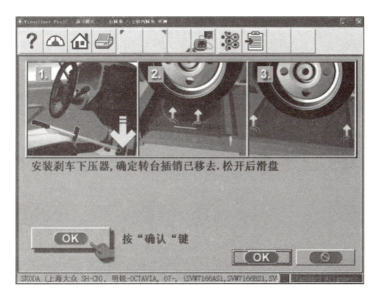

图 7 – 76　安装制动踏板下压器并取出转角盘和后滑板锁定销

⑥按照屏幕提示，向左及向右打方向，当角度接近 10°时，光标球由红变黄，在约 10°时，光标球变绿色，提示操作者停止转动车轮，稳定几秒钟，直至提示达到下一个位置，如图 7 – 77 所示。

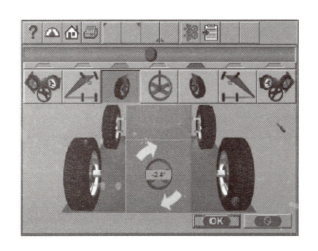

图 7 – 77　向左及向右打方向

⑦显示前后轮定位数据，如图 7 – 78 所示。
⑧打印结果，在所有读数屏幕界面，选择工具栏上的打印（F4）进入打印菜单屏幕，单击"OK"即可打印四轮定位检测报告，如图 7 – 79 所示。

6. 记录与分析

相关记录与分析见表 7 – 8。

后轮数据　　　　　　　　　　　　　　前轮数据

图 7-78　前后轮定位数据

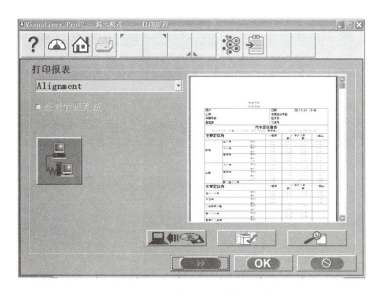

图 7-79　打印四轮定位检测报告

表 7-8　记录与分析

基本信息	班级		姓名		日期	
	车型		设备名称		项目	车轮定位参数的检测
拆装记录与分析	故障情境描述：					

续表

拆装记录与分析	定位前的检查工作：
	操作过程记录：

三、拓展学习

前面主要介绍了已经在汽车上广泛应用的悬挂系统，下面介绍几种应用前景及性能较优越的悬挂系统。

（一）动态底盘控制系统（DCC）

1. DCC 概述

DCC 是大众公司开发的一套可调悬架系统，其核心是一个电控阻尼可调的减震器，DCC 减震器如图 7-80 所示。

在减震时，可分为压缩（弹性变位）和拉伸（弹性回位）两个不同的阶段，压缩阶段的减震力通常小于拉伸阶段的减震力。

资源 7-4　DCC

图 7-80　DCC 减震器

传统的减震器具有一条在一定程度上决定车辆行驶性能的特性曲线。

根据对每辆车都实施的底盘调校的结果确定这条特性曲线，特性曲线的确定主要取决于车辆的重量分布、发动机配置、车辆特性和车桥运动学特性。

可调式减震器的特性曲线会根据调节阀不同的馈电电流发生变化，从而形成了一个特性曲线族。

这种调节方式适用于所有行驶模式（"普通""运动"和"舒适"）。根据当前行驶状况的不同，当选择了一个行驶模式后，在给定的特性曲线族内调节减震率。

DCC 调节按钮如图 7-81 所示，DCC 模式可由驾驶员通过调节换挡杆右侧的按键进行个性化设置，多次按键直至获得所需的设置模式，此操作可重复进行，系统将始终按照"普通"—"运动"—"舒适"这一顺序进行切换。

图 7-81　DCC 调节按钮

"普通"模式提供了一个稳定全面的平衡状态，但仍不失动感的驾驶感觉。它极其适合日常驾驶要求。

"运动"模式在基本曲线图上的表现更为陡峭，使车辆具备运动型的操控感觉。此时，转向系统也自动变为运动设置，且底盘减振变硬。这一设置允许特定的运动驾驶风格。

"舒适"模式趋向于舒适性，底盘减振基本设置变软。它比较适用于如颠簸路面或长途旅行等情况。

不同模式下，减振基本设置的硬度有显著差别。它们会因不同的行驶工况而有不同的阻尼力要求。

2. DCC 组成与工作原理

DCC 结构组成如图 7-82 所示。

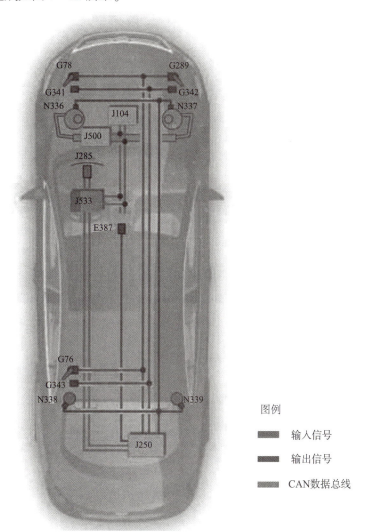

图 7-82　DCC 结构组成

E387—阻尼调节按键；G76—左后车身水平传感器；G78—左前车身水平传感器；G289—右前车身水平传感器；
G341—左前车身加速度传感器；G342—右前车身加速度传感器；G343—车尾车身加速度传感器；
J104—ABS 系统控制单元；J250—电控减振系统控制单元；J285—组合仪表中的控制单元；
J500—转向助力系统控制单元；J533—数据总线的诊断界面；N336—左前阻尼调节阀；
N337—右前阻尼调节阀；N338—左后阻尼调节阀；N339—右后阻尼调节阀

（1）车身水平传感器。

车身水平传感器就是通常所说的转角传感器。这些传感器安装在减震器附近，并通过连杆与横向导臂活动地连接,如图 7-83 所示。

图 7-83 车身水平传感器

车轮的弹性行程通过前、后桥横向导臂和连杆的运动传递到传感器上,并换算成旋转角度。所使用的转角传感器运转时产生静态磁场,并且遵循霍尔原理。信号输出口为减震器调节提供了一个与旋转角度成比例的 PWM 信号(脉宽调制信号)。

三个水平传感器的构造一样,只是支架、连杆和运动特性在各个侧面和车桥上有所不同。

(2)车身加速度传感器。

车身加速度传感器的作用是测量车身的垂直加速度。

在车身上,左前车身加速度传感器 G341 和右前车身加速度传感器 G342 都安装在减震器的上方,右前车身加速度传感器 G342 如图 7-84 所示。车尾车身加速度传感器 G343 安装在车身左后减震器的上方,向电控减振系统控制单元 J250 发送一个模拟的信号电压,传感器的测量范围为 $\pm 1.6g$。

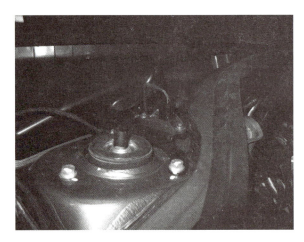

图 7-84 右前车身加速度传感器 G342

如图 7-85 所示,车身加速度传感器根据电容测量原理工作。在电容极板之间有一个弹性支承块 m 作为中间极产生振动,从而反向协调电容器 C_1 和 C_2 在其振动周期内的电容。

一个电容器的极板间距 d_1 增大一个数值,另一个电容器的极板间距 d_2 就会减少同样的数值。这样,就改变了各个电容器的电容。

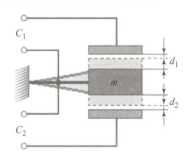

图 7-85 车身加速度传感器工作原理

资源 7-5 DCC 减震器

(3) DCC 减震器。

如图 7-86 所示,DCC 应用了双桶式减震器。电子控制的调节阀安装在减震器外侧以调节阻尼力。通过改变电流,减震器设置的阻尼力可以通过调节阀在数毫秒的时间内完成调节。三个车身高度传感器以及三个车身加速传感器提供信号来计算出所需的减震器设置。各个减震器设置特性场储存在电控减振控制单元 J250 中。

DCC 电磁阀如图 7-87 所示,调节阀安装于减震器侧面,以便油液从减震器环形通道流向调节阀。调节阀供给的油液输送到减震器油腔 2。

该阀是通过供给到线圈的电流来调节的(0.24~2.0 A),并以此改变调节阀的内部油液流量。根据调节阀的控制盘位置,自减震器中流出的油液将主活塞推到相应的水平位置,使得一定量的油液可通过回油通道流回减震器中。主活塞的位置是通过设置内部控制容积的油压差来实现的(与来自减震器中流出油液的压力相比较),而油压差是通过预紧压头与控制盘之间的通道横截面设置的,如果预紧力过大,油液流过主活塞的中心孔,随后经过环形通道和控制通道的油量减少,内部控制容积的压力增大,从而使主活塞只能向右略微移动。

此类变化使减振特性趋"硬"。如果预紧趋小,则系统以相反情况运行,使减振特性趋"软"。

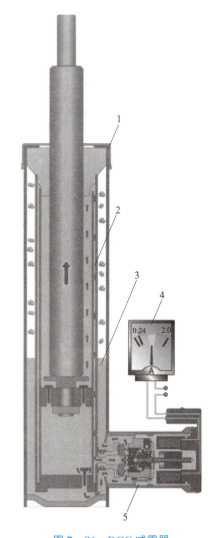

图 7-86 DCC 减震器

1—可调式减震器;2—环形通道;3—油腔 2;
4—电流表;5—调节阀

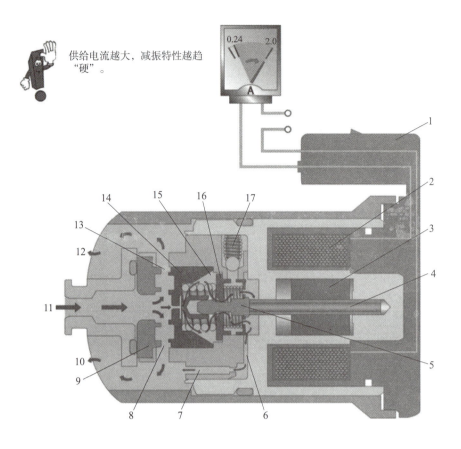

图 7-87　DCC 电磁阀

1—电气接口；2—线圈；3—电动转子；4—推杆；5—压头；6—环形通道；7—控制通道；
8，13—回油通道；9—压盘；10，12—通往减震器；11—来自减震器；14—主活塞；
15—内部控制容积；16—控制盘；17—故障安全阀

（二）电控空气悬架系统

1. 空气弹簧

在空气悬挂系统中，空气弹簧代替了普通悬挂系统的螺旋弹簧，它有一个被卡紧在弹簧底部活塞上的合成橡胶和塑料膜片，一个端盖固定在膜片的上部，并且在端盖上有空气弹簧阀。通过空气弹簧的充气或者放气，保证了恒定的车辆纵倾高度。前空气弹簧安装在控制臂和横梁之间（图 7-88）。空气弹簧的下端用卡箍卡紧在控制臂上，而上端安装在横梁的弹簧座上。前减震器和弹簧是分开安装的。

资源 7-6　自适应空气悬架

在有些新式空气悬挂系统中，空气弹簧安装和密封在减震器上（图 7-89）。减震器的下端通过绝缘轴套连接在下控制臂上，而上端通过绝缘轴套连接在底盘上。这种空气悬架，前下控制臂和转向节是铝的，而上控制臂是锻钢的。球窝接头安装在上下控制臂的外端。铝质悬挂部件减轻了簧下重量，提高了行驶质量。同时，减轻了车重也就提高了燃油经济性。

上下球窝接头是控制臂总体的一部分，并且它们不能被单独地更换。

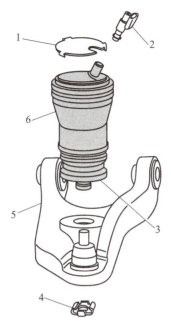

图 7-88　前空气弹簧安装在控制臂和横梁之间
1—横梁弹簧座；2—空气弹簧座；3—活塞；4—弹簧固定卡箍；
5—下控制臂；6—合成的橡胶塑料膜片

通常，节气阀位置传感器（TPS）是一个连接在节气阀柄臂的电压表。当节气阀被打开时，可移动的触点绕着一个环形的变化电阻滑动，从而改变了与节气阀打开量有关的传感器电压信号。节气阀位置传感器（TPS）把节气阀打开量的信号传递到发动机电子控制 IV（EEC IV）系统的动力传动控制模块（PCM）。在空气悬挂系统中空气弹簧支撑着底盘重量。

另外一些车辆上的空气弹簧安装在前后减震柱的外面，而且这些减震器安装了使不同减震柱阀打开的电磁调节器，用来控制悬挂的稳定性

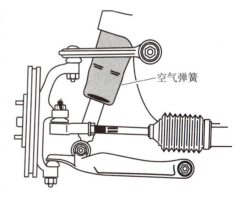

图 7-89　安装和密封在
减震器上的空气弹簧

（图 7-90 和图 7-91）。这些减震柱调节器与编程式悬挂控制（PRC）系统的类似。由于有些空气悬挂系统控制悬挂稳定性是不可手动调节的，因此，它被称为自动空气悬挂系统。某些安装有电磁调节器减震柱的车辆，最多可以有 4 种悬挂模式供驾驶员选择。一辆高级豪华轿车有如下悬挂模式可供驾驶员选择：

（1）舒适模式——提供平顺、舒适的行驶质量。
（2）自动模式——悬挂计算机根据速度、驾驶员风格和道路状况使舒适性和操控性尽最大可能结合。

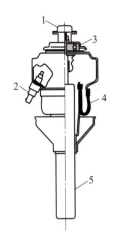

图 7-90　前空气弹簧和减震柱总成
1—调节器总成；2—电磁阀和滤清器总成；
3—球轴承；4—空气弹簧总成；
5—减震柱总成

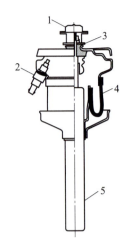

图 7-91　后空气弹簧和减震柱总成
1—调节器总成；2—电磁阀和滤清器总成；
3—双通道上支架总成；4—空气弹簧总成；
5—减震柱总成

（3）动态模式——最硬的、最差的、最运动性的和最具动力学的悬挂模式。

（4）安全模式——使用在比较粗糙的路面、陡峭的道路和深雪中。这种模式仅用于低速行驶。

当驾驶员选择一个悬挂模式时，悬挂模块确定了减震柱调节器的位置，从而获得了期望的行驶质量。同时，悬挂模块也调整了空气弹簧的压力，从而保证了合适的行程高度。

这种空气悬挂系统大大地减小了车体的摇摆以及转弯和急刹车产生的车体俯仰。由于空气悬挂系统在高速时降低了行程高度，所以它提高了空气动力效率。

后空气弹簧与前空气弹簧是相似的，并且支撑也是相似的。有些后空气弹簧连接在后悬挂臂和车架之间，而减震器和弹簧是分开安装的（图 7-92）。另外一些后空气弹簧安装在后减震器上，而减震器安装在下控制臂和车架之间。有些四轮驱动车辆的新式空气悬挂系统，安装了有横轴球窝接头的后转向节：下横轴球窝接头是一个安装在下控制臂的圆环形绝缘轴套，并且用螺栓固定在转向节的下部；上横轴球窝接头是一个安装在转向节上部的圆环形绝缘轴套，并且用螺栓固定在上控制臂上（图 7-93）。这个后悬挂系统的上下控制臂是铝制的，一个可调的束角连杆连接在转向节和车架之间，保证了后束角的调整。后轮外倾角通过外倾角调整部件来调整，而这个外倾角调整部件代替了转向节上部到控制臂的卡紧螺栓。

2. 空气弹簧阀

每个空气弹簧的上部都安装了一个空气弹簧阀（图 7-94），并且在正常情况下电磁阀是关闭的。当电磁阀线圈通电时，活塞移动就会使得到空气弹簧的气路打开。上面这种情况下，空气就会进入空气弹簧，或者从空气弹簧中排出。在阀的末端安装了两个 O 形密封圈，用来密封空气弹簧罩。而阀就安装在类似于散热器承压盖的两层转动作用的空气弹簧罩内。

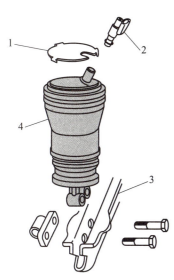
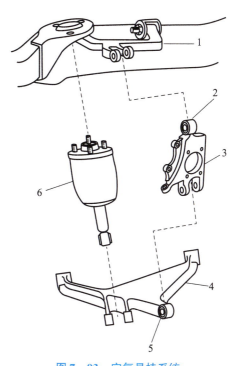

图 7-92 后空气弹簧的支撑

1—车架弹簧座；2—空气弹簧阀；
3—后控制臂；4—合成
橡胶塑料膜片

图 7-93 空气悬挂系统

1—上控制臂；2—上横轴球窝接头；3—转向节；
4—下控制臂；5—下横轴球窝接头；
6—空气弹簧和减震器

3. 空气压缩机

空气压缩机的单活塞通过曲轴和连杆带动在缸体内上下运动（图 7-95）。电枢连接在曲轴上，因此，电枢的转动就会使得活塞上下运动。当压缩机的输入端接上 12 V 电源时，电枢就开始转动了。在缸体的顶部有进气阀和排气阀。压缩机上安装的硅胶干燥器去除了进入系统空气中的水分。

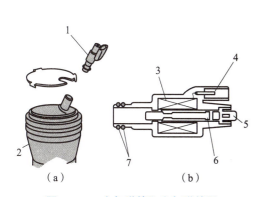
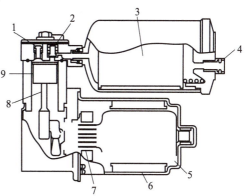

图 7-94 空气弹簧和空气弹簧阀

（a）连接图；（b）空气弹簧阀
1—空气弹簧阀；2—空气弹簧；3—线圈；4—电插座；
5—气道接头；6—阀体；7—O 形密封圈

图 7-95 空气压缩机

1—进气阀；2—排气阀；3—干燥器；
4—气道接头；5—电枢；6—磁铁；
7—整流器；8—连杆；9—活塞

尼龙空气管连接在压缩机的出气口和空气弹簧阀之间。为了恢复车辆行程高度,当空气压缩机需要把空气压入一个或者更多空气弹簧时,压缩机就开始工作了。

缸体的顶部有一个放气阀(图7-96),这个放气阀允许空气从系统中排出。当需要从空气弹簧中放出空气时,空气弹簧阀和排气阀就必须通电,同时切断压缩机的供电。如果车辆控制行程太高,就要进行放气。

4. 压缩机继电器

当压缩机继电器通电时,它使用连接在压缩机输入端的12 V电源(图7-97)。如果继电器被断电,继电器触点就会使压缩机回路断开。在有些空气悬挂系统中使用了电子继电器。

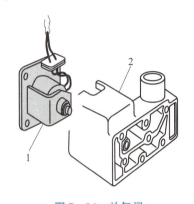

图7-96 放气阀

1—电磁放气阀;2—压缩机顶部

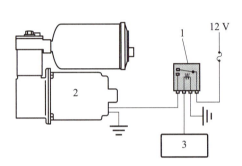

图7-97 压缩机继电器

1—压缩机继电器;2—空气压缩机;3—控制模块

5. 控制模块

控制模块是一个操控压缩机、排气阀以及空气弹簧阀的微处理器,从而保证了车辆的控制行程高度不变。在有些车辆上,控制模块位于行李舱内(图7-98),在另外一些车辆上,控制模块安装在仪表盘的下面、驻车制动器的正上方。

当悬挂出现故障时,控制模块就会使车顶板或者仪表盘的悬挂装置指示灯发光,为驾驶员报警。在悬挂模块中也设计了诊断能力。有些车辆的悬挂模块被称为车辆动力学模块(VDM)。在许多空气悬挂系统上,悬挂模块通过数据链路内连在车内的其他计算机和仪表盘下的数据链路连接器(DLC)上。连接在数据链路连接器上的解码器,用来分析车辆上的空气悬挂和电子系统。数据链路使数据在车载计算机和数据链路连接器之间传递。例如,车速传感器(VSS)信号通过连接线传输到动力传动控制模块(PCM),从而控制发动机的功能。如果悬挂控制模块需要车速传感器信号,那么动力传动控制模块就会通过数据链路传送车速传感器信号。如果新式空气悬挂系统出现电子故障,那么故障码(DTC)就会存储在悬挂模块芯片中。当把解码器连接在数据链路连接器上时,通过数据链路,悬挂模块就会把故障码传送到数据链路连接器和解码器上。

6. 双位开关

安装在行李舱内的双位开关用来接通和断开回路到控制模块的12 V电源(图7-99)。根据车辆设计和制造的年代,为了安装双位开关就必须拆掉行李舱的1~2块板;在车辆被吊起、顶起或者拖曳时，就必须关闭双位开关。某些空气悬挂维护程序需要双位开关处于关闭状态。

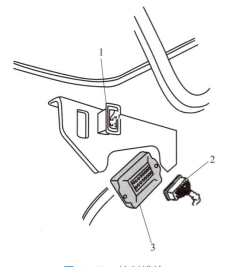

图 7-98 控制模块

1—双位开关；2—电线束；3—控制模块

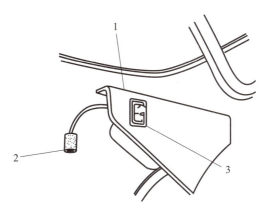

图 7-99 双位开关

1—左行李舱的铰接支撑；2—诊断引线；3—双位开关

7. 高度传感器

在空气悬挂系统中，位于下控制臂和横梁之间有 2 个前高度传感器，而在悬挂和车架之间有 1 个后高度传感器（图 7-100）。每个高度传感器都有一个安装在传感器上端的磁性滑块。当车辆行程高度发生变化时，磁性滑块就会在传感器下壳内上下运动（图 7-101）。传感器下壳上有 2 个通过电线束连接在控制模块上的电子继电器。

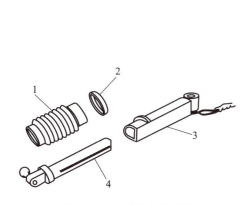

图 7-100 后高度传感器

1—防尘套；2—卡箍；3—外壳和电子继电器；4—磁性滑块

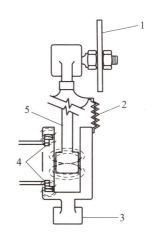

图 7-101 后高度传感器的支撑

1—车架支架；2—防尘套；3—控制臂支架；4—常闭电磁阀；5—磁性滑块

当车辆在某个控制行程高度时，电子继电器是闭合的，并且控制模块收到了控制行程高度的信号。如果磁性滑块向上移动，那么上面的行程继电器就会打开，并且车辆下降的信号就会从高度传感器传送到控制模块。当控制模块收到这个信号时，它就会适度地打开空气弹簧阀和放气阀，空气就会从空气弹簧中放出，从而校正向上控制行程高度的状况；当磁性滑块向下移动，那么上面的行程继电器就会闭合，而下面的行程继电器就会打开，这时，高度传感器就会向控制模块传送车辆上升的信号。当控制模块收到这个信号时，就会使压缩机继电器通电，压缩机开始工作，并且适度地打开空气弹簧阀，使空气进入空气弹簧，从而校正向下控制行程高度的状况。高度传感器是作为一个部件进行维护的。

有些空气弹簧系统使用了电子旋转高度传感器。每个旋转高度传感器都有1个永磁体电枢和1个霍尔元件（图7-102）。高度传感器的一个臂连接在电枢上。高度传感器安装在底盘上，并且在传感器臂和悬挂之间连接了一个连杆（图7-103）。悬挂系统的运动使永磁体电枢转动，从而改变了霍尔元件内的电压信号。旋转高度传感器的电压信号与控制行程高度、向上的控制行程高度和向下的控制行程高度都是成比例的。

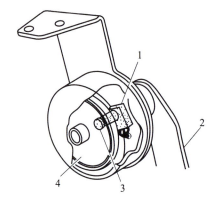

图7-102　电子旋转高度传感器
1—霍尔元件；2—连杆；3—永磁体；4—串枢

图7-103　高度传感器的支撑

8. 警示灯

当控制模块监测到一个系统故障时，控制模块就会打开车顶仪表板或者仪表盘上的警示灯，告知驾驶员出现了一个故障（图7-104）。如果空气悬挂系统工作正常，那么当打开点火开关时，警示灯会亮1 s。此后，警示灯就会熄灭。警示灯在点火开关的起始位置是不工作的，它只在自我诊断过程和弹簧充气过程才工作。

在有些车辆上，仪表盘信息中心的CHECK SUSPENSION（悬挂检查）信息代替了空气悬挂警示灯。如果在空气悬挂系统出现电子故障，那么悬挂模块就显示出CHECK SUSPENSION（悬挂检查）

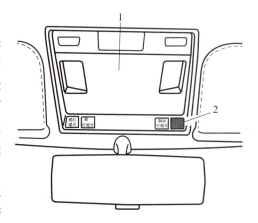

图7-104　空气悬挂警示灯
1—头顶的仪表板；2—维护指示灯

信息；如果空气悬挂开关处于关闭状态，那么在信息中心就会显示AIR SUSPENSION SWITCHED OFF（空气悬挂关闭）的信息。

学习任务 8
制动系统结构与拆装

 **工作情境描述**

一辆上汽大众新桑塔纳轿车行驶 53 566 km 后,驾驶员反映近期制动时有抖动现象,车主已将车开到 4S 店,请分析故障原因并排除此故障。

 学习目标

1. 描述汽车制动系统的作用、类型和工作原理;
2. 描述制动系统的基本组成和基本要求;
3. 能根据维修手册正确实施汽车制动系统的拆装作业,操作过程中严格执行"5S"管理;
4. 向客户解释拆装作业的必要性及结果。

> **牢记**:一个人的生命不只属于个人,还属于父母、家庭乃至社会,因此应善待每一个生命,高度重视人身安全。道路千万条,安全第一条,车辆的安全保障同样也是车辆设计制造和使用中最重要的部分。

一、知识准备

(一)制动系统概述

驾驶员根据道路和交通状况,利用汽车上的专门装置并借助于外界(主要是路面)在汽车某些部分(主要是车轮)上施加一定的与汽车行驶方向相反的外力,对汽车进行一定程度的强制制动。这种可控制的对汽车进行制动的外力称为制动力,用于产生制动力的一系列专门装置称为制动系统。

资源 8-1 制动系统介绍

1. 制动系统的作用

制动系统的作用包括:按照需要使汽车减速或在最短距离内停车;下坡行驶时限制车速;使汽车可靠地停放在原地并保持不动。

2. 制动系统的基本组成

汽车上设置有独立的制动系统,它们一般由以下四个部分组成:

（1）供能装置：包括供给、调节制动所需能量以及改善传能介质状态的各种部件，如气压制动系统中的空气压缩机、液压制动系统中人的肌体。

（2）控制装置：包括产生制动动作和控制制动效果的各种部件，如制动踏板等。

（3）传动装置：将驾驶员或其他动力源的作用力传到制动器，同时控制制动器的工作，从而获得所需的制动力矩，包括将制动能量传输到制动器的各个部件，如制动主缸、制动轮缸等。

（4）制动器：产生阻碍车辆的运动或运动趋势的力的部件。

较为完善的制动系统还包括制动力调节装置以及报警装置、压力保护装置等。

3. 制动系统的分类

制动系统按使用目的分为行车制动装置、辅助制动装置和驻车制动装置，按使用能源分为人力制动装置、伺服制动装置和动力制动装置；按传动装置的布置分为单管路制动装置和双管路制动装置。

4. 制动系统的工作原理

汽车制动系统由车轮制动器和传动机构两部分组成，汽车制动系统行车制动原理如图 8-1 所示。

资源 8-2 制动系统的工作原理

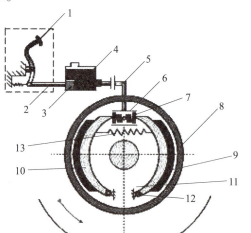

图 8-1 汽车制动系统行车制动原理

1—制动踏板；2—推杆；3—主缸活塞；4—制动主缸；5—油管；6—制动轮缸；7—轮缸活塞；8—制动鼓；
9—摩擦片；10—制动蹄；11—制动底板；12—支承销；13—制动蹄回位弹簧

车轮制动器的旋转部分是制动鼓 8，它固定于轮毂上，与车轮一起旋转。固定部分是制动蹄 10 和制动底板 11 等。制动蹄上铆有摩擦片，其下端套在支承销上，上端用复位弹簧拉紧压靠在轮缸 6 内的活塞上。支承销和轮缸都固定在制动底板上，制动底板用螺钉与转向节凸缘（前桥）或桥壳凸缘（后桥）固定在一起。制动蹄靠液压轮缸使其张开。

不制动时，制动鼓的内圆柱面与摩擦片之间保留一定间隙，制动鼓可以随车轮一起旋转；制动时，驾驶员踩下制动踏板，推杆便推动制动轮缸内的活塞 7 前移，迫使制动液经管路进入轮缸，推动轮缸的活塞向外移动，使制动蹄克服复位弹簧的拉力绕支承销转动张开，消除制动蹄与制动鼓之间的间隙后压紧在制动鼓上。此时，不旋转的制动蹄摩擦片对旋转的制动鼓就产生一个摩擦力矩，其方向与车轮的旋转方向相反。制动鼓将此力矩传到车轮后，由于车轮与路面的附着作用，车轮即对路面作用一个向前的周缘力，与此相反，路面会给车轮一个向后的反作用力，这个力就是车轮受到的制动力。各车轮制动力的总和就是汽车受到的总的制动力。

放松制动踏板，在复位弹簧的作用下，制动蹄与制动鼓的间隙又得以恢复，从而解除制动。

5. 制动系统的要求

（1）具有良好的制动效能。

制动效能评价指标：最大制动力、制动减速度、制动距离和制动时间。常用路试检测制动距离，用室内试验台检测制动力。

（2）具有良好的制动效能恒定性。

制动效能指标是在冷制动情况下，即制动器工作温度100℃以下讨论的。当长坡制动及高速制动时制动器的摩擦力矩将显著下降，汽车的制动效能显著降低，这称为制动效能的热衰退，例如：车速一定，连续制动15次，每次制动减速度为 $3~m/s^2$，最后的制动效能不低于制动效能的60%；汽车涉水后，制动器被水浸湿，制动效能也会降低，这称为制动效能水衰退。

（3）具有良好的制动方向稳定性。

在制动过程中，车辆维持原来的直线行驶及按预定弯道行驶的能力，称为汽车制动时的方向稳定性。

（4）操纵轻便。

操纵制动系统所需的力不应过大，以减少驾驶疲劳，对于人力液压制动系统的踏板力：轿车≤500 N，货车≤700 N。踏板行程：货车≤150 mm，轿车≤120 mm。

（5）具有良好的制动平顺性。

制动力矩能迅速而平稳地增加，亦能迅速而彻底地解除。

（6）对挂车的制动系统，还要求挂车的制动作用略早于主车；挂车自行脱挂时能自动进行应急制动。

（二）盘式车轮制动器

旋转元件固装在车轮或半轴上，将制动力矩直接作用于车轮上的制动器称为车轮制动器。根据摩擦副中旋转元件的结构形式不同，汽车上所用的车轮制动器可分为鼓式车轮制动器和盘式车轮制动器两种。它们的区别在于前者的摩擦副中旋转元件为制动鼓，其工作表面为圆柱面；后者的旋转元件则为圆盘状的制动盘，以端面为工作表面。

资源8-3 盘式车轮制动器

1. 盘式车轮制动器的结构

盘式车轮制动器的结构如图8-2所示，旋转元件是制动盘1，它和车轮固装在一起旋转，以其端面为摩擦工作表面。固定元件是制动块3、导向支销和轮缸及活塞2，它们均被安装于制动盘两侧的制动钳体5上，总称为制动钳。制动钳用螺栓与转向节或桥壳上的凸缘固装，并用调整垫片来调整钳与盘之间的相对位置。

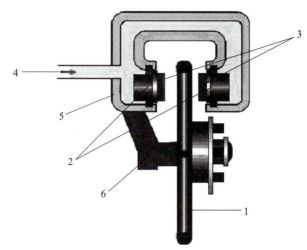

图 8-2 盘式车轮制动器的结构

1—制动盘；2—制动活塞；3—制动块；4—进油孔；5—制动钳体；6—车桥

2. 盘式车轮制动器的类型

盘式车轮制动器根据其固定元件的结构形式可分为钳盘式车轮制动器和全盘式车轮制动器。

钳盘式车轮制动器的固定元件为制动钳，制动钳中的制动块由工作面积不大的摩擦块与其金属背板组成，每个制动器中有 2~4 块。钳盘式车轮制动器按制动钳固定在支架上的结构型式可分为：浮钳盘式车轮制动器和定钳盘式车轮制动器，如图 8-3 和图 8-4 所示。

全盘式制动器固定元件的金属背板和摩擦片都做成圆盘形，因而其制动盘的全部工作面可同时与摩擦片接触。全盘式车轮制动器由于制动钳的横向尺寸较大，主要应用在重型车上。

资源 8-4 钳盘式车轮制动器

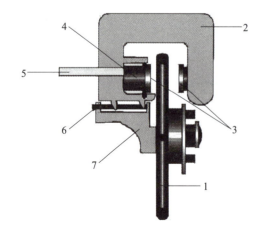

图 8-3 浮钳盘式车轮制动器

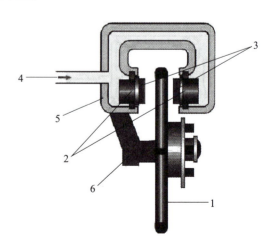

图 8-4 定钳盘式车轮制动器

3. 盘式车轮制动器的工作原理

活塞密封圈的工作情况如图 8-5 所示，制动时，油液被压入内、外两轮缸中，经液压作用的活塞朝制动盘方向移动，推动制动块压紧制动盘，产生摩擦力矩而制动。在此过程中，轮缸槽内的矩形橡胶密封圈的刃边在摩擦力的作用下产生微量的弹性变形，如图 8-5（a）所示。

放松制动时，液压系统压力消除，密封圈恢复到其初始位置，活塞和制动块依靠密封圈的弹力和弹簧的弹力回位，如图 8-5（b）所示。由于矩形密封圈刃边的变形量很微小，在不制动时，摩擦片与盘之间的间隙每边只有 0.1 mm 左右，它足以保证制动的解除。

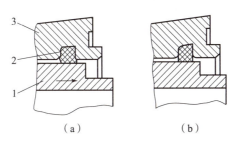

图 8-5　活塞密封圈的工作情况

(a) 制动时；(b) 解除制动时

1—活塞；2—矩形橡胶密封圈；3—轮缸

4. 盘式车轮制动器的特点

盘式车轮制动器与鼓式车轮制动器相比，有以下优点：

（1）一般无摩擦助势作用，因而制动力与行驶方向无关。
（2）浸水后效能降低较少，而且只需一两次制动即可恢复正常。
（3）在输出制动力矩相同的情况下，通常尺寸较小的盘式车轮制动器重量较轻。
（4）较容易实现间隙自动调整。
（5）散热良好、热稳定性好。

缺点：效能较低，故用于液压制动系统时所需制动促动管路压力较高，一般要用伺服装置。

（三）鼓式车轮制动器

现在汽车上所用的车轮制动器主要有两种形式，即前盘后鼓式车轮制动器和全盘式车轮制动器。其中前盘后鼓式车轮制动器一般在后轮上采用鼓式制动器。鼓式制动器多为内张双蹄式，旋转元件是制动鼓，固定元件是制动蹄，制动时制动蹄在促动装置作用下向外张开，外表面的摩擦片压靠到制动鼓的内圆柱面上，对制动鼓产生制动摩擦力矩。

资源 8-5　鼓式车轮制动器工作过程

1. 鼓式车轮制动器的结构

简单的鼓式车轮制动器由旋转部分、固定部分、促动装置和定位调整装置组成。

（1）旋转部分。

旋转部分为制动鼓。制动鼓通常为浇铸件，受力小的制动鼓也可用钢板冲压而成，制动鼓和制动蹄的外形如图 8-6 所示。

（2）固定部分。

固定部分是制动底板和制动蹄。制动底板固装在车桥的凸缘盘上，通过支承销与制动蹄相连。制动蹄常用钢板冲压后焊接而成，有的由铸铁或轻合金浇铸，采用 T 型截面，以增大刚度，摩擦片采用粘接或铆接的方式固定于制动蹄上，制动鼓和制动蹄的外形如图 8-6 所示。

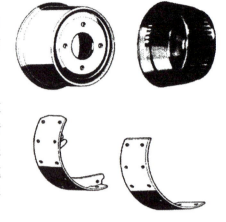

图 8-6 制动鼓和制动蹄的外形

（3）促动装置。

促动装置的作用是对制动蹄加力使其向外张开。常用的促动装置有制动凸轮和制动轮缸，制动蹄的促动装置如图 8-7 所示。

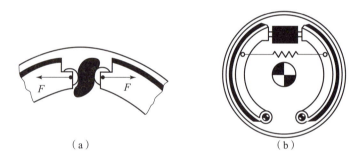

（a） （b）

图 8-7 制动蹄的促动装置
（a）制动凸轮；（b）制动轮缸

（4）定位调整装置。

定位调整装置的作用是保持和调整制动蹄和制动鼓间正确的相对位置。

2. 鼓式车轮制动器的工作原理

了解完制动器的结构，我们再来了解制动器的工作过程。

汽车行驶过程中不需要制动时，制动踏板处于自由状态，制动主缸无制动液输出，制动蹄在复位弹簧的作用下压靠在轮缸活塞上，制动鼓的内圆柱面与摩擦片之间保留一定间隙，制动鼓可以随车轮一起旋转。

制动时，驾驶员踩下制动踏板，推杆便推动制动主缸内的活塞前移，迫使制动液经管路进入轮缸，推动轮缸的活塞向外移动，使制动蹄克服复位弹簧的拉力绕支承销转动而张开，消除制动蹄与制动鼓之间的间隙后压紧在制动鼓上。此时，不旋转的制动蹄摩擦片对旋转的制动鼓就产生一个摩擦力矩，其方向与车轮的旋转方向相反。

放松制动踏板，在复位弹簧的作用下，制动蹄与制动鼓的间隙又得以恢复，从而解除制动。

3. 制动蹄的增势和减势

两个制动蹄各有一个支点，一个蹄在轮缸促动力作用下张开时的旋转方向与制动鼓的旋转方向一致，称为领蹄；另一个蹄张开时的旋转方向与制动鼓的旋转方向相反，称为从蹄。领蹄在摩擦力的作用下，蹄和鼓之间的正压力较大，制动作用较强；从蹄在摩擦力的作用下，蹄和鼓之间的正压力较小，制动作用较弱。

4. 鼓式车轮制动器类型

鼓式车轮制动器按其制动蹄促动装置的形式可分为轮缸式车轮制动器和凸轮式车轮制动器。根据制动时两制动蹄对制动鼓作用的径向作用力之间的关系，鼓式车轮制动器可分为：简单非平衡式车轮制动器、平衡式车轮制动器和自增力式车轮制动器。

（1）非平衡式车轮制动器。

制动鼓所受来自两制动蹄的法向力不能互相平衡的制动器称为非平衡式车轮制动器。非平衡式车轮制动器的工作过程如图 8-8 所示，其结构特点是：两制动蹄的支承点都位于蹄的下端，而促动机构的作用点在蹄的上端，共用一个轮缸张开，且轮缸活塞直径是相等的。其性能特点是：汽车前进或倒车制动时，各有一个"领蹄"和"从蹄"。领、从蹄对制动鼓的法向作用力不相等，而这个不平衡的法向作用力只能由车轮的轮毂轴承来承担。

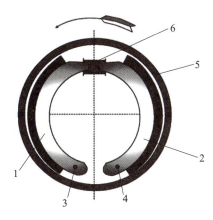

图 8-8 非平衡式车轮制动器

1—领蹄；2—从蹄；3，4—支点；5—制动鼓；6—制动轮缸

（2）平衡式车轮制动器。

制动鼓所受来自两蹄的法向力互相平衡的制动器称为平衡式车轮制动器。

①单向助势平衡式车轮制动器。

单向助势平衡式制动器受力分析如图 8-9 所示，其结构特点是：两制动蹄各用一个单向活塞制动轮缸，且前后制动蹄与其轮缸、调整凸轮零件在制动底板上的布置是中心对称的，两轮缸用油管连接。其性能特点是：前进制动时两蹄均为"领蹄"，有较强的增力，倒车制动时两蹄均为"从蹄"，制动力较小。

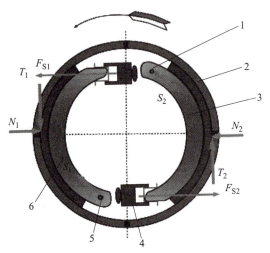

图 8-9 单向助势平衡式车轮制动器受力分析
1,5—支承销；2—制动鼓；3,6—制动蹄；4—制动轮缸

② 双向助势平衡式制动器。

双向助势平衡式制动器的结构如图 8-10 所示，其结构特点是：制动蹄、制动轮缸、复位弹簧均为成对地对称布置，两制动蹄的两端采用浮式支承，且支点在周向位置浮动，用复位弹簧拉紧；其性能特点是：汽车前进或倒车中制动时，两个制动蹄均为"领蹄"，均有较强的增力，制动效果好，蹄片磨损均匀。

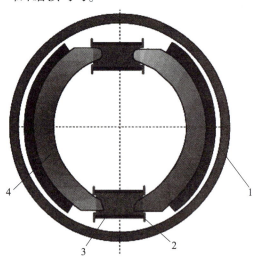

图 8-10 双向助势平衡式制动器结构
1—制动鼓；2—活塞；3—制动轮缸；4—制动蹄

（3）自动增力式制动器。

① 单向自增力式制动器。

单向自增力式制动器的结构如图 8-11 所示。第一制动蹄 1 和第二制动蹄 2 的下端分别浮支在浮动的顶杆两端，制动器只在上方有一个支承销 4。不制动时，两蹄上端均靠各自的复位弹簧拉靠在支承销上。

单向自增力式制动器的工作过程是：汽车前进制动时，单活塞式轮缸只将促动力 F_{S1} 加于第一制动蹄，使其上端离开支承销，整个制动蹄绕顶杆左端支承点旋转，并压靠在制动鼓上。显然，第一制动蹄是领蹄，并且在促动力 F_{S1}、法向合力 N_1、切向（摩擦）合力 T_1 和沿顶杆轴线方向的 S_1 作用下处于平衡状态。由于顶杆是浮动式，自然成为第二制动蹄的促动装置，而将与力 S_1 大小相等、方向相反的促动力 F_{S2} 施于第二制动蹄的下端，故第二制动蹄也是领蹄。

②双向自增力式制动器的结构如图 8-12 所示。前进制动时，两制动蹄在促动力 F_S 的作用下张开压力制动鼓，此时两蹄的上端均离开支承销，沿图中箭头方向旋转的制动鼓对两蹄产生摩擦力矩，带动两蹄沿旋转方向转过一个不大的角度，直到后蹄又顶靠到支承销上为止。此时，前蹄为"领蹄"，但其支承为浮动的推杆。制动鼓作用在前蹄的摩擦力和法向力的一部分对推杆形成一个推力 S，推杆又将此推力完全传到后蹄的下端。后蹄在推力 S 的作用下也形成"领蹄"，并在轮缸液压促动力 F_S 的共同作用下进一步压紧制动鼓。推力 S 比促动力 F_S 大得多，从而使后蹄产生的制动力矩比前蹄更大。

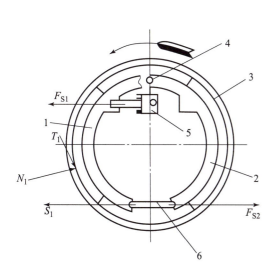 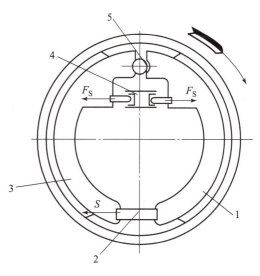

图 8-11 单向自增力式制动器的结构
1—第一制动蹄；2—第二制动蹄；3—制动鼓；
4—支承销；5—轮缸；6—顶杆

图 8-12 双向自增力式制动器的结构
1—前制动蹄；2—顶杆；3—后制动蹄；
4—轮缸；5—支承销

倒车制动时，作用过程与此相反，与前进制动时具有同等的自增力作用。

（四）驻车制动器

驻车制动器的功用包括：车辆停驶后防止滑溜；坡道上顺利起步；行车制动效能失效后临时使用或配合行车制动器进行紧急制动。

驻车制动器按其安装位置可分为中央制动式驻车制动器和车轮制动式驻车制动器两种。中央制动式驻车制动器通常安装在变速器的后面，其制动力矩作用在传动轴上；车轮制动式驻车制动器通常与车轮制动器共用一个制动器总成，只是传动机构是相互独立的。

驻车制动器按其结构形式可分为鼓式驻车制动器、盘式驻车制动器、带式驻车制动器和弹簧作用式驻车制动器 4 种。

1. 东风 EQ1090E 型汽车驻车制动器

(1) 驻车制动器的结构。

图 8-13 所示为东风 EQ1090E 型汽车驻车制动器的结构,该制动器为中央制动、鼓式、简单非平衡式驻车制动器。

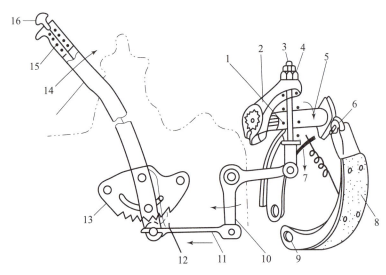

图 8-13　东风 EQ1090E 型汽车驻车制动器的结构

1—压紧弹簧；2—摆臂；3—拉杆；4—调整螺母；5—凸轮轴；6—滚轮；7—复位弹簧；8—制动蹄；9—偏心支承销孔；10—摇臂；11—传动杆；12—锁止棘爪；13—齿扇；14—驻车制动杆；15—拉杆弹簧；16—按钮

制动鼓通过螺栓与变速器输出轴的凸缘盘紧固在一起，制动底板固定在变速器输出轴轴承盖上，两制动蹄通过偏心支承销支承在制动底板上，其上端装有滚轮，在回位弹簧的作用下滚轮紧靠在凸轮的两侧，凸轮轴支承在制动底板的上部，轴外端与摆臂连接，摆臂的另一端与穿过压紧弹簧的拉杆相连，拉杆再通过摇臂、传动杆与驻车制动杆相连。驻车制动杆上连有棘爪，驻车制动器工作时，棘爪嵌入齿扇上的棘齿内，起锁止作用。解除制动时，需按下驻车制动杆上的按钮使棘爪脱离棘齿才能扳动驻车制动杆。

(2) 驻车制动器的工作情况。

制动时，将驻车制动杆上端向后拉动，则制动杆的下端向前摆动，传动杆带动摇臂顺时针转动，拉杆则带动摆臂顺时针转动，凸轮轴亦顺时针转动，凸轮则使两制动蹄以支承销为支点向外张开，压靠到制动鼓上，产生制动作用。当制动杆拉到制动位置时，棘爪嵌入齿扇上的棘齿内，起锁止作用。

解除制动时，向后拉动驻车操纵手柄的同时按下驻车制动杆上的按钮使棘爪脱离棘齿，然后向前推动制动杆，则传动杆、拉杆、凸轮轴按逆时针方向转动，制动蹄在回位弹簧的作用下回位，制动蹄与制动鼓间恢复制动间隙，制动解除。

资源 8-6　制动器驻车制动装置

2. 钢丝拉线式轿车驻车制动装置

钢丝拉线式轿车驻车制动装置由驻车制动器和操纵机构组成，是驻车制动器和车轮制动器的组合，轿车后轮驻车制动器如图 8-14 所示。驻车制动杠杆上端通过平头销与前制动蹄相连，中上部卡入驻车制动推杆左端的切槽中作为支点，下端与钢丝拉线相连。前后制动蹄的腹板卡在驻车制动推杆两端的切槽中，并用一根复位弹簧相连。操纵机构包括传动机构和锁止机构，传动机构由驻车制动操纵杆、调整拉杆及制动拉绳等组成。锁止机构由按钮、弹簧及限位块、棘爪压杆、棘爪和扇形齿等组成。

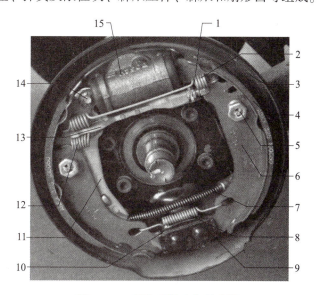

图 8-14 轿车后轮驻车制动器

1—制动调节装置；2—活塞回位弹簧；3—制动底板；4—摩擦片；5—限位弹簧及销钉；6—制动蹄腹板；7—驻车制动拉线；8—制动蹄回位弹簧；9—限位板；10—支承板；11—驻车制动杠杆；12—驻车制动杠杆复位弹簧；13—驻车制动推杆；14—平头销；15—前制动轮缸

（1）制动装置的工作情况。

①进行驻车制动时，驾驶员拉起驻车制动操纵杆后，操纵力便通过调整拉杆、拉绳传到车轮制动器内的驻车制动杠杆下端，使之绕上端支点逆时针转动，制动杠杆转动过程中，其中间支点推动驻车制动推杆右移，使后制动蹄压向制动鼓。到后制动蹄压向制动鼓后，推杆停止运动，则驻车制动杠杆的中间支点变成其继续转动的新支点。于是驻车制动杠杆的上端左移使前制动蹄压靠到制动鼓上，施以驻车制动。此时，驻车制动操纵杆上的棘爪与扇形齿啮合，驻车制动操纵杆处于锁止状态。

②解除驻车制动时，需先将驻车制动操纵杆向后搬动少许，再压下驻车制动操纵杆端头的按钮，通过棘爪压杆使棘爪与齿板脱开，然后将驻车制动操纵杆推到释放位置后松开按钮。与此同时，制动蹄在复位弹簧作用下回位。

（2）制动装置的拆卸。

①拆卸制动装置的操纵机构时，先松开驻车制动操纵杆，将车辆举起并支承稳妥。拧松调整拉杆上调整螺母，消除来自驻车制动拉绳的拉力。

②拆下平衡杠杆及前端拉绳。

③卸下车轮和制动鼓，将拉绳从驻车制动杠杆上取下。

3. 电子驻车制动系统（EPB）

（1）电子驻车制动系统概述。

相对于传统的手制动器,电子驻车制动系统具有以下 4 个优点:

①内部空间设计具有更大的自由性。不再使用手制动杆,而是用一个按钮来代替,这使得车内布局更合理,中央通道和脚部空间的设计更加自由。

②为客户提供更佳的功能性。借助电子控制系统和 CAN 网络,电子驻车制动系统为客户提供了附加的辅助功能(例如自动驻车或动态起步辅助)和更高的舒适性。

③制造过程的优势。由于不再需要手制动杆和手制动器拉索,这就简化了产品以及车辆的装配。

④自诊断功能。电子驻车制动系统是一个机电系统,该系统功能被持续不断地监控。

(2) 电子驻车制动系统的主要部件。

如图 8 – 15 所示,电子驻车制动系统主要由电子驻车制动控制单元 J540、后轮制动执行器、自动驻车按钮等组成。

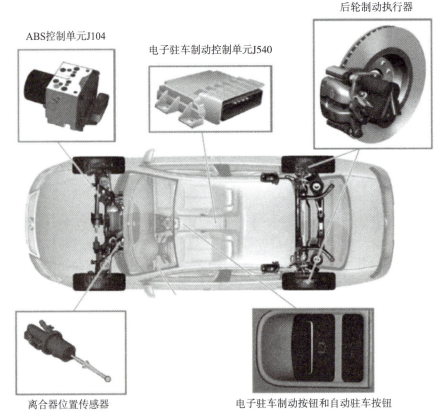

图 8 – 15　电子驻车制动系统组成

电子驻车制动系统的工作原理如图 8 – 16 所示,当启动驻车制动时(图 8 – 16 (a)),控制单元驱动电机,通过多级传动装置将电机的旋转运动转化为压力螺母的向前直线移动。压力螺母压紧在制动活塞的内侧端面上,通过制动活塞将制动摩擦片压紧在制动盘上,从而实现驻车制动。在此过程中,密封套会向制动摩擦片的方向发生挤压变形。制动压力的增大会使得流过电机的电流增大。电子机械式驻车制动控制单元在整个驻车过程中对电机的电流进行测量。当电流超过一个特定值时,控制单元会切断电机的供给电流。

当解除驻车制动时（图8-16（b）），电机改变旋转方向，通过多级传动装置使螺杆沿反方向旋转。螺杆上的压力螺母向后运动，制动活塞上的压紧力减轻，密封套恢复变形。制动活塞也向后移动，使制动摩擦片松开制动盘，从而解除驻车制动。

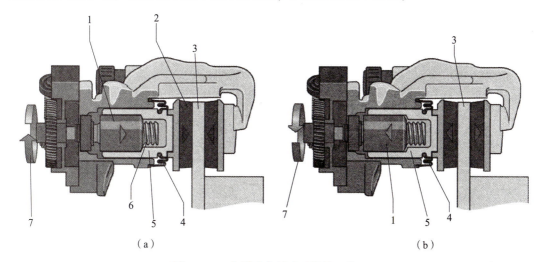

图8-16　电子驻车制动系统的工作原理

（a）启动制动；（b）解除制动；

1—压力螺母；2—制动摩擦片；3—制动盘；4—密封套；5—制动活塞；6—螺杆；7—螺杆的旋转运动

电子驻车制动执行器结构如图8-17所示，电子驻车制动系统主要借助电机、两级蜗杆传动装置以及螺杆传动装置将"操作驻车制动器"的指令转化为精确的制动力，从而使制动摩擦片压紧到制动盘上。电机的旋转运动通过多个阶段转化为线性运动。

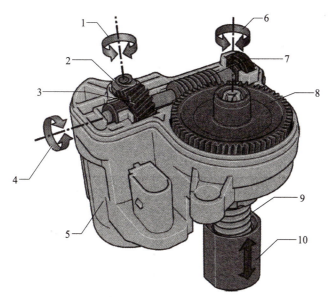

图8-17　电子驻车制动执行器结构

1—电机的旋转运动；2—电机的螺杆；3—第一级传动装置的正齿轮；4—蜗杆传动装置的旋转运动；
5—电机；6—螺杆传动装置的旋转运动；7—蜗杆传动装置的螺杆；8—第二级传动装置的正齿轮；
9—阶段3的螺杆传动装置；10—往复运动

第 1 级——齿轮机构。第 1 级齿轮减速比（1∶3）是在将动力从电控马达输入斜盘式齿轮过程中进行。

第 2 级——斜盘式齿轮。第 2 级齿轮减速比（1∶50）是由斜盘式齿轮实现的。

第 3 级——丝杆传动装置。第 3 级丝杆传动装置将马达的旋转运动转化为直线往复运动。

（3）电子驻车制动系统的功能。

①驻车制动功能。

当车辆在小于 30% 的坡道上驻车时，电子驻车制动系统可确保制动住车辆。电子驻车制动系统可在任何时候启动。即使点火开关关闭时，如果要启动驻车制动，只需抬起电子驻车制动按钮，按钮上的指示灯和组合仪表上的电子驻车制动指示灯会同时亮起约 30 s，然后熄灭，电子驻车制动指示灯如图 8 – 18 所示。

图 8 – 18　电子驻车制动指示灯

当点火开关打开后，同时踩下制动踏板并按下驻车制动按钮，就可解除驻车制动。另外，当驾驶员关闭车门，起动发动机并踩下加速踏板准备起步时，驻车制动就会自动解除。

②动态起步辅助功能。

当按下电子驻车制动按钮时，动态起步辅助可以使车辆起步时不会振动或溜车（即使在坡道上），在下述情况中才可启用该功能：

a. 驾驶员侧车门关闭。

b. 佩戴安全带。

c. 起动发动机。

解除电子驻车制动的时间点取决于以下 5 个因素：

a. 倾斜角度，利用纵向加速度传感器信号，由电子驻车制动控制单元计算得出。

b. 发动机扭矩。

c. 加速踏板位置。

d. 离合器作用，装配手动变速器的车辆，评估离合器位置传感器的信号。

e. 预期行驶方向。

当启动驻车制动时，车辆就不再需要在交通灯前使用制动踏板进行驻车了。一踩下加速踏板，就可以自动解除驻车制动，车辆开始移动。

③动态紧急制动。

如果制动踏板功能发生故障或制动踏板被卡住了，可通过动态紧急制动功能强力制动住车辆。

启动：当提起电子驻车制动按钮并保持住，就可以约 6 m/s² 的加速度对行驶中的车辆进行制动，此时会伴随警告音响起，且制动指示灯亮起。如果车速高于 7 km/h，通过在 4 个车轮上产生液压制动压力，执行动态紧急制动功能。ABS/ESP 功能根据驾驶工况控制制动过程。如此，即可确保车辆平稳制动；如果在车速低于 7 km/h 时按下电子驻车制动按钮，可以自动启动驻车制动。

解除：如果在动态紧急制动后，车速仍高于 7 km/h，松开电子驻车制动按钮或踩下加速踏板，就可解除制动。一旦车辆要停止，就如驻车制动功能所述，驻车制动就不得不被解除。

④自动驻车功能。

当车辆静止和车辆起步（前行或倒车）时，自动驻车功能可以用来辅助驾驶员。自动驻车功能由下列辅助功能组成：

通过按下中央通道的自动驻车按钮，驾驶员就可以利用自动驻车功能。

通过按钮上亮起的指示灯来显示该功能启动。重新按下自动驻车按钮来关闭自动驻车功能，按钮上的指示灯熄灭。

（五）制动传动装置

制动传动装置的作用是将驾驶员或其他动力源的作用传到制动器，同时控制制动器的工作，从而获得所需要的制动力矩。

制动传动装置按传力介质的不同可分为液压式、气压式和气–液综合式；按制动管路的套数可分为单管路和双管路制动传动装置。按照交通法规的要求，现代汽车的行车制动系统须采用双管路制动传动装置，因而单管路制动传动装置已被淘汰。

1. 液压式制动传动装置

液压制动传动装置是利用制动油液，将制动踏板力转换为油液的压力，通过管路传至车轮制动器，再将油液压力转变为制动蹄张开的机械推力。

（1）液压式制动传动装置的基本组成。

液压式制动传动装置的组成如图 8 – 19 所示，液压式制动传动装置由制动踏板、推杆、制动主缸、储油罐、制动轮缸、油管、制动开关、指示灯、比例阀等组成。

（2）液压式制动传动装置的工作原理。

踏板力的增大及变换如图 8 – 20 所示，液压制动传动装置以帕斯卡定律为基础，在传力过程中对驾驶员的踏板力进行了增大变换，使传递到制动轮缸及制动蹄上的制动力大于踏板力，以达到操纵轻便的目的。

（3）液压式制动传动装置的类型。

双管路液压制动传动装置是利用彼此独立的双腔制动主缸，通过两套独立管路，分别控制两桥或三桥的车轮制动器。其特点是若其中一套管路发生故障而失效时，另一套管路仍能继续起制动作用，从而提高汽车制动的可靠性和行车的安全性。

双管路布置方案在各型汽车上各有不同，可归纳为以下 3 种：

①两桥制动器彼此独立双管路布置方案，如图 8 – 21 所示。

②一个制动器两个轮缸彼此独立双管路布置方案，如图 8 – 22 所示。

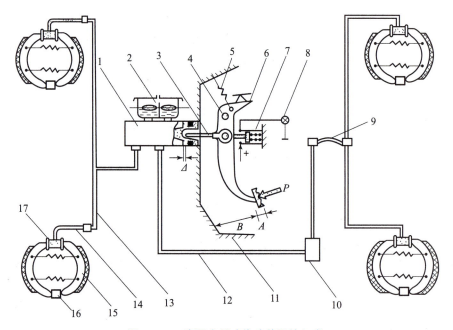

图 8-19 液压式制动传动装置的组成

1—制动主缸；2—储油罐；3—推杆；4—支承销；5—复位弹簧；6—制动踏板；7—制动灯开关；8—指示灯；9—软管；10—比例阀；11—地板；12—后桥油管；13—前桥油管；14—软管；15—制动蹄；16—支承座；17—轮缸；Δ—自由间隙；A—自由行程；B—有效行程

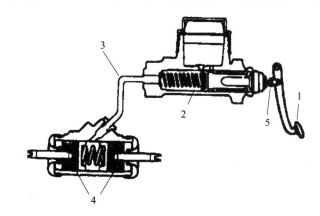

图 8-20 踏板力的增大及变换

1—踏板；2—主缸活塞；3—制动管路及制动液；4—轮缸活塞；5—制动蹄推杆

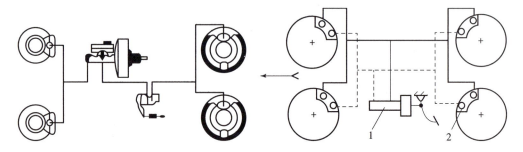

图 8-21 两桥制动器彼此独立双管路布置方案

图 8-22 一个制动器两个轮缸彼此独立双管路布置方案

③前后轮制动器对角彼此独立双管路布置方案，如图8-23所示。

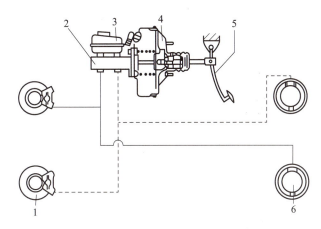

图8-23 前后轮制动器对角彼此独立双管路布置方案
1—前制动器；2—制动主缸；3—制动液储液罐；4—真空助力器；5—制动踏板；6—后制动器

（4）液压式制动传动装置主要部件的结构。

①制动主缸。

制动主缸的作用是将踏板输入的机械力转换成液压力。串联双腔制动主缸主要由储液罐、制动主缸外壳、前活塞、后活塞及前后活塞弹簧、推杆、皮碗等组成。

资源8-7 制动主缸

a. 制动主缸的组成。串联双腔制动主缸结构如图8-24所示。主缸的壳体内装有前活塞、后活塞及回位弹簧，前后活塞分别用皮碗密封，前活塞用限位螺钉保证其正确位置。储油罐分别与主缸的前、后腔相通，前出油口、后出油口分别与轮缸相通，前活塞靠后活塞的液力推动，而后活塞直接由推杆推动。

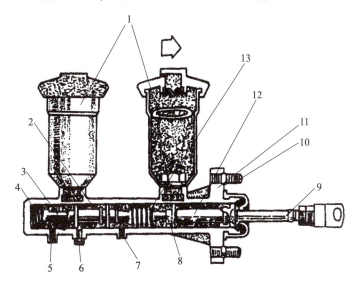

图8-24 串联双腔制动主缸结构
1—储液筒；2，8—皮碗；3—前活塞；4—前活塞弹簧；5—前出油口；6—限位螺钉；7—后出油口；
9—推杆；10—固定螺钉；11—壳体；12—后活塞；13—后活塞弹簧

b. 制动主缸的工作情况。

ⓐ不制动时：两活塞前部皮碗均遮盖不住其旁通孔，制动液由储油罐进入主缸的内孔，不制动时双活塞的位置如图 8 – 25 所示。

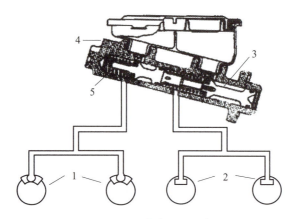

图 8 – 25　不制动时双活塞的位置
1—前制动器；2—后制动器；3—后活塞；4—主缸；5—前活塞

ⓑ正常状态下制动时：操纵制动踏板，经推杆推动后活塞左移，在其皮碗遮盖住旁通孔之后，后工作腔油液压力升高，油液一方面经出油阀流入制动管路，一方面推动前活塞左移。在后腔液压和弹簧弹力的作用下，前活塞向左移动，前腔油液压力也随之升高，油液推开出油阀流入管路。于是两制动管路在等压下对汽车制动，制动时双活塞的位置如图 8 – 26 所示。

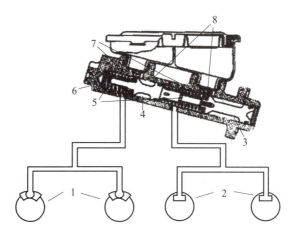

图 8 – 26　制动时双活塞的位置
1—前制动器；2—后制动器；3—后活塞；4—前活塞；5—压力室；6—主缸；7—前皮碗；8—旁通孔

ⓒ解除制动时：抬起制动踏板，活塞在弹簧作用下复位，高压油液自制动管路流回制动主缸。如活塞复位过快，工作腔容积迅速增大，而制动管路中的油液由于管路阻力的影响，来不及充分流回工作腔，使工作腔内油压快速下降，便形成一定的真空度，于是储油罐中的油液便经补偿孔和活塞上的轴向小孔推开垫片及皮碗进入工作腔。当活塞完全复位时，旁通孔开放，制动管路中流回工作腔的多余油液经补偿孔流回储油罐。

ⓓ若与前腔连接的制动管路损坏漏油，则在踩下制动踏板时只有后腔中能建立液压，前腔中无压力。此时，在压力差的作用下，前活塞迅速移到其前端顶到主缸缸体上。此后，后工作腔中液压方能升高到制动所需的值，前轮液压油路故障后轮制动的情况如图 8-27 所示。

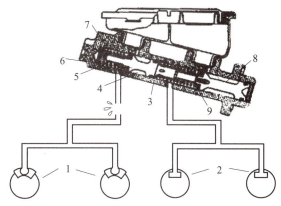

图 8-27　前轮液压油路故障后轮制动的情况

1—前制动器；2—后制动器；3—延长行程接触前活塞；4—前活塞；5—前活塞弹簧；
6—前活塞顶部；7—低压制动液；8—后活塞；9—压力室

ⓔ若与后腔连接的制动管路损坏漏油，则在踩下制动踏板时，起先只是后活塞前移，而不能推动前活塞，因而后腔工作油液不能建立。但在后活塞直接顶触前活塞时，前活塞便前移，使前腔建立必要的工作油压而制动，后轮液压油路故障前轮制动的情况如图 8-28 所示。

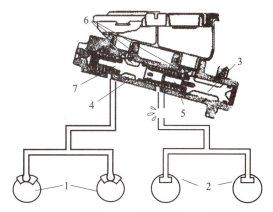

图 8-28　后轮液压油路故障前轮制动的情况

1—前制动器；2—后制动器；3—后活塞；4—前活塞；5—活塞延长螺钉；6—低压制动液；7—压力室

c. 制动主缸的拆解。

图 8-29 所示为串联式双腔制动主缸的分解图，拆解制动主缸的步骤如下：

ⓐ放出制动液。

ⓑ拆下制动开关等附件。

ⓒ将主缸夹在台钳上，用螺丝刀顶住后活塞，拆下弹簧挡圈，然后慢慢放松螺丝刀，依次取出后活塞、皮碗及后活塞弹簧。

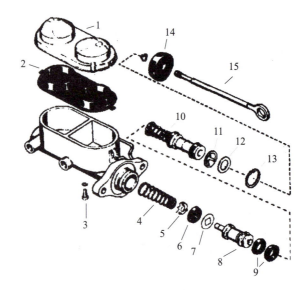

图 8-29 串联式双腔制动主缸的分解图

1—储液罐盖；2—膜片；3—活塞定位螺钉；4—弹簧；5—皮碗护圈；6—前皮碗；7—皮碗保护垫圈；8—前活塞；9—后皮碗；10—后活塞；11—推杆座；12—垫圈；13—锁圈；14—防尘套；15—推杆

ⓓ旋下限位螺钉，用压缩空气吹出前活塞后，依次取出皮碗及弹簧。

ⓔ用清洗液将解体后的制动主缸内孔及活塞等零件清洗干净。

d. 制动主缸的安装。

在制动主缸泵体内孔和活塞、密封圈及皮碗上涂上制动油液，使前腔活塞的回位弹簧小端朝向活塞，各皮碗的刃口方向向前，将前活塞装入制动主缸的内孔，并旋入限位螺钉。装入后活塞组件时，注意皮碗的刃口方向，最后装上止推垫圈、挡圈和防尘罩。

在将主缸安装到车上之前，要除去检修安装后主缸内部的空气，避免主缸内的空气进入车上的制动管路里。

②制动轮缸。

制动轮缸的作用是将制动主缸传来的液压力转变为使制动蹄张开的机械推力。

a. 制动轮缸的组成和结构。

如图 8-30 所示，制动轮缸主要由缸体、活塞、皮碗、弹簧和放气螺钉组成。

资源 8-8 制动轮缸

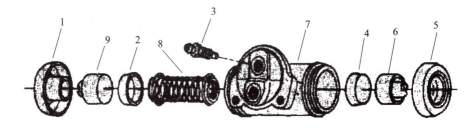

图 8-30 制动轮缸的组成

1，5—防尘罩；2，4—皮碗；3—放气螺钉；6，9—活塞；7—轮缸体；8—回位弹簧总成

制动轮缸的缸体通常用螺钉固装在制动底板上，位于两制动蹄之间。内装铝合金活塞，密封皮碗的刃口方向朝内，并由弹簧压靠在活塞上与其同步运动。活塞外端压有顶块并与蹄的上端相抵紧。在缸体的另一端装有防护罩，可防止尘土及泥土的侵入。缸体上方装有放气螺塞，以便放出液压系统中的空气。

b. 制动轮缸的类型。

常见的制动轮缸类型有：双活塞式制动轮缸、单活塞式制动轮缸、阶梯式制动轮缸等。

c. 制动轮缸的工作情况。

如图8-31所示，制动轮缸受到液压作用后，顶出活塞，使制动蹄扩张。松开制动踏板，液压力消失，靠制动蹄回位弹簧的力，使活塞回位。

d. 制动轮缸的拆装。

从轮缸体上的固定槽中拉下轮缸防尘套，拆下活塞。然后从缸筒中拆下橡胶皮碗和弹簧。

重新安装轮缸元件时，先用干净的制动液润滑密封件和所有内部元件。将轮缸的放气螺钉拧入轮缸上，安装回位弹簧总成，将活塞放进缸筒内，安装好防尘套。

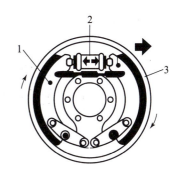

图8-31 制动轮缸的工作情况
1—制动蹄；2—制动轮缸；3—制动鼓

2. 真空液压制动传动装置

为了兼取气压制动和液压制动二者之长，在普通的液压制动系统中，加装真空加力装置，可以减轻驾驶员施加于制动踏板上的力，增加车轮的制动力，达到操纵轻便、制动可靠的目的。

真空加力装置可分为增压式和助力式两种。增压式是通过增压器将制动主缸的液压进一步增加，增压器装在主缸之后；助力式是通过助力器来帮助制动踏板对制动主缸产生推力，助力器装在踏板与主缸之间。

（1）真空增压式液压制动传动装置。

①真空增压式液压制动传动装置的组成和工作情况。

图8-32所示为跃进NJ1061A型汽车的真空增压式液压制动传动装置。它在液压制动传动装置中加装了一套真空增压系统，包括：由发动机进气歧管、真空单向阀、真空罐组成的供能装置，作为控制装置的控制阀以及作为传动装置的真空伺服室、辅助缸和安全缸。

当发动机工作时，在进气歧管中的真空度作用下，真空罐中的空气以真空单向阀被吸入发动机，因而罐中也产生并积累一定的真空度，作为制动加力的力源。

踩下制动踏板时，制动主缸输出的制动油液先进入辅助缸，由此一方面传入前后轮制动轮缸作为促动力，另一方面又作为控制压力输入控制阀，起动控制阀使真空伺服室产生的推力与来自制动主缸的液压力一起作用在辅助缸活塞上，从而使辅助缸输送到各制动轮缸的压力远高于制动主缸的压力。

安全缸的作用是当前后轮制动管路之一损坏漏油时，该管路上的安全缸即自动封堵，保证另一管路仍能保持其中的压力。

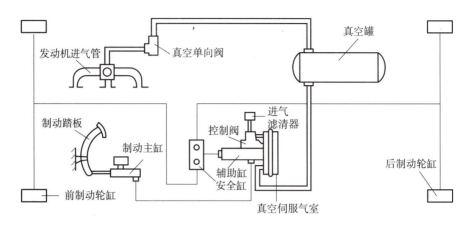

图 8-32 跃进 NJ1061A 型汽车的真空增压式液压制动传动装置

提示：柴油发动机进气管中的真空度不高，因而柴油车要采用真空增压时，必须装设由发动机驱动的真空泵。

② 真空增压器。

真空增压器的作用是将发动机产生的真空度转变为机械推力，使从制动主缸输出的液力进行增压后再输入各轮缸，增大制动力。

a. 真空增压器的结构。

真空增压器的结构如图 8-33 所示，它由辅助缸、控制阀和伺服气室等组成。

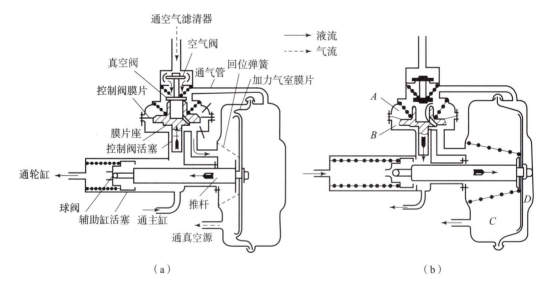

图 8-33 真空增压器的结构

辅助缸：辅助缸是将低压制动液变为高压的装置。装有皮圈的辅助缸活塞将辅助缸内腔分隔为两部分，左腔经出油管通向前后制动轮缸，右腔经进油接头与制动主缸相通。推杆后端与伺服气室膜片相连，前端嵌装着球阀，其球座在辅助缸活塞上。不制动时，推杆前部的**球阀与阀座之间保持一定距离，保证辅助缸两腔相通**。

控制阀：控制阀是控制伺服气室起作用的随动机构，由真空阀和空气阀组成双重阀门。不制动时，空气阀在弹簧的作用下处于关闭状态；真空阀在膜片回位弹簧的作用下处于开启状态。膜片座中央有孔道使气室上腔 A 和气室下腔 B 相通，因此不制动时四个气室腔 A、B、C 和 D 相通，且具有相等的真空度。

伺服气室：伺服气室是将进气歧管产生的真空度与大气压力的压力差，转变为机械推力的总成。膜片将伺服气室分成前后两腔，前腔 C 经前壳体端面上的真空管接头通向真空源，后腔 D 与控制阀上腔 A 相通，并通过真空阀与前腔 C、下腔 B 相通。

b. 真空增压器的工作情况。

ⓐ不制动时：空气阀关闭，真空阀开启。控制阀四个气室腔相通，且具有相等的真空度，推杆在回位弹簧的作用下处于最右端位置，推杆前部的球阀与阀座之间保持一定距离，辅助缸两腔相通。

ⓑ制动时：踩下制动踏板，制动主缸的制动油液输入到辅助缸体中，一部分油液经活塞中间的小孔进入各制动轮缸，轮缸液压即等于主缸液压。与此同时，液压还作用在控制阀活塞上，当油压力升到一定值时，活塞连同膜片上移，首先关闭真空阀，同时关闭 C、D 腔通道，膜片座继续上移将空气阀打开，于是空气经空气阀进入 A 腔并到 D 腔。此时，气室腔 B、C 的真空度仍保持不变，这样 D、C 两腔产生压力差，推动膜片使推杆左移，球阀关闭辅助缸活塞中孔，制动主缸与辅助缸左腔隔绝。此时在辅助缸活塞上作用着两个力：主缸液压作用力和伺服气室输出的推杆力，因此，辅助缸左腔及各轮缸的压力高于主缸压力。

ⓒ维持制动时：制动踏板踩到某一位置不动，制动主缸不再向辅助缸输送制动油液，作用在辅助缸活塞和控制阀活塞上的力为一定值。但随着进入空气室空气量的增加，气室腔 A 和 B 的压力差加大，对控制阀膜片产生向下的作用力，因而使膜片座及活塞向下移动，空气阀、真空阀开度逐渐减小，直至落座关闭。此时处于"双阀关闭"状态。油压对控制活塞向上的压力与气室腔 A、B 压力差造成的向下压力相平衡。气室腔 D、C 压力差作用在膜片上的总推力与控制油压作用在辅助缸活塞右端的总推力之和，与高压油液作用在辅助缸左端的总阻力抗相平衡，辅助缸活塞即保持相对稳定状态，维持了一定的制动强度。这一稳定值的大小取决于控制活塞下面的液压（主缸油压），即取决于踏板力和踏板行程。

ⓓ放松制动踏板时：放松制动踏板后，控制油压下降，控制活塞连同膜片座下移，空气阀仍处于关闭状态，而真空阀开起。于是 A、D 两气室腔的空气经 B、C 两气室腔被吸出，从而 A、B、C、D 各气室均具有一定的真空度。推杆、膜片及辅助缸活塞在弹簧的作用下各自回位，轮缸油液从辅助缸活塞的小孔流回，从而解除制动。

（2）真空助力式液压制动传动装置。

①真空助力式液压制动传动装置的组成和工作情况。

图 8-34 所示为奥迪 100 型轿车双管路真空助力式液压制动传动装置。串联双腔制动主缸的前腔通向左前轮制动器的轮缸 10，并经感载比例阀 9 通向右后轮制动器的轮缸 13。主缸的后腔通向右前轮制动器的轮缸 12，并经感载比例阀 9 通向左后轮制动器轮缸 11。真空伺服气室 3 和控制阀 2 组成一个整体部件，称为真空助力器。制动主缸直接装在真空伺

资源 8-9 液压制动装置中的真空助力器

服气室的前端，真空单向阀 7 装在伺服气室上。真空伺服气室工作时产生的推力，也同踏板力一样直接作用在制动主缸 4 的活塞推杆上。

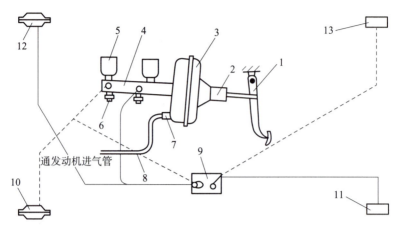

图 8-34　奥迪 100 型轿车真空助力式液压制动传动装置
1—制动踏板机构；2—控制阀；3—加力气室；4—制动主缸；5—储液罐；6—制动信号灯液压开关；
7—真空单向阀；8—真空供能管路；9—感载比例阀；10—左前轮缸；11—左后轮缸；
12—右前轮缸；13—右后轮缸

② 真空助力器的结构。

真空助力器主要有单膜片式和串联膜片式。

图 8-35（a）所示为上汽大众新桑塔纳轿车所用的单膜片真空助力器的实物图，图 8-35（b）所示为上汽大众新桑塔纳轿车所用的真空助力器的结构图。真空助力器和制动主缸用 4 个螺钉固定在车身前围上，借推杆与制动踏板连接。伺服气室由前、后壳体组成，其间夹装有膜片和座，它的前腔经单向阀通进气歧管或真空罐；后腔膜片座毂筒中装有控制阀，空气阀 2 与推杆 6 固接，橡胶阀门 8 与在膜片座上加工出来的阀座组成真空阀。

③ 真空助力器的工作情况。

a. 不制动时：未踩下制动踏板时，控制阀处于非工作状态。回位弹簧 5 将推杆 6 连同空气阀 2 推至右极限位置，空气阀 2 紧压阀座 9 而关闭；橡胶阀门 8 被压缩离开阀座 4 而开启。真空通道 3 开启，伺服气室 A、B 两腔相通，并与大气隔绝。发动机运转后，真空单向阀被吸开，A、B 两腔内均具有一定的真空度，真空助力器处于非工作状态，如图 8-36 所示。

b. 制动时：推杆 6 连同空气阀 2 向左移动，消除了与橡胶反作用盘 14 的间隙后，压缩橡胶反作用中心部分产生压凹变形，并推动推杆 1 向左移动，使制动主缸油压上升。与此同时，推杆 6 通过弹簧先将真空阀 8 压向阀座 4 而关闭，使 A 腔与 B 腔隔绝。进而空气阀 2 与阀座 9 分离而开启，外界空气经空气滤芯 7、空气阀的开口和气道 10 进入 B 腔。随着空气的进入，在加力气室膜片的两侧出现压力差而产生推力，此推力通过膜片座 12、橡胶反作用盘 14 推动推杆 1 左移。此时，推杆 1 上的作用力为踏板力和伺服气室推力之和，但伺服气室推力较踏板力大得多，从而使制动主缸输出的液压成数倍的增高。如图 8-37 所示真空助力器处于工作状态。

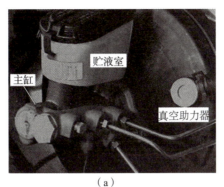

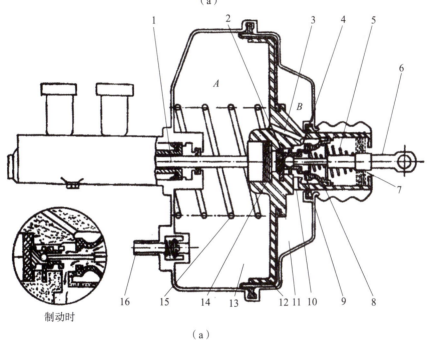

图 8-35 真空助力器

(a) 实物图；(b) 结构图

1—推杆；2—空气阀；3—真空通道；4—真空阀座；5—回位弹簧；6—制动踏板推杆；7—空气滤芯；
8—橡胶真空阀；9—空气阀座；10—通气道；11—加力气室后腔；12—膜片座；13—加力气室前腔；
14—橡胶反作用盘；15—膜片回位弹簧；16—真空口和单向阀

c. 维持制动时：踏板踩下停止在某一位置时，推杆6和空气阀2推压橡胶反作用盘14的推力不再增加，膜片两边压力差使橡胶反作用盘中心部分的凹下变形恢复平整，空气阀重新落座而关闭，出现"双阀关闭"的平衡状态。

d. 放松制动时：回位弹簧5使推杆6和空气阀2后移，真空阀8离开阀座4，伺服气室腔 A、B 相通，成为真空状态。膜片和膜片座在回位弹簧15的作用下回位，主缸即解除制动。

真空助力器失效时，推杆6将通过空气阀2直接推动膜片座和推杆1移动，使主缸产生制动液压，但踏板力要大得多。

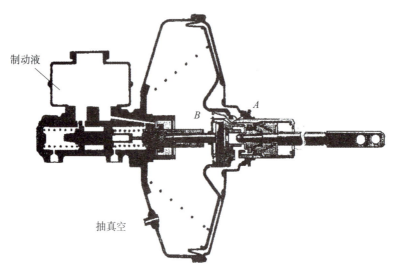

图 8-36　真空助力器处于非工作状态

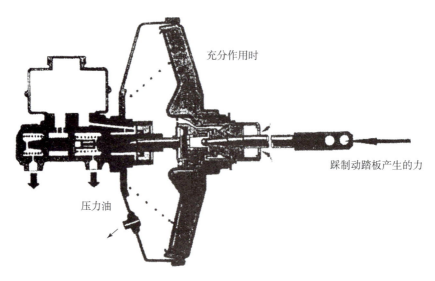

图 8-37　真空助力器处于工作状态

（六）电子控制制动防抱死系统（ABS）

为了提高汽车的制动性能，防止汽车制动时车轮抱死，现代轿车都加装了电子控制制动防抱死系统（Anti-lock Brake System，ABS）。ABS 的主要作用就是根据汽车的行驶状态和车轮的转动情况，在制动过程中自动调节各车轮的制动力，将车轮的滑移率控制在一个狭小的理想范围内，充分利用轮胎的纵向和侧向附着力，提高汽车抗侧滑的能力，改善汽车的操纵性和方向稳定性，缩短制动距离，提高行车安全性。现在 ABS 已成为乘用车的标准配置。

1. ABS 的基本组成

如图 8-38 所示，ABS 通常由车轮轮速传感器、制动压力调节器、电子控制单元（ECU）和 ABS 警示装置等组成。

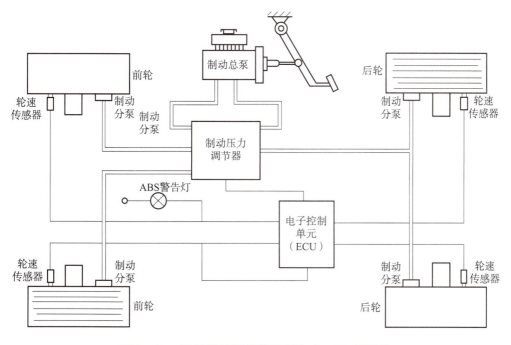

图 8-38 电子控制制动防抱死系统（ABS）的组成

每个车轮上安装一个转速传感器，它们将各车轮的转速信号及时输入电子控制单元；电子控制单元是 ABS 的控制中心，它根据各个车轮转速传感器输入的信号对各个车轮的运动状态进行监测和判定，并形成相应的控制指令，再适时发出控制指令给制动压力调节器；制动压力调节器是 ABS 中的执行控制装置，它主要由调压电磁阀总成、电动泵总成和储液器等组成一个独立的整体，通过制动管路与制动主缸和各制动轮缸相连，制动压力调节器受电子控制单元的控制，对各制动轮缸的制动压力进行调节；警示装置包括仪表板上的制动警告灯和 ABS 警告灯。制动警告灯为红色，通常用"BRAKE"作标识，由制动液面开关、手制动开关及制动液压力开关并联控制；ABS 警告灯为黄色，由 ABS 电子控制器控制，通常用"ABS""ALB"或"ANTILOCK"作标识。ABS 具有失效保护和自诊断功能，当电子控制单元监测到系统出现故障时，将自动关闭 ABS，恢复常规制动；存贮故障信息，并将 ABS 警告灯点亮，提示驾驶员尽快进行修理。

2. ABS 的优点

（1）增加了汽车制动时的稳定性。

汽车在制动时，如果前轮先抱死，驾驶员将无法控制汽车的行驶方向，这是非常危险的；如果后轮先抱死，则会出现侧滑、甩尾，甚至使汽车整个调头等严重事故。ABS 可以防止车轮制动时被完全抱死，提高了汽车行驶的稳定性。

（2）能缩短制动距离。

这是因为在同样紧急制动的情况下，ABS 可以将滑移率控制在 20% 左右，从而获得最大的纵向制动力。需要说明的是，当汽车在积雪路面上制动时，若车轮抱死，则车轮前的楔状积雪可阻止汽车的前进，在此条件下，装有 ABS 的汽车，其制动距离可能更长。

(3) 改善了轮胎的磨损状况。

事实上，车轮抱死会加剧轮胎磨损，而且轮胎胎面磨耗不均匀，使轮胎磨损消耗增大。

(4) 使用方便，工作可靠。

ABS 的使用与普通制动系统的使用几乎没有区别，制动时只要把脚踏在制动踏板上，ABS 就会根据情况自动进入工作状态，如遇雨雪路滑，驾驶员也没有必要用一连串的点刹车方式进行制动，ABS 会使制动状态保持在最佳点。

3. ABS 的分类

按照控制通道数目的不同，ABS 分为四通道、三通道、双通道和单通道四种形式，而其布置形式却多种多样。

(1) 四通道 ABS。

对应于双制动管路的 H 型（前后）或 X 型（对角）两种布置形式，四通道 ABS 也有两种布置形式，如图 8-39 和图 8-40 所示，分别为四传感器四通道控制 H 型（前后）ABS 和四传感器四通道控制 X 型（对角）ABS。为了对 4 个车轮的制动压力进行独立控制，在每个车轮上各安装一个转速传感器，并在通往各制动轮缸的制动管路中各设置一个制动压力调节分装置（通道），由于四通道 ABS 可以最大限度地利用每个车轮的附着力进行制动，因此汽车的制动效能最好，但在附着系数分离（两侧车轮的附着系数不相等）的路面上制动时，由于同一轴上的制动力不相等，汽车产生较大的偏转力矩而产生制动跑偏，因此，ABS 通常不对 4 个车轮进行独立的制动压力调节。

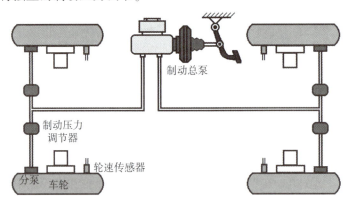

图 8-39 四传感器四通道控制 H 型（前后）ABS

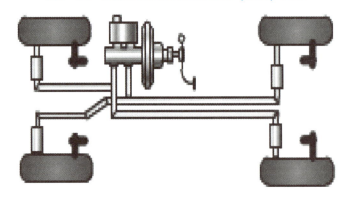

图 8-40 四传感器四通道控制 X 型（对角）ABS

（2）三通道 ABS。

早期的 ABS 大多为三通道系统，而三通道系统都是对两前轮的制动压力进行单独控制，对两后轮的制动压力按低选原则一同控制，四传感器三通道控制 ABS 和三传感器三通道 ABS 的布置形式分别如图 8-41 和图 8-42 所示，由于三通道 ABS 对两后轮进行一同控制，对于后轮驱动的汽车可以在变速器或主减速器中只设置一个转速传感器来检测两后轮的平均转速。

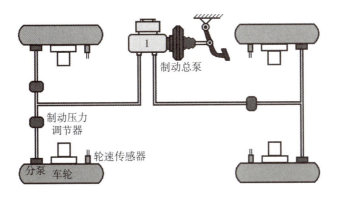

图 8-41　四传感器三通道控制 ABS

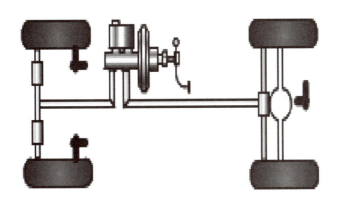

图 8-42　三传感器三通道控制 ABS

4. ABS 的工作过程

ABS 的工作过程可分为常规制动、制动压力保持、制动压力减小和制动压力增大等阶段。

（1）常规制动阶段。

在常规制动阶段，ABS 不起作用，调压电磁阀总成中的进液电磁阀、出液电磁阀均不通电，进液电磁阀处于开起状态，出液电磁阀则处于关闭状态；制动主缸至各制动轮缸的制动管路均处于沟通状态；电动油泵也不通电运转，制动轮缸至储液器的制动管路均处于封闭状态，各制动轮缸的制动压力将随制动主缸的输出压力而变化，此时的制动过程与常规制动过程完全相同。ABS 原理（制动压力增大）如图 8-43 所示。

资源 8-10　ABS

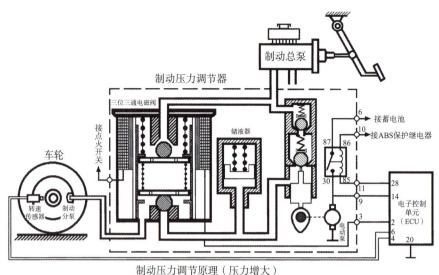

图 8-43 ABS 原理（制动压力增大）

（2）制动压力保持阶段。

在制动过程中，电子控制单元根据车轮转速传感器输入车轮转速信号判定有车轮趋于抱死时，ABS 就进入防抱死制动压力调节过程。如电子控制单元判定右前轮趋于抱死时，电子控制单元就输出控制指令使右前轮的进液电磁阀通电而转入关闭状态，制动主缸中的制动油液不再进入右前轮的制动轮缸。而右前轮出液电磁阀仍不通电而处于关闭状态，则右前轮制动主缸中的制动液也不会流出。此时，右前轮制动轮缸的制动压力就保持一定，而其他未趋于抱死的车轮制动轮缸内油液压力仍随制动主缸输出压力的增大而增大。ABS 原理（制动压力保持）如图 8-44 所示。

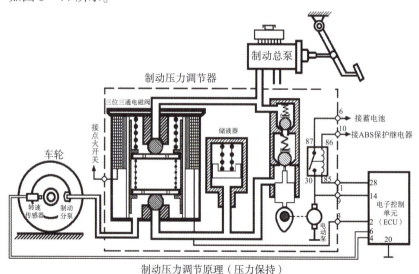

图 8-44 ABS 原理（制动压力保持）

（3）制动压力减小阶段。

当右前轮制动轮缸的制动压力保持一定时，若电子控制单元判定右前轮仍然处于抱死，则输出控制指令使右前出液电磁阀也通电而转入开起状态。右前轮制动轮缸中的部分制动液经开起的出液电磁阀流回储液器，制动轮缸内的制动压力减小，右前轮的抱死趋势开始消除。ABS 原理（制动压力减小）如图 8-45 所示。

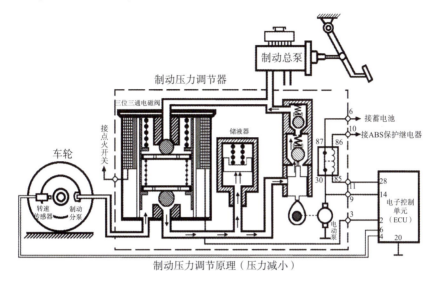

图 8-45　ABS 原理（制动压力减小）

（4）制动压力增大阶段。

随着右前轮制动轮缸内制动压力的迅速减小，右前轮会在汽车惯性力的作用下逐渐加速。当电子控制单元判定右前轮抱死趋势已完全消除时，就输入控制指令使进液电磁阀和出液电磁阀均断电，则进液电磁阀恢复开起状态，出液电磁阀恢复关闭状态，同时也使电动油泵通电运转向制动轮缸泵送制动液。由制动主缸输出的制动液和电动泵泵送的制动液均经过开起的进液电磁阀进入右前轮制动轮缸，使右前轮制动轮缸内的制动压力迅速增大，右前轮又开始减速转动。

ABS 使趋于抱死车轮的制动压力循环往复地保持—减小—增大过程，将趋于抱死车轮的滑移率控制在最大附着系数的范围内，直至汽车速度减小到很低或者制动主缸的压力不再使车轮趋于抱死时为止。

二、任务实施

项目（一）　盘式车轮制动器的拆装

1. 项目说明

在汽车的日常使用中，制动器是保证行车安全，产生足够制动力以使车轮减速，从而和轮胎及地面等其他因素一起保证车辆在最短距离内停车的重要因素之一。盘式制动器的拆装是汽车维护及修理作业中频率较高的项目，因此学员应扎实掌握该项目的要领及步骤。

2. 技术要求与标准

（1）每组学员能够在 45 min 内完成此项目。

(2) 完成工单及要求项目。

(3) 注意人身及设备安全。

(4) 部分螺栓拧紧力矩见表 8-1。

表 8-1 部分螺栓拧紧力矩

紧固件名称	拧紧力矩/Nm
制动钳螺栓	70~100
制动钳导向销螺栓	30
车轮螺母	120

3. 设备器材

(1) 上汽大众新桑塔纳轿车。

(2) 常用工具一套。

(3) 座椅套、地板垫、转向盘套、翼子板布及前格栅布一套。

(4) 举升机。

4. 作业准备

(1) 检查举升机。　　　　　　　□ 任务完成

(2) 车辆开进工位。　　　　　　□ 任务完成

(3) 停车,打开发动机盖。　　　□ 任务完成

(4) 铺上护套。　　　　　　　　□ 任务完成

(5) 顶好车位置。　　　　　　　□ 任务完成

(6) 稍微举升车辆。　　　　　　□ 任务完成

(7) 检查车辆是否平稳。　　　　□ 任务完成

5. 操作步骤

(1) 拆卸。

①准备工具,如图 8-46 所示。

②拆卸汽车前轮轮胎,在拆卸轮胎的时候使用扭力扳手,按照 90 Nm 的力矩拆卸,如图 8-47 所示。

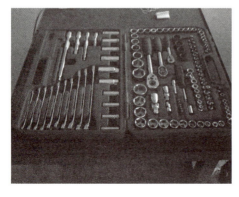

图 8-46 准备工具

图 8-47 拆卸汽车前轮轮胎

③取下汽车前轮轮胎，并按顺序放好，注意在取下轮胎前保护好制动管路，如图8-48所示。

④拆下制动钳体固定螺栓，如图8-49所示。

图8-48　取下汽车前轮轮胎

图8-49　拆下制动钳体固定螺栓

⑤取下制动钳体，松开固定螺栓后，取下制动钳体，如图8-50所示。

⑥取出制动蹄片，并按相应的顺序摆放，如图8-51所示。

注意事项：在拆卸过程中不要损伤制动软管，也不要踩制动踏板。

（2）安装。

按照与拆卸相反的顺序重新安装前轮制动器，注意下列事项：

①安装前用与制动主缸储液罐内相同的制动液清洁各个零件表面。

②不要使用其他牌号的制动液和稀释剂。

③重新安装制动管路后，应给制动系统排气。

图8-50　取下制动钳体

图8-51　取出制动蹄片并按要求摆放

6. 记录与分析

相关记录与分析见表 8-2。

表 8-2 记录与分析

基本信息	姓名		学号		班级		组别	
作业项目名称	盘式车轮制动器的拆装								
故障情境描述									
初步检查分析									
举升机的使用注意事项									
拆装过程记录									

项目（二） 后轮鼓式车轮制动器的拆装

1. 项目说明

要进行汽车后轮制动系统构造及拆装学习，则需要对制动系统的组成及各系统在车上的具体安装位置、特点等有全面而直观的了解，了解它们的形状、连接关系及布置形式，进一步提高学习本门课的兴趣，为学好本门课打下良好的基础。

2. 技术要求与标准

（1）每组学员能够在 45 min 内完成此项目。

（2）完成工单要求项目。

（3）注意人身及设备安全。

3. 设备器材

（1）上汽大众新桑塔纳轿车。

（2）常用工具一套。

（3）座椅套、地板垫、转向盘套、翼子板布及前格栅布一套。

（4）举升机。

4. 作业准备

（1）检查举升机。　　　　　　　□ 任务完成

（2）车辆开进工位。　　　　　　□ 任务完成

（3）停车，打开发动机盖。　　　□ 任务完成

（4）铺上护套。　　　　　　　　□ 任务完成

（5）顶好车位置。　　　　　　　□ 任务完成

（6）稍微举升车辆。　　　　　　□ 任务完成

（7）检查车辆是否平稳。　　　　□ 任务完成

5. 操作步骤

（1）拆卸。

①准备工具，如图 8-52 所示。

②拆卸汽车后轮轮胎：在拆卸轮胎的时候使用扭力扳手按照标准力矩拆卸，如图 8-53 所示。

图 8-52　准备工具

图 8-53　拆卸汽车后轮轮胎

③取下汽车后轮轮胎，如图 8-54 所示。

④拆下后制动鼓：按照规定力矩拆下后制动鼓，如图 8-55 所示。

图 8-54 取下汽车后轮轮胎

图 8-55 拆下后制动鼓

⑤取下后制动鼓,并按照顺序放好,如图 8-56 所示。

图 8-56 取下后制动鼓

(2) 安装:按相反顺序及规定力矩装复。

注意事项:在制动鼓和摩擦片上不得有任何油渍的痕迹。

6. 记录与分析

相关记录与分析见表 8-3。

表 8-3 记录与分析

基本信息	姓名	学号	班级	组别
作业项目名称	后轮鼓式车轮制动器的拆装			
故障情境描述				

续表

初步检查分析	
举升机的使用注意事项	
拆装过程记录	

项目（三） 电子驻车制动系统电机的拆装

1. 项目说明

要进行电子驻车制动系统电机的拆装，需要对电子驻车制动系统的组成及各系统在车上的具体安装位置、特点等有全面而直观的了解，了解它们的形状、连接关系及布置形式，进一步提高学习本门课的兴趣，为学好本门课打下良好的基础。

2. 技术要求与标准

（1）每组学员能够在 45 min 内完成此项目。
（2）完成工单要求项目。
（3）注意人身及设备安全。

3. 设备器材

（1）丰田途观整车。
（2）常用工具一套。
（3）座椅套、地板垫、转向盘套、翼子板布及前格栅布一套。
（4）举升机。

4. 作业准备

（1）检查举升机。　　　　　　　□ 任务完成

（2）车辆开进工位。　　　　　　□ 任务完成

（3）停车，打开发动机盖。　　　□ 任务完成

（4）铺上护套。　　　　　　　　□ 任务完成

（5）顶好车位置。　　　　　　　□ 任务完成

（6）稍微举升车辆。　　　　　　□ 任务完成

（7）检查车辆是否平稳。　　　　□ 任务完成

5. 操作步骤

（1）拆卸。

①准备工具，如图 8-57 所示。

图 8-57　准备工具

②使用诊断仪器将电子驻车制动系统的活塞退回极限位置，如图 8-58 所示。

图 8-58　使用诊断仪器将电子驻车制动系统的活塞退回极限位置

③车辆举升后断开电子驻车制动系统电机的插头，如图 8 – 59 所示。

图 8 – 59　断开电子驻车制动系统电机的插头

④拆卸电子驻车制动系统电机的两颗固定螺栓，如图 8 – 60 所示。

⑤取下电子驻车制动系统电机，注意不要污染电机与活塞的结合部位，如图 8 – 61 所示。

图 8 – 60　拆卸电子驻车制动系统电机的两颗固定螺栓　　图 8 – 61　取下电子驻车制动系统电机

（2）安装。

按相反顺序及规定扭矩装复，在安装的过程中应注意以下几点：

①确保电子驻车制动系统电机齐平地紧贴在制动钳上，严禁通过旋转固定螺栓将电子驻车制动系统电机压入制动钳。

②拧紧螺栓的拧紧力矩为 12 Nm。

③连接电子驻车制动系统电机的插接器，固定好线束。

④放下车辆，用诊断仪进行电子驻车制动系统电机的复位，如图 8 – 62 所示。

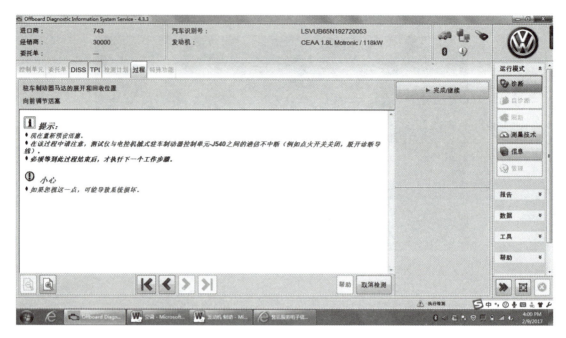

图 8-62　用诊断仪进行电子驻车制动系统电机的复位

6. 记录与分析

相关记录与分析见表 8-4。

表 8-4　记录与分析

基本信息	姓名		学号		班级		组别	
作业项目名称	汽车电子驻车制动系统电机的拆装							
故障情境描述								
初步检查分析								

续表

举升机的使用注意事项	
拆装过程记录	

三、拓展学习

前面主要介绍了在汽车上广泛应用的电子控制制动防抱死系统,下面介绍汽车制动系统的相关知识以及在汽车上广泛应用的制动电子装置。

当对行驶中车辆进行适当制动时,如果制动力左右对称产生,车辆能够在行驶方向上停止下来。但当左右制动力不对称时,就会发生车辆绕重心旋转的力矩。此时,如果轮胎与地面的侧向反力能阻止旋转力矩的作用,则车辆仍能保持直线行驶;如果轮胎与地面的侧向反力很小,则车辆就如图 8 - 63 所示一样形成不规则的运动。

(一)制动时车轮的受力分析

1. 地面制动力 (F_B)

图 8 - 64 所示是汽车在良好的路面上制动时,车轮的受力情况。图中忽略了滚动阻力矩和减速时的惯性力、惯性力矩。

当汽车使用制动器制动时,由于制动鼓(盘)与制动蹄摩擦片之间的摩擦作用,形成了摩擦力 M_μ,此力矩与车轮转动方向相反。车轮在 M_μ 的作用下给地面一个向前的作用力,

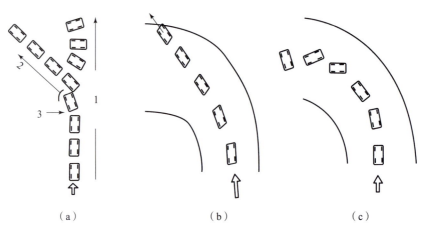

图 8-63 车轮抱死时，车辆的姿势

(a) 车辆直线行驶，车轮抱死时的车辆姿势；(b) 只有前轮抱死时的车辆姿势；
(c) 只有后轮抱死时的车辆姿势

1—车轮抱死；2—制动力解除时；3—外部干扰

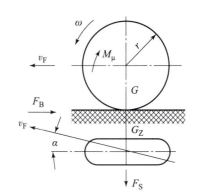

图 8-64 制动时车轮受力分析

M_μ—制动中的摩擦力矩；v_F—汽车瞬时速度；F_B—地面制动力；G—车轮垂直载荷；
G_Z—地面对车轮的反作用力；r—车轮的滚动半径；
F_S—侧向力；ω—车轮的角速度；α—侧偏角

与此同时地面给车轮一个与行驶方向相反的切向反作用力 F_B，这个力就是地面制动力，它是迫使汽车减速或停车的外力。

2. 制动器制动力

由于地面制动力是由地面提供的外力，若将汽车架离地面，地面制动力就不存在了。这时阻止车轮转动的是制动器摩擦力矩 M_μ。将制动器的摩擦力矩 M_μ 转化为车轮周缘的一个切向力，并将其称为制动器制动力 F_μ。

3. 地面制动力、制动器制动力和轮胎与道路附着力的关系

图 8-65 所示为不考虑制动过程中附着系数值变化的地面制动力、制动器制动力以及轮胎与道路附着力之间的关系。在制动过程中，车轮的运动只有减速滚动和抱死滑移两种状态。当驾驶员踩制动踏板的力较小，制动摩擦力矩较小时，车轮只做减速滚动，并且随着摩

擦力矩的增加，制动器制动力和地面制动力也随之增长，且在车轮未抱死前地面制动力始终等于制动器的制动力。此时，制动器的制动力可全部转化为地面制动力，但地面制动力不可能超过轮胎与道路的附着力。

当制动系统压力（制动踏板力）增大到某一值，地面制动力达到轮胎与道路的附着力值，即地面制动力达到最大值，此时，车轮即开始抱死不转而出现拖滑的现象；当再加大制动系统压力时，制动器制动力随着制动器摩擦力矩的增长仍按直线关系继续上升，但是，地面制动力已达到轮胎与地面的附着力值，因此地面制动力不再随制动器制动力的增加而增加。

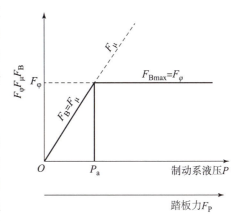

图 8-65 制动过程中地面制动力、制动器制动力和轮胎与道路附着力的关系

要想获得好的制动效果，必须同时具备两个条件：即汽车具有足够的制动器制动力，同时要有附着系数较高的路面提供足够的地面制动力。

（二）滑移率

1. 滑移率的定义

汽车匀速行驶时，汽车的实际车速与车轮滚动的圆周速度（也称车轮速度）是相同的。在驾驶员踩制动踏板使车轮的轮速降低时，车轮滚动的圆周速度（轮胎胎面在路面上移动的速度）也随之降低了，但由于汽车自身的惯性，汽车的实际车速与车轮的速度不再相等，使车速与轮速之间产生一个速度差。此时，轮胎与路面之间产生相对滑移现象，其滑移程度用滑移率表示。

滑移率是指车轮在制动过程中滑移成分在车轮纵向运动中所占的比例，用"S_B"表示。其定义表达式为

$$S_B = (v - r\omega)/v \times 100\%$$

式中：S_B——车轮的滑移率；
r——车轮的自由滚动半径；
ω——车轮的转动角速度；
v——车轮中心的纵向速度。

由上式可知：当汽车的实际车速等于车轮滚动时的圆周速度时，滑移率为0，车轮为纯滚动，但是，在汽车制动过程中，当汽车停止，前车轮处于抱死状态时，车身具有一定的速度，而车轮的滚动圆周速度为零，则滑移率为100%；当滑移率在0~100%之间时，车轮既滚动又滑动。

2. 滑移率与附着系数的关系

大量的实验证明，在汽车制动过程中，附着系数的大小随着滑移率的变化而变化。在干路面或湿路面上，当滑移率在15%~30%范围内时，车轮具有最大的纵向附着系数，此时可产生的地面制动力最大，制动距离最短，制动效果最佳；在雪路或冰路面上时，最佳滑移

率在20%～50%的范围内；当滑移率为零，即车轮处于纯滚动状态时，其侧向附着系数最大，此时汽车保持转向和防止侧滑的能力最强。随着滑移率的增加，侧向附着系数下降，当滑移率为100%，即车轮抱死滑动时，侧向附着系数变得极小，轮胎与路面之间的侧向附着力接近于零，车轮将完全丧失抵抗外界侧向力作用的能力。稍有侧向力干扰（如路面不平产生的侧向力、汽车重力的侧向分力、侧向风力等），汽车就会产生侧滑而失去稳定性。

在汽车制动过程中，若能将滑移率控制在最大附着系数所对应的滑移率范围，汽车将处于最佳制动状态，下面介绍控制滑移率的方法：要控制滑移率就要对作用于车轮上的力矩进行瞬时的自适应调节。电子控制制动防抱死系统就是通过电子控制器、车轮转速传感器和制动压力调节器，对作用于制动轮缸内的制动液压力进行瞬时的自动控制（约10次/s），从而控制制动车轮上的制动器压力，使制动车轮尽可能保持在最佳的滑移率范围内运动，使汽车的实际制动过程接近于最佳制动状态成为可能。

（三）驱动防滑系统（ASR）

1. 驱动防滑系统的作用

驱动防滑系统能在车轮开始滑转时，降低发动机的输出扭矩，同时控制制动系统，以降低传递给驱动车轮的扭矩，使之达到合适的驱动力，使汽车的起步和加速达到快速而稳定的效果。

2. 滑转率及其与路面附着系数的关系

汽车在驱动过程中，驱动车轮可能相对于路面发生滑转。滑转成分在车轮纵向运动中所占的比例称为驱动车轮的滑转率，通常用"S_A"表示。

$$S_A = \frac{r\omega - v}{r\omega} \times 100\%$$

式中：S_A——车轮的滑转率；

r——车轮的自由滚动半径；

ω——车轮的转动角速度；

v——车轮中心的纵向速度。

当车轮在路面上自由滚动时，车轮中心的纵向速度完全是由于车轮滚动产生的。此时$v = r\omega$，其滑转率$S_A = 0$；当车轮在路面上完全滑转（即汽车原地不动，而驱动轮的圆周速度不为零）时，车轮中心的纵向速度$v = 0$，其滑动率$S_A = 100\%$；当车轮在路面上一边滚动一边滑转时，$0 < S_A < 100\%$。

与汽车在制动过程中的滑移率相同，在汽车的驱动过程中，车轮与路面间的附着系数的大小随着滑转率的变化而变化：在干路面或湿路面上，当滑转率在15%～30%范围内时，车轮具有最大的纵向附着系数，此时可产生的地面驱动力最大；在雪路或冰路面上时，最佳滑移率在20%～50%的范围内；当滑转率为零，即车轮处于纯滚动状态时，其侧向附着系数也最大，此时汽车保持转向和防止侧滑的能力最强。随着滑转率的增加，侧向附着系数下降，当滑转率为100%，侧向附着系数变得极小，轮胎与路面之间的侧向附着力接近于零，车轮将完全丧失抵抗外界侧向力作用的能力。

3. 驱动防滑系统的基本组成和工作过程

（1）驱动防滑系统的基本原理。

驱动防滑系统可以通过调节作用于驱动轮的上驱动力矩和制动力矩，在驱动过程中防止驱动车轮发生滑转。

调节作用于驱动车轮上的驱动力矩可通过控制发动机节气门的开度和点火提前角的大小来实现；调节作用于驱动车轮上制动力矩可借助 ABS 控制系统中的车轮转速传感器及制动压力调节器对驱动车轮施加一定的制动力矩来实现。

a. 发动机动作。

一旦电子控制单元检测到一个或两个驱动车轮发生空转情况，立即将发动机的副节气门关闭，减小发动机的输出扭矩。随着发动机扭矩的减小，车轮的转速下降，其滑转率降低，车轮与地面的附着系数增大。

b. 制动动作。

如图 8-66 所示，当汽车在附着系数不均匀的路面上行驶时，处于低附着系数路面的车轮可能会空转，出现车轮打滑的情况，则电子控制单元将使滑转车轮的制动压力上升，对该车轮作用一定的制动力，同时对另一个驱动车轮作用一个与制动力矩相同的发动机扭矩。空转车轮制动如图 8-67 所示。

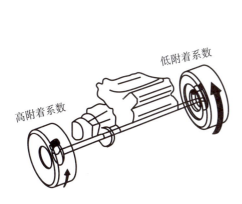

图 8-66 路面附着系数不均匀，处于低附着系数路面的车轮空转

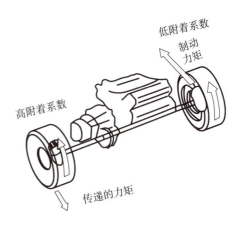

图 8-67 空转车轮制动

这一作用的结果是：使空转车轮转速降低，另一车轮驱动力矩增加，两车轮向前运动速度趋于一致。

（2）驱动防滑系统的基本组成。

图 8-68 所示为一典型的具有 ABS 和 ASR 的系统。其中 ASR 与 ABS 共用车轮转速传感器和电子控制单元，只是在通往驱动车轮制动轮缸的制动管路中增设了一个防滑转制动压力调节器，在由加速踏板控制的主气门上方增设了一个由步进电机控制的副节气门，并在主、副节气门处各设置一个了气门开度传感器。

（3）驱动防滑系统的工作情况。

当驱动防滑系统处于工作状态时，电子控制单元根据各车轮转速传感器检测到的转速

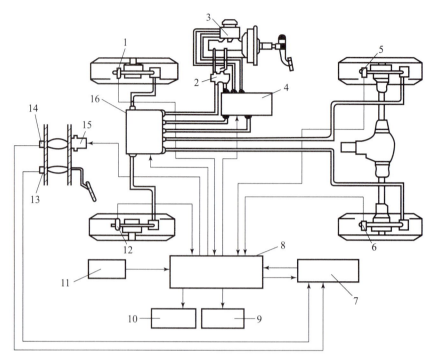

图 8-68 典型的具有 ABS/ASR 系统的组成

1—右前车轮转速传感器；2—比例阀和差压阀；3—制动主缸；4—ASR 制动压力调节器；5—右后车轮转速传感器；6—左后车轮转速传感器；7—发动机/变速器电子控制单元；8—ABS/ASR 电子控制单元；9—ASR 关闭指示灯；10—ASR 工作指示灯；11—ASR 选择开关；12—左前车轮转速传感器；13—主节气门开度传感器；14—副节气门开度传感器；15—副节气门驱动步进电机；16—ABS 制动压力调节器

信号，确定驱动车轮的滑移率和汽车的参考速度。当电子控制单元判定驱动车轮的滑移率超过设定的限值时，就使驱动副节气门的步进电机转动，减小副节气门开度。此时，即使主节气门的开度不变，发动机的进气量也会因副节气门开度的关小而减少。如果驱动车轮的滑移率仍未降低到设定的控制范围内，电子控制单元又会控制防滑制动压力调节器和 ABS 制动压力调节器，对驱动车轮施加一定的制动压力，则驱动车轮上就会作用一制动力矩，从而使驱动车轮的转速降低。

（四）电子制动力分配系统

EBD（Electronic Brake force Distribution）的含义是电子制动力分配系统。当汽车制动时产生汽车重心的移动，为了发挥最佳制动效果，各车轮根据载重需要有效的分配制动力。前后轮同时抱死的制动力分配叫作理想制动力分配。

当车轮抱死滑移时，车轮与路面间的侧向附着力完全消失。如果只是前轮（转向轮）制动到抱死滑移而后轮还在滚动，汽车将失去转向能力；如果只是后轮制动到抱死滑移而前轮还在滚动，即使受到侧向干扰力，汽车也将产生侧滑（甩尾）现象。这些都极易造成严重的交通事故。

为了避免此类现象的发生，根据重心的移动需要自动分配每个轮的制动力。在一些车型中采用机械式分配阀（Proportionig Valve，又称为 P 阀）来完成这个作用。P 阀是为了在紧急制动时提高前后轮的制动均衡力,在高压时,减少后轮制动油压上升速度。但机械式分配阀不能实现理想的制动力分配,它在轻微制动时不起作用。

1. EBD 系统作用

电子制动力分配系统(EBD)主要作用有:

(1)紧急制动时,防止因后轮先被抱死造成汽车滑动及甩尾。

(2)取代 P 阀的功能,缩短制动距离。

(3)可分别控制四轮的制动。

(4)确保 ABS 工作时的制动安全性。

(5)实现后轮制动压力左右独立控制,确保转向制动时的安全性。

(6)提高后轮的制动效果,减少前轮制动摩擦片的磨损量及温度的上升,一般轿车把前、后轮制动力比例分配在约 30:70。

2. 制动力分配

(1)前后轮制动力分配。

因前后轮荷重不同,所需的制动力不同,在车辆后部无负荷时,适当增大车辆前轮的制动力。前后轮制动力分配如图 8-69 所示,随着车辆后部的负荷质量增大,需要增大后轮的制动力。

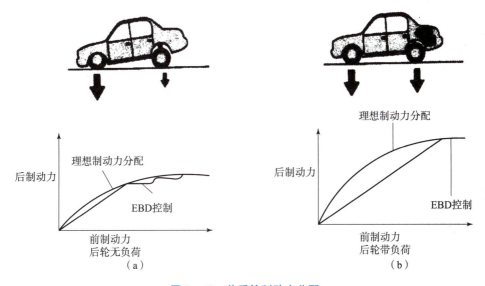

图 8-69 前后轮制动力分配

(a)后轮无负荷;(b)后轮带负荷

(2)左右轮制动力分配。

转弯时车辆重心外移,为减少外侧车轮的侧滑,车辆转向时的左右轮动力分配如图 8-70 所示,制动时外侧车轮要增加较大的制动力。

3. 组成

EBD 是在 ABS 基础上工作,并没有增加新的元件,而是通过软件即升级或改变电脑的程序来实现制动力的合理分配,降低了成本。ABS 和 EBD 示意图如图 8-71 所示。

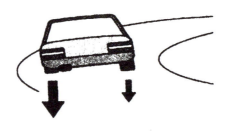

图 8-70 车辆转向时的左右轮制动力分配

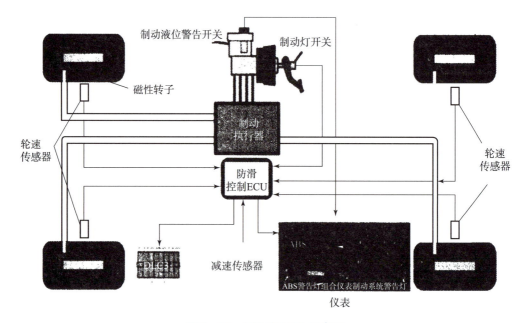

图 8-71 ABS 和 EBD 示意图

制动时根据各轮速传感器的信号运算滑移率，通过控制后轮制动压力，使后轮滑移始终保持小于或等于前轮滑移率，取代机械式分配阀对后轮的控制，实现接近于理想制动力分配曲线的制动效果。

4. 液压系统工作过程

在车轮部分制动时，EBD 功能就起了作用，转向时尤其如此，速度传感器发出四个车轮的转速信号，电子控制单元根据这些信号计算车轮的转速及滑移率。

如果后轮滑移率大于某个设定值，则由液压控制单元调节后轮制动压力，使后轮制动力降低，以保证后轮不会先于前轮抱死。

与传统的制动力分配方式（如比例阀）相比，EBD 功能保证了较高的车轮附着力以及合理的制动力分配。当 ABS 起作用时，EBD 即停止工作。EBD 降压工作如图 8-72 所示。

（五）电子稳定程序（ESP）

1. ESP 概述

ESP 有时也称为 ESC（Electronic Stability Control），是汽车上的主动安全装置之一，人

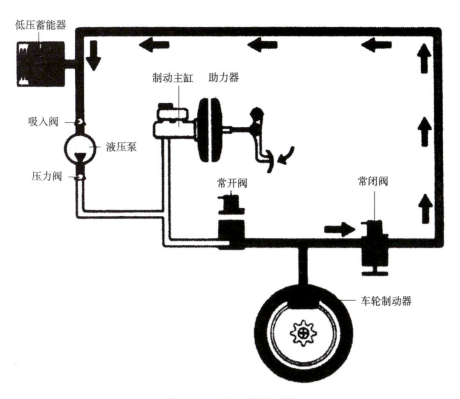

图 8-72 EBD 降压工作

们也称之为行驶动力学系统,包含 ABS 及 ASR,ESP 是这两种或多种系统功能上的延伸。简单地说,它就是一个防滑程序,可以识别车的运动状态,如果车要发生侧滑,控制系统在即将发生侧滑的同时,采取补救措施,以防车辆滑出跑道。ESP 的作用如图 8-73 所示,因此,ESP 称得上是当前汽车防滑装置的最高级形式。

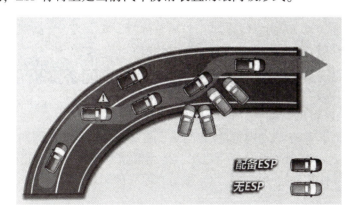

图 8-73 ESP 的作用

资源 8-11 ESP 介绍

2. ESP 结构及控制过程

如前所述,ESP 是以车轮滑动调节系统为基础的。但 ESP 又扩展了一项重要内容,它可提前识别出车辆的各种不稳定状态(如侧滑)并进行补救。为了能做到这一点,就需要再加上几个部件,图 8-74 所示为 ESP 的组成。

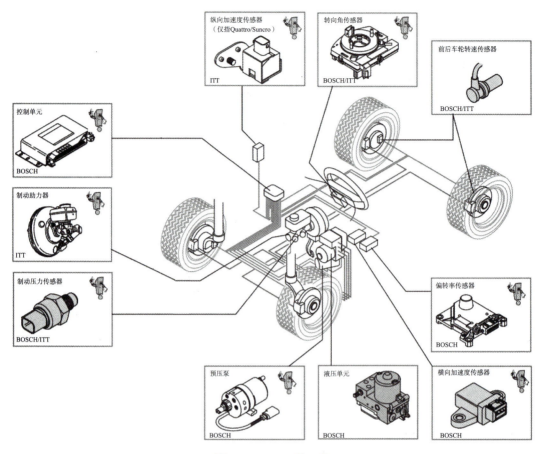

图 8-74 ESP 的组成

ESP 由电子控制单元及转向传感器（监测转向盘的转向角度）、车轮传感器（监测各个车轮的速度转动）、侧滑传感器（监测车体绕垂直轴线转动的状态）、横向加速度传感器（监测汽车转弯时的离心力）等组成。控制单元通过这些传感器的信号对车辆的运行状态进行判断，进而发出控制指令。有 ESP 与只有 ABS 及 ASR 的汽车之间的差别在于 ABS 及 ASR 只能被动地做出反应，而 ESP 则能够探测和分析车况并纠正驾驶的错误，防患于未然。ESP 对过度转向或不足转向特别敏感，例如汽车在路滑时左拐过度转向（转弯太急）时会产生向右侧甩尾，传感器感觉到滑动就会迅速制动右前轮使其恢复附着力，产生一种相反的转矩而使汽车保持在原来的车道上。

资源 8-12 ESP 原理

参 考 文 献

[1] 冯晋祥,陈德阳,王林超.汽车构造[M].北京:人民交通出版社,2007.
[2] 周林福.汽车底盘构造与维修[M].北京:人民交通出版社,2002.
[3] 陈家瑞,马天飞.汽车构造[M].北京:人民交通出版社,2006.
[4] 张红伟,王国林,张宏坤.汽车底盘构造与维修[M].北京:高等教育出版社,2005.
[5] 屠卫星.汽车底盘构造与维修[M].北京:人民交通出版社,2001.
[6] 孔令来.汽车底盘构造与维修[M].北京:机械工业出版社,2005.
[7] 王正旭.汽车自动变速器构造与检修[M].北京:人民交通出版社,2017.